Meters Series 10

One Day as a Tiger

John Porter

Words 191,242

Pages 544

7.4 x 5.04 inches

寧為一日猛虎

李忞＝譯

詹偉雄＝策畫・選書・導讀

臉譜

meters

獻給吉恩與莉比・麥金泰爾、莎拉・理查德，
和曾經擁有他的群山。

各界讚譽

閱讀這本不朽登山家傳記，腦海裡不時響起〈Eye of the Tiger〉的旋律。艾利克斯・麥金泰爾的一生，也可說是完美詮釋了這整首歌曲！

在攀登思維上，阿爾卑斯式似乎重新占了上風：輕裝上陣、快速有效率、個人風格不斷地被重視推崇。即使傳統喜馬拉雅遠征的極地式多營建構、穩紮穩打、大隊伍輪番上陣仍有一席之地，但《寧為一日之虎》無疑已預告新一代攀登勇者會擁有嶄新步調，一如Rock音樂般帶來一股輕盈抒情愉悅搖滾的全新風潮！

——伍元和｜台灣山徑古道協會理事長

有時孤獨是最好的夥伴，拋開一切讓冒險態度無所保留，只剩下能被左右為難的冰雪岩，不畏懼的堅持，專注於眼前美感享受且用著最簡潔俐落快速的攀登突破，造就自己純粹能與大自然共存共榮，一次次堆疊豐富的膽識來與山較量。那就是每個探險者嚮往的自由技藝世界，最終打開天花板創作出讓後人不斷嚮往模仿著的獨特見解精神，麥金泰爾就是那種能超越時代的潮流人之一。

——呂忠翰｜世界公民兼探險家

這是一個挑戰與冒險的故事，挑戰的意義是什麼？我想這多少能呼應人生的意義，「就是自己努力去賦予它意義。」挑戰成功不一定會獲得什麼，也不一定能功成名就，我想其中最寶貴的東西就是在逆境中奮鬥掙扎的樣子。

——周青｜中華民國越野跑協會理事長

對我而言，登山有兩種面向，它們共同構成了攀登之所以誘人的緣由。一種是關於聖性體驗的哲學；另一面，則是猶如搖滾巨星的叛逆、瀟灑與不羈。前者的代表是克提卡（Wojciech Kurtyka），而後者的Ideal就是麥金泰爾。

恰巧，這兩人也是一九八〇那攀登的高峰年代中，最耀眼的一對繩伴搭檔。

自從讀了闡述克提卡生平的《自由的技藝》後，就很想讀讀這本麥金泰爾的傳記。《寧為一日猛虎》刻劃了麥金泰爾短暫卻絢爛的一生，短短數年從崛起到躋身世上最頂尖攀登者之列，這天才的光芒是如此炫目，儘管倏忽即滅，但在四十年後的今日，仍照亮著嚮往攀登的青年如我的雙眼。

——張元植｜登山家

記得幾年前，正在拍攝一個公視節目——《群山之島與不去會死的他們》。其中一位主角是臺灣登山家——呂忠翰（阿果）。對他們長期與八千米巨峰搏鬥的探險者來說，攀登臺灣的山，猶如電玩遊戲中的「簡單模式」。我們雖然拍攝地點是臺灣人熟悉的玉山東峰，但他卻選擇了一條非傳統路線，也是一條極度殘破的碎石溝去登頂。一路上，兩側高聳的深色山壁，腳下碎石滾滾。通常這種地貌，只會出現在我空拍機拍回來的素材之中，不會在我腳下。上了稜線之後，那最後一段瘦稜橫渡，兩側深谷，成了我人生中距離恐懼最近的片刻。

這一段自身經歷，相比書中艾利克斯的歷程，雖是小巫見大巫，但我想說的並非是比較級。而是每當我閱讀這些登山者的故事後，讓我更願意去面對，其實我也有死亡的一天，這是一個終究會到來的事實，所以我現在的每一天，都在步入死亡；但是，我現在的每一天，應該都可以是一次次重新挑戰自我的機會吧？！即，寧為一日猛虎，不作千年馴羊！

也因此，我越過了那條瘦稜。第一次登頂玉山北峰，就走非傳統路線。

——程紀皓｜「群山之島與不去會死的他們」導演／紀錄片導演

登山與現代——meters書系總序

詹偉雄｜meters書系總策畫

現代人，也是登山的人；或者說——終究會去登山的人。

現代文明創造了城市，但也發掘了一條條的山徑，遠離城市而去。

現代人孤獨而行，直上雲際，在那孤高的山巔，他得以俯仰今昔，穿透人生迷惘。漫長的山徑，創造身體與心靈的無盡對話；危險的海拔，試探著攀行者的身手與決斷；所有的冒險，顛顛簸簸，讓天地與個人成為完滿、整全、雄渾的一體。

「要追逐天使，還是逃離惡魔？登山去吧！」山岳是最立體與抒情的自然，人們置身其中，遠離塵囂，模鑄自我，山上的遭遇一次次更新人生的視野，城市得以收斂爆發之氣，生活則有創造之心。十九世紀以來，現代人因登山而能敬天愛人，因登山而有博雅情懷，因登山而對未知永恆好奇。

離開地面，是永恆的現代性，理當有文學來捕捉人類心靈最躍動的一面。

山岳文學的旨趣，可概分為由淺到深的三層：最基本，對歷程作一完整的報告與紀錄；進一步，能對登山者的內在動機與情感，給予有特色的描繪；最好的境界，則是能在山岳的壯美中沉澱思緒，指出那些深刻影響我們的事事物物——地理、歷史、星辰、神話與冰、雪、風、雲……。

登山文學帶給讀者的最大滿足，是智識、感官與精神的，興奮著去知道與明白事物，渴望企及那極限與極限後的未知世界。

這個書系陸續出版的書，每一本，都期望能帶你離開地面！

導讀

一日之虎，堒燦如永恆

詹偉雄

The fact that many a man who goes his own way ends in ruin means nothing. The only meaningful life is a life that strives for the individual realisation - absolute and unconditional - of its own particular law.....He must obey his own law, as if it were a daemon whispering to him of new and wonderful paths.

「許多走自己路的人，最終都走向了毀滅」這一事實並不重要。唯一有意義的生活，是個人為實現——絕對而且無條件地——其自身特定法則而奮鬥的生活。……他必須遵守自己的律法，就好比它是一個魔鬼，向他低聲講述嶄新的、美妙的道路。

——卡爾・榮格（Carl Jung），*The Collected Works of C. G. Jung, Vol. 17: The Development of Personality*

They climbed fast, lived hard — and died young.

他們攀登迅速，生活艱苦，卻英年早逝。

——《每日郵報》（*Daily Mail*），《寧為一日猛虎》書評標題，二〇一四年十一月二十日

'Remember, the mountain does not know that you are an expert.' The mind needs to trick itself into knowing that the mountain will fall to the expert.

「切記，山不會知道你是專家。」你得想辦法騙自己，確信山會對專家屈服。

——約翰．波特（John Porter），《寧為一日猛虎》，頁五三七

這本書是一本奇特的書，它是一本傳記、一冊懺悔錄（confession），也是一闋輓歌（elegy），讀者讀完了，說它是一部回憶錄（memoirs），也非常恰當。

我們有理由相信：它的文體分類如此猶疑不定，暗示著作者寫它之時，也處在心神恍惚的狀態。故事的主人翁是英國早逝的登山好手艾利克斯．麥金泰爾（Alex MacIntyre），他在聲名正旺的一九八二年十月十七日、二十八歲青壯之際，攀登喜馬拉雅最

著名的「大牆」安娜普納峰（Annapurna）南壁，被一顆從上方高速落下的石塊擊中，當下隕命，像是一列播放的膠卷突然被剪斷了後續，徒留讓人錯愕的白晝面和連綿的機器噪音；而這本書的作者約翰・波特（John Porter）當時正留守在基地營，他透過高倍望遠鏡頭目睹了麥金泰爾墜入冰河的剎那，久久不能自己。

那趟旅程，波特、麥金泰爾與另外一位夥伴荷內・吉里尼（René Ghilini）正準備以「輕量速攀」的三人組方式，擴增他們「純淨登山」（pure alpinism）書頁的關鍵篇章，安娜普納峰南壁在喜馬拉雅山區是「至尊」一般的顯著存在，左右寬三英里、拔高一・五英里，山巔俯瞰著翠綠的溪谷和農舍；然而就像所有意外一樣，暴風雪與陡峭的雪溝並沒有擊倒登山者，而是天外飛來的一擊，大自然索討回它過往給予的恩賜，就在電光石火的一瞬間。

波特深深地被麥金泰爾的死亡所折磨，他是美國人，因為寫碩士論文來到了英國，在里茲大學登山社結識了艾利克斯，他比這年輕人大上八歲，是攀岩與爬山這些興趣與體力活的領路人。他們的友誼長達十年，一齊遠征過中亞、印度、南美好幾回，共同體驗過大山與岩壁給出的身心靈洗禮，也遭遇到和波蘭登山隊交誼與面對異文化衝擊的超齡成長經驗。其間，麥金泰爾以他大膽的決心和更多的高海拔實戰，在安娜普納南壁的行程裡，給予作者莫大的壓力和啟示：這位昔日的小老弟，眼看著即將離我絕塵而去，「我深深覺得自己是個奇蠢無比的大外行」，在該行的兩次高度適應攀登中，波特都跟不上麥金泰爾的腳步，正式登頂前因為腹瀉體力不支，只能在基地營遙祝他們能成功歸來。沒有料到的是：波特最終成為艾利克斯的死訊報信者。

多年來，這個夢魘和他多次糾纏，他想把故事寫出來解除掉這個心理毒素，但麥金泰爾的母親吉恩（Jean）阻止了他，她無法再次面對失去兒子的歷歷往事，她央求待她過世（彼時已罹患末期的癌症）之後再出版。波特應允了，因此這本《寧為一日猛虎》的正式出版已來到二〇一四年，距離麥金泰爾在安娜普納南壁下的死日，已有三十二年之遙。和一般的登山者傳記不一樣，身為讀者，我們看到的麥金泰爾故事和波特自己的一樣多，它是一闋二重奏的輓歌，一個倖存一個早逝，彼此辯證搏纏，但對話的主題是一貫的：登山如此致命，尤其「純淨登山」的致命機率更高，那麼行動者不害怕嗎？他們是被生命中的哪塊部分說服了，理由說得出來嗎？

「寧為一日猛虎，不作千年馴羊」（Better to live one day as a tiger than to live a thousand years as a sheep）是一句圖博古諺，被麥金泰爾母親吉恩選作南壁兒子紀念碑上的提詞。她和兒子的女友在一九八三年徒步走到安娜普納南壁的山腳下，藉著這段行腳，回顧、體察了艾利克斯生命最後一段光景。時隔多年，這塊紀念碑被雪崩給沖刷了，波特知情，和朋友們於二〇一二年又爬上彼段遠征的高點，重新為麥金泰爾安放了一座新碑。相比上世紀八〇年代初期，現時的國際登山社群已經沒有多少人認識麥金泰爾了，但他當年以身試法、拳拳主張的「純淨登山」思維已成為現今攀登界的主流哲學底蘊。一日猛虎和千年馴羊的對比，說的是大膽挑戰風險的創造性勇氣之可能收穫，和只追求可控風險與山頭數量的庸碌功名之間，一種毫不猶豫的價值選擇。但我們也知道，每當死亡的訊息傳來，遭難者的心智也從來不為社會所理解，彷彿山上與山下，是兩個從未有過溝通的異星球。

波特寫作《寧為一日猛虎》，是少數能在兩個星球之間，破譯兩邊思維倨傲難解之處的一本心靈報告，這故事折騰他超過三十年，喜愛登山的我們為它讀上三天，是一樁完全划算的生命哲學投資。

上個世紀八〇年代，是現代高海拔登山的盛世，當所有的十四座八千米巨峰都被人類攻克，探險的興頭並沒有從此緩和，反而更高昂了起來。原本，在追逐登頂八千山頭的早期，登山隊伍紛紛採取「圍攻」（siege）的策略，透過分段補給、職權分工、周全計畫，以保有攻頂者體能、降低攻頂者風險的「類作戰」運籌，來取得首登八千山頭的冠冕。但到了七〇年代末期，「迴避風險」的策略被「迎向風險」的信念所取代，波蘭登山隊的沃伊切赫·「歐特克」·克提卡（Wojciech 'Voytek' Kurtyka）是這一路哲學的領航員，而本書作者與麥金泰爾所處的北英格蘭登山社群也是這套路數的擁護者。當他們首度和克提卡一齊參與了阿富汗班達卡峰（六八五〇公尺）無人攀登過的東北壁（兩千三百公尺）攀登之後，這群小夥子便正式挑戰起英國傳統攀登天王克里斯·鮑寧頓（Chris Bonington，曾組隊以圍攻方式成功登頂安娜普納南壁與聖母峰西南壁）的權威位置，在英國大搖大擺起來。

新興世代認為：靠著雪巴人運補架設高地營、鋪設固定繩、輸送氧氣瓶，阻斷了大山和人的自然遭遇，非但品質十分不純粹，而且因為在高海拔地區停留太久，反而會減弱登山者體能，增加事故發生率；與之相對的，是他們在阿爾卑斯山多方嘗試過而且成效不凡的輕量速攀方式，不帶帳篷和大量食物、瓦斯，只攜帶必要的技術裝備和夠止飢的乾糧，用最快速的方式上山也用最快的速度折返，而一旦過程中有變化，他們也主張用露宿和平日就得操練的體能強渡關山，克提卡稱這種必要的自我訓練為「受苦的藝術」（the art of suffering）。

不僅如此，他們還歇斯底里般地強調登山路線的選擇，它必須是一條沒人爬過的線，而且認定此線上的攀登難關、挑戰以及與其相伴的絕美地景，將會反映著登山者的人格與風格。麥金泰爾在自己與道格．史考特合寫的《希夏邦馬：西南壁首登》一書裡所寫的一句標語：「雄心指向山壁，風格成了執迷」（The wall was the ambition, the style became the obsession）成了這一世代的座右銘。大牆直上、新路線、冬攀……，取代傳統的大兵團遠征，兩、三個人用著丐幫拮据式的人類學旅程完成整段攀登任務，才是值得謳歌的生命體驗。

自此，高海拔登山進入了另一頁混雜著美學、哲學或玄學的激越篇章，這段時期最著名的兩趟路線，是兩座都以英文「Shining」為別稱的大岩壁山二人組攀登，分別是一九七六年，英國二人組彼得．博德曼（Peter Boardman）與喬．塔斯克（Joe Tasker）領銜爬上有「輝耀之山」（The Shining Mountain）之稱的強卡邦峰（Changabang，印度境內，六八六四公尺）之西壁（一千五百米高，這趟行程故事被臉譜Meters書系收錄為此套山岳文學選集的第一本，書名就叫《輝耀之山》）；以及一九八五年，由克提卡和奧地利夥伴羅伯特．蕭爾（Robert Schauer）攀登亦有「閃亮之牆」（The Shining Wall）暱稱的加舒布魯姆四號峰（Garsherbrum IV，巴基斯坦境內，七九二五公尺）西壁（二千五百米高）。雖然這趟遠征並未登頂，在離山頂約兩百米之處，二人組遭遇連續暴風雪而被迫撤退，但整趟攀登行程的紀錄發表後，被譽為喜馬拉雅登山史上最偉大的一次攀登。

如果沒有在一九八二年被安娜普納南壁的那顆飛石擊落，麥金泰爾極有可能與克提卡比肩，一同成為二十世紀的大師級人物。他們在班達卡峰一見如故，隔年又連袂爬了強卡邦峰南壁，一九八〇再度成功登頂道拉吉里峰（八一六七公尺，尼泊爾境內，世界第七高峰）的東壁，全部都是新路線首登。在山岳文學作家柏娜黛．麥當勞女士（Bernadette Mc-Donald）書寫波蘭登山隊「冰雪戰士」（ice warriors）的諸篇英雄式報導中，總會看到照片裡有一位大捲髮、澎澎頭的瘦高英格蘭人，像是誤入的異鄉人，那個年輕小子就是麥金泰爾。

和一般的武勇型登山者不一樣，艾利克斯雖然生活內容非常波西米亞，有「髒艾利」

（Dirty Alex）的渾號，但他大學唸的是細緻的經濟與法律，結業成績一流，因此有非常高超的洞察力和處事智慧。在博德曼卸任英國登山協會（BMC）總召集人之後，麥金泰爾接任，經由本書作者波特的近身觀察，這位主角並沒有因此耽誤自己的爬山計畫，而且還把登山者口中貶斥為無能官僚的BMC經營得有聲有色。他遠征時總是帶著一只卡式錄放音機隨身，放著當令的英式搖滾樂，和酒精來匹配，然而當他寫起文章時，讀者絲毫不會覺得他是個躺在基地營曬太陽的懶漢，而是位執行「Mission Impossible」任務的高效探員。本書中的文中之文——第十一章〈小伙們回歸〉中插入的〈冷得令人心安〉，可以瞥見其不凡的寫作才華。當他來到安娜普納山腳下時，他和夥伴只帶了一支冰螺栓、兩根岩釘、一圈繩子和另一圈垂降用的繩皮、輕量化睡袋、一頂露宿帳和四天份的食物與瓦斯，多年的遠征攀登，大自然已把二十八歲的他磨練成一個老道的人。

十九世紀末，英國山岳會陣中的頭號菁英艾伯特・馬默里（Albert F. Mummery），是第一位挑戰東方喜馬拉雅山脈的好手，可惜的是，他來到世界第九高峰南加帕爾巴特（Nanga Parbat，八一二六公尺，巴基斯坦境內）山腳下，還在進行探勘巡查時，就遭到雪崩的掩埋，享年僅三十九歲。當年馬默里引人注目的是他有卓越的攀登技術能力，也有斑斕的文采，在經典作《我於阿爾卑斯和高加索的山中攀登》(*My Climbs in the Alps and Caucasus*)一書裡，他看到登山界英式傳統裡崇高的一面：「這項運動的核心之處，並非在於登上頂峰，而是如何在困難中搏鬥，並且克服它。」當時光來到麥金泰爾這一世代，技術難度更高了，裝備和組織的更新也與日俱進，然而，人們總是挑選更難的路徑和更高風險的攀登方法，仍然期盼自己能從死神的手指間滑壘而過。這本書的作者，曾經是麥金泰爾繩伴的約翰・波特是少數倖存的里茲大學登山社社員(這本書出版後，獲選英國山岳會會長)，他也不免對這一用生命交換某種外人難以想像報酬的行當，投以懷疑。在那一趟最後與Dirty Alex的山行之旅裡，他察覺到朋友放大自己能力和野心所帶來的不詳預感，但這感受是受自己前一年兩度在聖母峰與死神擦身而過的恐懼而來。他回憶起當年一位不爬山的工程師朋友，問了他一個迷人的問題：如果你出發上山時有X人，下山回來時有Y人，那麼用Y減去X，你們最終得到什麼？

波特在書中提出了自己的回答，讀者讀到後半自然就會遇到；當然，讀者也可自己得出自己的見解；但是在世俗的生活哲學裡，也許某種執迷和定見，比起各種分析式的答案，更接近人類處境的真相吧。英國是近代登山運動的濫觴國，也是現代足球運動的首發地，有一次，英國老牌球會利物浦足球俱樂部的戰後傳奇教頭比爾・辛奇利（Bill Shankly）接受記者訪問，談到足球在英國人生命中的角色，他說：「有些人說，足球之於你，是一種攸關生與死的事物，我說：『聽好了，它比生與死更重要。』」（"Somebody said that football's a matter of life and death to you, I said 'listen, it's more important than that.'"）

能當一天的老虎，也就是接近永恆了；一樁恐懼死亡的人生，應該是永遠都還沒活過的人生吧！

1 艾利克斯和母親吉恩、父親哈米什與他們可憐的狗。攝於北約克郡比佛利鎮（Beverley）的家，離艾利克斯出生地不遠。Photo: MacIntyre Family Collection

2 艾利克斯和妹妹莉比，在萊奇莫石楠原的家。Photo: MacIntyre Family Collection

3 艾利克斯深愛的兩樣東西：他的家人和他的登山裝備。Photo: MacIntyre Family Collection

4 里茲大學的早期歲月。左起：艾利克斯、喬夫・漢金森（Geoff Hankinson）、伊蓮諾・洛（Eleanor Low）、約翰・喜瑞特，攝於馬爾漢。

5 一九七三年於朗戴爾（Langdale）老地窖峽谷旅館（Old Dungeon Ghyll Hotel）外。左起：「茶葉罐」克里斯・亞迪、「黑尼克」尼克・柯頓、艾利克斯・麥金泰爾、關妮絲・魯爾。Photo: John Powell

6 一九七三年里茲攀登社刊封面。攝於伊爾克利小牛岩（Calf）、東尼・格林班克（Tony Greenbank）為鮑寧頓第一本書《我選擇攀登》拍攝封面照的那片岩壁，小標：「他們也選擇攀登……」。上排左起：約翰・伊姆斯、布萊恩・霍爾、約翰・鮑爾。中排左起：約翰・喜瑞特、伯納德・紐曼、巴瑞・科蘭（Barry Colam）。下排左起：艾利克斯・麥金泰爾、蘇珊・摩里斯（Suzanne Morris）、提姆・傑普森（在馬爾漢出了場意外後）。Photos: Bernard Newman

7 一九七三年於霞慕尼史奈爾原，背景是無所不在的藍色廂型車。左起：伯納德・紐曼、約翰・鮑爾、約翰・波特、艾利克斯・麥金泰爾、約翰・伊姆斯。Photo: John Powell

8 艾利克斯在波松冰川體驗冰攀。Photo: John Powell

9 羅傑・馬丁的拖車，一九七四年冬於本尼維斯山。左起：提姆・羅德斯、羅傑・馬丁、艾利克斯。

11

10

12

13

14

10 阿爾卑斯風格，一九七三年——剛從阿爾卑斯山區回到英國的約翰．伊姆斯、約翰．波特和艾利克斯。Photo: John Powell

11 艾利克斯於北威爾斯阿爾都黑崖（Clogwyn Du'r Arddu）的「滑溜」路線（Lithrig），一九七四年。Photo: John Powell

12 艾利克斯和約翰．鮑爾迅速完攀小喬拉斯峰西壁的前夕，大夥兒在銀匠山屋（Argentière Hut）外露宿。左起：約翰．波特、約翰．布夏、艾利克斯。Photo: John Powell

13 波蘭塔特拉稜線上過癮的複雜混攀。第二日某段，彼得．博德曼替亞德里安．伯吉斯確保。

14 安德烈．扎瓦達為英國隊員送行，一九七七年班達卡峰結束後。

15

16

17

18

19

20

15 擔任BMC全國總召期間，艾利克斯辦理了數次成功的國際交流活動，照片是一九七九年三月與法國攀登者的交流。左起：尼克・唐納利（Nick Donnelly）、艾利克斯、荷內・吉里尼、尚馬克・波旺、多明尼克・朱利安（Dominique Julien）、雷尼爾・孟許（Rainier Munsch）、尼克・柯頓。Photo: Brian Hall

16 艾利克斯於霞慕尼的右峰北壁，一九七六年十二月。
Photo: Nick Colton

17 一場泥巴大戰後的瑪莉亞・考菲、簡・布朗索（Jan Brownsort）和關妮絲・魯爾，一九七五年於海菲爾。

18 遠征隊在烏茲別克的帖爾米茲下火車，準備渡河前往阿富汗。拍完這張照沒多久，我們就被強制軟禁了。

19 和阿富汗當地人一起搭卡車去費札巴德。

20 哪些要賣、哪些要留？在費札巴德的商隊驛站清點波蘭帶來的食物和裝備。

21 在費札巴德，聯絡官安瓦（左）正協助我們製作假許可。

22 班達卡峰基地營，起攀前一日，確認裝備中。左起：艾利克斯、約翰・波特、歐特克・克提卡。

23 班達卡峰東北壁。我們的路線從照片中我頭頂一帶開始，直接攀向上方的雪原。雪原高處可看見突出的「青蛙眼」。

24 班達卡峰基地營，試圖放鬆的艾利克斯。

25 第二日，歐特克考慮穿越「巧克力蛋糕」區。

26 第三日，歐特克領攀迴旋加速器中的一段，難度約有「HVS（5.9）」。

27

28

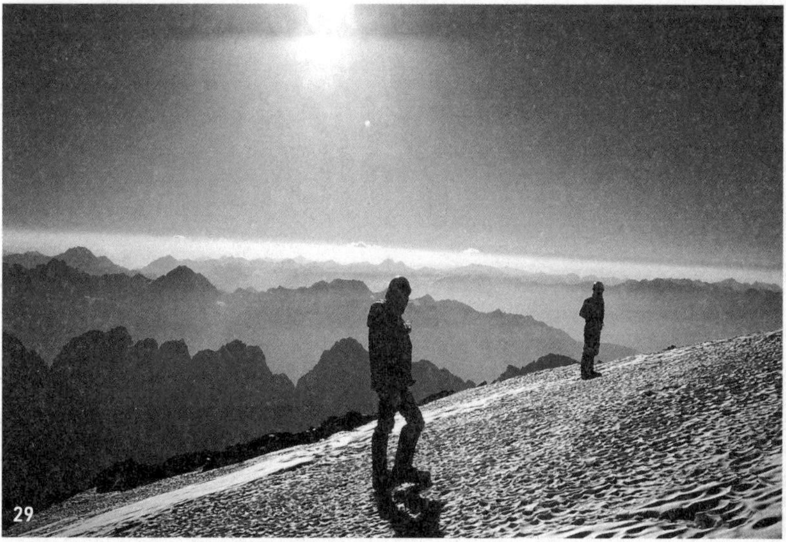
29

27 第五日，進入峰頂冰原的波特。Photo: Alex MacIntyre

28 第六日，艾利克斯正要在峰頂的雪簷創造奇蹟。

29 艾利克斯和歐特克於班達卡峰頂。

30 加瓦爾喜馬拉雅山脈的強卡邦峰。南壁在朝右的一面。Photo: Chris Bonington Picture Library

31 拉塔的好漢，在他們的女神楠達德維跟前。左邊看鏡頭的三人救了遠征，在我們發現少一桶滿滿技術裝備和繩索的隔天，幫我們把東西送來基地營。

32 所謂的輕量攀登。一人至少揹三十公斤朝山壁出發。左起：約翰．波特、克里茨多夫．祖列克、歐特克．克提卡、艾利克斯。

33 第五日，歐特克發現通往上方頂牆的唯一裂隙。

34 第六日早晨，眾人鑽出艾利克斯設計的吊床。

33

34

35

36

35 艾利克斯來到一段V級冰攀的盡頭。上方過不去，我們沿右邊一條游絲般的細線突破這一區。

36 第七日，歐特克從波特前一天的墜落點開始推進，穿著笨重的大靴在海拔兩萬一千英尺（六千四百公尺）處爬這段英國「5b/5c」級的路線。

37 第六日，準備早餐的波特。Photo: Alex MacIntyre

38 搬運哈斯頓背包的波特，午後風雪正開始籠罩山壁。Photo: Alex MacIntyre

39 楠達德維聖殿外環群峰，遠方可見小小的阿比峰（Api）。

40 從基地營出發後第九天，艾利克斯離開「獨眼巨人之眼」的露宿點。

41 歐特克帶領出口雪溝前的困難混合地形。

42 艾利克斯於強卡邦峰頂。

43

43 強卡邦峰，黃昏時分沿首攀路線下山。

44 楠達德維山，從強卡邦峰頂下的最後露宿點望去。

45 在祕魯瓦拉斯放鬆休息。艾倫・勞斯（左）和布萊恩・霍爾聊得正熱烈，艾利克斯旁觀。

46 從瓦拉斯到帕龍湖基地營的豪華接駁，感謝聖母峰基金會。

47

47 內瓦多三號峰南壁低處，獨攀的艾利克斯。

48 我們唱著歌度過沒食物又沒睡袋的一晚後，破曉時分的艾利克斯。

49 在內瓦多三號峰上，尋找穿越蝕槽鬆雪的方法。

51

50 露宿後的第一段繩距，揹著有名的英國航太雪樁，遠處可見皮拉米德山（Pirámide）。

51 波特在山頂前最後一個確保站。照片中的Karrimor背包、綁腿，以及Rohan吊帶褲皆為艾利克斯設計的產品。

52 美麗的蘭拉帕卡山南壁。我們的路線從稍微偏右開始，向左切到中間高度後，再直上山頂。

53

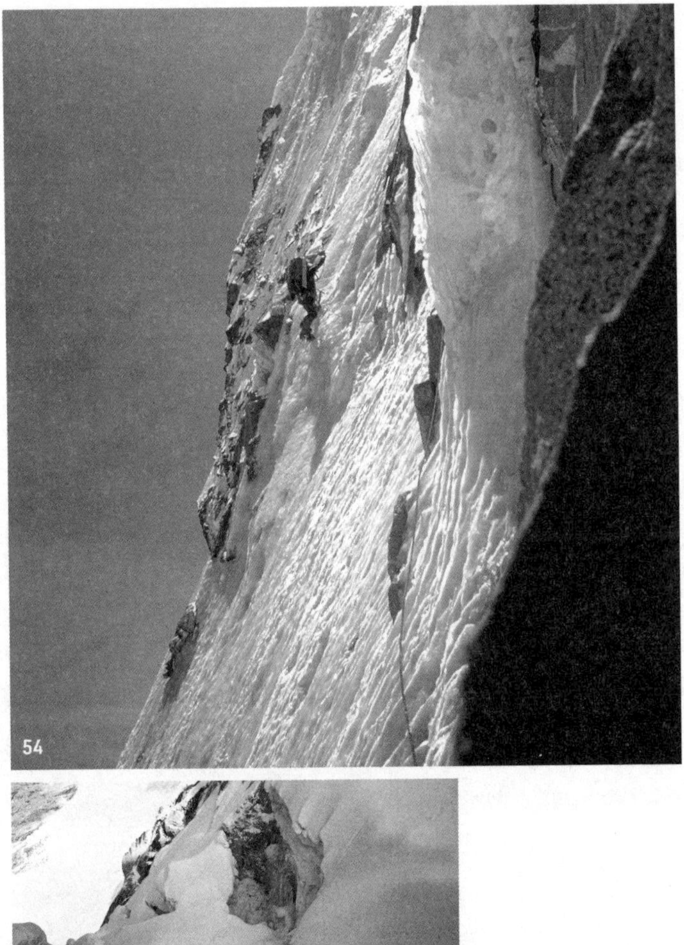

54

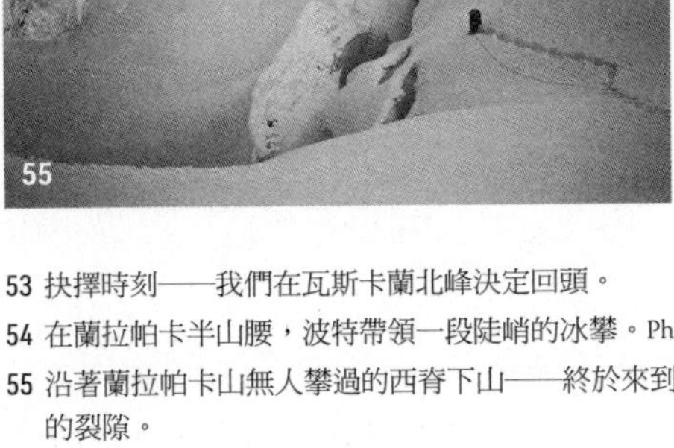

55

53 抉擇時刻——我們在瓦斯卡蘭北峰決定回頭。

54 在蘭拉帕卡半山腰，波特帶領一段陡峭的冰攀。Photo: Alex MacIntyre

55 沿著蘭拉帕卡山無人攀過的西脊下山——終於來到霧線下了，卻不斷出現巨大的裂隙。

56 準備出發雨中攀行（scramble，一種介於健行與攀岩之間的活動），一九八一年夏於沃斯戴爾口客棧（Wasdale Head Inn）。左起：艾利克斯、約翰・波特、約翰・鮑爾、莎拉・理查德、蘿絲・塔文納（Rose Tavener）、珍寧・弗雷澤（Janine Frazer）、唐娜・鮑爾（Donna Powell）。Photo: Bernard Newman

57 艾利克斯於道拉吉里東壁半高處。Photo: Voytek Kurtyka

58 在馬卡魯西壁露宿的亞捷・庫庫奇卡和艾利克斯。Photo: Voytek Kurtyka

59 道拉吉里東壁低處，艾利克斯監督他新設計的露宿帳組裝。Photo: Voytek Kurtyka

59

60「前一秒你還在攀冰，下一秒鼻子已經湊到花崗岩上了。」Photo: Voytek Kurtyka

61 馬卡魯西壁，頂牆下陡峭的冰原。艾利克斯形容這段地形像阿爾卑斯的右峰北壁。Photo: Voytek Kurtyka

62 坐在馬卡魯西壁下的歐特克和艾利克斯。Photo: Voytek Kurtyka

63 退敗後的馬卡魯基地營。左起：歐特克、艾利克斯、亞捷。Photo: Voytek Kurtyka

64 巧遇——馬卡魯小隊遇上了從北稜下來的萊茵霍爾德・梅斯納爾。左起：艾利克斯、亞莉安・喬貝里娜（Ariane Giobellina）、歐特克、亞捷、萊茵霍爾德。

65 日出時分的道拉吉里峰，由普恩山（Poon Hill）望去。艾利克斯和波蘭夥伴們完攀的東壁在朝右的一面。艾利克斯的攀登啟發了不少下一代登山家，包括獨攀道拉吉里南壁的托馬支・胡瑪。

66 希夏邦馬西南壁，小圖為路線。Photo: Doug Scott

66

67 希夏邦馬，第一日最後的困難混攀地帶。道格．史考特打頭陣，羅傑，巴克斯特瓊斯與艾利克斯跟在後面。Photo: Doug Scott

68 艾利克斯和道格於希夏邦馬中央峰尖（東北），海拔七九九六公尺，西藏高原在後方展開。Photo: Roger Baxter-Jones

69 加德滿都的旅館中，荷內．吉里尼和一堆要拿去賣的食物。

70 成為熱門健行路線前，雨季前往安娜普納聖殿（Annapurna Sanctuary）的路上有不少困難的過河處。

71 從我們的基地營看暴風雪後現身的巨大安娜普納南壁。

74

72 希安初里峰（Hiunchuli）上可怕的冰瀑，冰塔崩塌前沒多久。

73 安娜普納峰那條擋下艾利克斯與荷內的岩帶，在海拔約七千四百公尺處。Photo: René Ghilini

74 艾利克斯在安娜普納峰，正要攀下他和荷內最後一起露宿的冰隙。Photo: René Ghilini

75 前往安娜普納基地營路上，下水消暑的艾利克斯。

76 艾利克斯在他的最後一座喜馬拉雅山頭——塔克康峰頂上。背景中，魚尾峰正浮出雲海。

前言 Foreword

想當年，帶我去吃雞街（Chicken Street）最好吃甜甜圈的人，就是約翰．波特。那是我第一次參加遠征，好不容易從倫敦搭了四週巴士抵達喀布爾，正因為終於來到興都庫什（Hindu Kush）的山腳下而按捺不住興奮。約翰已經準備回家了，邊吃甜甜圈，邊老練地應付各種錯綜複雜的手續，以便取得出境阿富汗的許可。他是一支大型英波聯合遠征隊的成員，遠征隊進出路線通過蘇聯，故這道程序又更複雜了。

時為一九七七年，世界離冷戰結束還很遠。要將一大隊波蘭籍和英籍登山家送到阿富汗再送回來，需要結合一定的外交手腕、騙術、運氣和不擇手段的創意。那天稍晚，我在喀布爾見到了遠征隊長——擁有驚人魅力和說服力的安德烈．扎瓦達（Andrzej Zawada）。他成功將他們剩下的糧食全賣給了我們的隊伍。不久前，他才同英國演員及登山家泰瑞．金恩（Terry King），完成曼達拉斯峰（Kohe Mandaras）北壁首攀的壯舉。但最令人佩服的，還是約翰那支大膽冒險的小分隊。

我們沒遇上和他們同行的波蘭攀登大師沃伊切赫・克提卡（Wojciech Kurtyka），但見著了艾利克斯・麥金泰爾。我還記得他的深色眼睛閃著狂野光彩，和約翰兩人連珠炮般講起班達卡峰（Koh-i-Bandaka）雄偉的東壁。他們描述著易碎的岩壁、高聳的冰原、滾滾的落石、參天的冰塔和一次次斷了後路的前進。故事高潮在刻滿落石痕的中央大煙囪[1]——他們替該處取了個小名，叫「迴旋加速器」，就是用來擊碎原子的那種大機器。

恐怖。或許有人會說是找死吧。只不過，他們的冒險之舉建立在多年的攀登經驗和大量的精明計算上。倘若班達卡峰還有人認為是僥倖，隔年，這三人組又重回喜馬拉雅，這次加上克里茨多夫・祖列克（Krzysztof Zurek），以甚至更純熟的技藝，成功攀上了強卡邦峰（Changabang）南壁。那時的艾利克斯已在規畫他日後的攀登計畫，準備挑戰幾座世界至高之巔無人攀過的那些山壁。計畫順利展開，直到一九八二年十月，隨著安娜普納峰（Annapurna）南壁一顆致命石頭的墜落戛然而止。

除了像喀布爾那回的幾面之緣，我並不算認識艾利克斯。但我讀過且頗喜歡他為數不多的幾篇文章，也曾在拙作中引用。他是個善表達、風趣、自信的人，對他的雄心大言不懈地坦白。他向人們展現了在世界最高的群峰上可能辦到什麼。而雖然同代登山家很少人能夠——或甚至願意——與他一心一意的大膽匹敵，我們卻全都受到他的影響。對於像我這樣多年前關注過他攀登生涯的人而言，如今讀起這麼熟悉他的友人寫出的書，是格外有趣的一件事。不過，這本書不僅僅是一部艾利克斯·麥金泰爾傳，裡頭也有不少約翰自己的成分。本書並非傳記，亦非登山史，也不是傳統旅行文學。它囊括上述類型元素，又還更加豐富，挑戰了粗淺的文學分類。

本書開頭，約翰提到艾利克斯曾預言，他們某天會掛靴退役，改當評論員。艾利克斯沒能擁有這一天。但如今，約翰終於寫下屬於他的評論，結合了多年後反思的睿智，和輝煌歲月歷歷在目的緊湊。自一九七七至一九八二年，他從中心位置經歷了喜馬拉雅登山的黃金年代，見證了攀登可能性的徹底改寫。他不僅生動描述當時的幾次攀登，也將之置於從艾德華·溫珀（Edward Whymper）[2]到烏力·史特克（Ueli Steck）[3]的更大脈絡中。最棒的是，他道出了不少從未發表的幕後故事，述說一幫不羈分子的不羈旅程，和

1 煙囪地形（chimney）指山壁上垂直的長裂隙，寬度足以讓人鑽進去從中間上攀。（本書注釋若未特別註明，則皆為中文版譯注及審訂注。）

艾利克斯・麥金泰爾

一九五四～一九八二

Photo: Bernard Newman

由此衍生的一些荒唐趣事。這對於運動贊助、收集七頂峰[4]、聖母峰套裝行程當道的今日，是多清新的一帖解藥！[2]

然而，一串殞落的名字，使黃金年代的光輝黯淡了幾分。悲劇喪生的包括彼得・博德曼（Peter Boardman）[5]、喬・塔斯克（Joe Tasker）[6]、羅傑・巴克斯特瓊斯（Roger Baxter-Jones）[7]、喬治・貝騰堡（Georges Bettembourg）[8]，當然還有本書的靈魂人物——艾利

2 英國登山家兼插畫家、作家（一八四〇～一九一一）。最知名的事蹟為一八六五年馬特洪峰（Matterhorn）悲劇性的首攀，溫珀四位隊友於下山時意外喪命，僅他及兩位嚮導生還。

3 瑞士登山家（一九七六～二〇一七）。創下無數速攀紀錄，有「瑞士機器」的稱號。

4 指世界七大洲的最高峰：亞洲的聖母峰（Everest，即珠穆朗瑪峰、埃佛勒斯峰）、南美的阿空加瓜山（Aconcagua）、北美的德納利（Denali）、非洲的吉力馬札羅山（Kilimanjaro）、歐洲的厄爾布魯斯山（Elbrus）、南極洲的文森峰（Vinson）及大洋洲的查亞峰（Puncak Jaya）。

5 英國登山家（一九五〇～一九八二）。他與喬・塔斯克為著名的搭檔，兩人除了攀登成就，對山岳文學的貢獻亦相當知名，為紀念他們而創設的「博德曼—塔斯克山岳文學獎」(Boardman Tasker Prize for Mountain Literature）為現今全球山岳、自然書寫的重要大獎。

6 英國登山家（一九四八～一九八二）。見前注。

7 英國登山家及滑雪家（一九五〇～一九八五）。

克斯·麥金泰爾。比起外界眼中的狂妄形象，本作帶著感情繪出的他，是個更敏感、慷慨、最終憂愁苦惱的人。登山家往往迴避死亡的話題，約翰卻回憶了與姊妹、母親、女友的沉痛對話。那是由一顆落石掀起的哀慟漣漪。同樣令人動容地，他也為最後那場不幸的安娜普納遠征，給出了第一手的、我相信也是首篇公開發表的敘述。

史蒂芬·凡納伯斯（Stephen Venables）[9]

二〇一四年六月

8 法國登山家及滑雪家（一九五〇～一九八三）。

9 英國登山家及作家（一九五四～）。他是第一位無氧登上聖母峰的英國人。

序
Preface

寫作本書的過程中，我意識到要重新講述艾利克斯的故事，勢必會涉及我個人對當時攀登場景的解讀。可想而知，書裡的一些人物，對艾利克斯和那段歲月的記憶會與我不同。其實還有很多人我希望一訪，記錄他們的想法，只是這項工程好像天荒地老也做不完。最後，我還是必須取捨，訪問當年我們最要好的那圈朋友，用錄下的談話支撐我的記憶。不過此外，尚有許多與老朋友的對話，多半是偶然碰上時、或在電子郵件中聊起的。刊載於攀登媒體的豐富文章，也提供了大量研究素材。這些年來，隨著一九七〇和八〇年代逐漸褪入遠方，彷彿用望遠鏡反著望，我開始意識到要掌握一切往事的真實面貌多不容易。終於到了某個時刻，我感到要將材料梳理成一個故事已綽綽有餘了。

請別忘了，這些行動大部分發生在一個離二戰結束比離今日更近的時代。最初，我試過完全不把自己放進書中，以艾利克斯的視角來書寫（在肯・威爾森〔Ken Wilson〕[1]

的建議下），結果發現不可行。部分的原因在於我們共同經歷的日子和攀登如此強烈，用我自己的聲音更能傳達；部分則是因為艾利克斯那獨一無二的文風，實在不是我能比擬。因此，最後寫出的這個關於他的故事，並不是任何意義上的純傳記。

要感謝的人實在太多了，遠不是我的記憶所能及。首先，感謝所有曾經認識艾利克斯、愛他、和他一起攀登的人，成為他生命與故事的一部分。其中最重要的，是艾利克斯的母親吉恩（Jean），她對艾利克斯及他友人們的洞見，始終是本書其餘一切繞行的中心。若沒有吉恩在初期的支持，這本書不可能寫就。艾利克斯的妹妹莉比（Libby）和女友莎拉·理查德（Sarah Richard）也扮演同樣的角色。沒有她們的認可，我不會提筆書寫艾利克斯。他的離去帶給她們的傷痛，我們其他人僅能想像一二。

去年八月，就在我意識到已有足夠材料將書完成時，我有幸被選為班夫中心（Banff Centre）「山野書寫計畫」（Mountain and Wilderness Writing Program）一員，到加拿大的亞伯達省駐點寫作。該計畫之緊湊，使我不能不盡最大努力，善用我在那間雪白山林圍繞的工作室中寫作的時光。當時獲得的空間與時間，讓我得以完成本書之核心部分。我誠摯感謝班夫中心，特別是藝術學院，給了我這次寶貴的機會。兩位計畫指導老師湯尼·威托梅（Tony Whittome）和馬爾尼・傑克森（Marni Jackson）重要的評析，引領我找到串起本書不同層次（希望有）的架構。當然，我不是孤軍奮戰，來自計畫其他夥伴——傑克・塔寇（Jack Tackle）、蕾貝卡・隆克蘭（Rebecca Loncraine）、莎拉・強森（Sarah Johnson）、亞倫・史匹茲（Aaron Spitzer）及琳希・布爾岡（Lyndsie Bourgon）的慷慨鼓勵、不失批判力的友誼，讓我比以往都更堅決要完成本書。回國這幾週，十分感謝審稿的艾德・道格拉斯（Ed Douglas），以及脊椎動物出版社（Vertebrate Publishing）團隊全員，尤其是約翰・科菲爾（John Coefeld）和強・巴頓（Jon Barton）兩位。

謝謝提供故事、照片、親切鼓勵及意見的約翰・鮑爾（John Powell）、瑪莉亞・考菲（Maria Coffey）、伯納德・紐曼（Bernard Newman）、柯林・布魯克斯（Colin Brooks）、尼克・柯頓（Nick Colton）、提姆・傑普森（Tim Jepson）、布萊恩・克羅伯（Brian Cropper）、丹尼斯・格雷（Dennis Gray）、羅傑・馬丁（Roger Martin）、李奧・迪金森（Leo Dickinson）、道格・史考特（Doug Scott）、克里斯・鮑寧頓（Chris Bonington）、圖特・布雷斯韋特（Tut Braithwaite）、布萊恩・霍爾（Brian Hall）、蓋伊・李（Guy Lee）、荷內・吉里尼

1 英國山岳及攀岩雜誌出版工作者（一九四一～二〇一六）。

（René Ghilini）、沃伊切赫・克提卡、安娜・密留斯卡（Anna Milewska）和我所有的波蘭朋友。柏娜黛・麥當勞（Bernadette McDonald）、茱迪絲・布朗（Judith Brown）、克里斯・鮑寧頓和道格・史考特幾位皆慨然給我文字方面的改善建議，並指正敘述有誤之處。強・帕普維奇（Jon Popowich）提醒了我，我在老早遺忘的一篇《山岳評論》（*Mountain Review*）文章中已引用過諾瓦利斯（Novalis）[2]。彼特・烏勒根（Pete Woolaghan）問了我那個沒有登山家能完整回答的大哉問。我最後又加回那句引述，協助呈現我對命運及艾利克斯性格的看法。還有當然，我由衷感激史蒂芬・凡納伯斯，他的前言為書中的攀登和時代添上了背景脈絡。

最後，感謝這十五年來，每個問我「書寫得如何了？」的人——令我的胃開始翻攪的一個問題。這句話最常出自我妻子蘿絲和兩個女兒莎拉與蘿拉之口，她們總是包容我的焦慮，溫柔鼓勵我走完這趟寫作之路。

約翰・波特

二〇一四年七月於坎布里亞（Cumbria）

2 德國浪漫主義詩人（一七七二～一八〇一）。二十八歲便英才早逝。

1

天堂之階

Stairway to Heaven

陣陣微風自看不見的山巔吹來，為烈日當空的正午注入些許涼快。風在成熟大麥與豌豆田上吹起波瀾，長梗協調地起伏搖擺。田野的綠濃得像在發光。平原盡頭斜斜升起被河道（nullah）割出深痕、如生鏽鐵皮浪板的暗棕山脈。山從肥沃的谷地，爬上一片刺矮樹與岩塔構成的貧瘠風景，伸向興都庫什的白雪。

我們紮營於哲巴克（Zebak）平原上四座山谷交會之處。這是進入阿富汗東北深處瓦罕走廊（Wakhan Corridor）的門戶。一九七七年八月某個午後，我在精疲力竭和深沉滿足中打著瞌睡。這裡太神奇了，沙漠之中，一塊盈滿天光與綠意的角落。

所謂營地其實非常簡陋。前一夜的狂風幾乎拆了我們那頂單人帳。帳篷一側被撕破，露出裡頭亂扔的各種衣服裝備。我們完全沒想去修補帳篷、收東西或洗鍋盆。此刻好像什麼都無所謂。一隻戴勝（hoopoe）掠過天際朝河飛去，豔陽突顯了鳥翼的一抹顏色。四周一片寧靜。我們活著，仍然存在，這就是唯一重要的事情。

從帳篷的破洞，看得見艾利克斯睡在他的睡袋上。露出的肋骨和消瘦的四肢透露辛苦數週且糧食不足。狂放的亂髮框住他的臉，半似流浪漢半似搖滾巨星，像滿臉鬍渣的馬克・波倫（Marc Bolan）[1]。一本破爛的符傲思（John Fowles）[2]《魔法師》（*The Magus*）丟在一旁。一杯沒喝完的茶在我睡袋上倒了個精光。

無所謂。太陽曬幾分鐘就乾了。周圍的世界是緩慢回轉的時間與色彩。靜謐之中只聞遠處奔流的河水、穀物間的風，和偶爾盤旋而過的猛禽鳴叫。食物還夠。再過幾天，這趟遠征就結束了，我們又會踏上新的旅途。

但此刻我們仍在阿富汗，朋友遠在天邊，怎麼回去還壓根不清楚。我們得設法搭卡車回喀布爾。也許六天吧？然後才是大問題：俄國人會放我們過阿姆河（Amu Darya），讓我們循來時的火車路橫跨蘇聯嗎？我們是被波蘭隊友們用假證件偷渡進來的，所以出去會有點麻煩。假如到喀布爾後能順利出境，也許再十天到華沙，然後三天回英國。反正只是時間問題，時間我們多的是。我又睡著了。

彷彿源自夢中，遙遠的引擎聲逐漸轉強。原野另一端、我們北方的山腳下有條崎嶇小路橫過，連接費札巴德（Faizabad）和瓦罕河上游一帶，在那裡接上過阿姆河進蘇維埃亞洲的偷渡路線。會是沃伊切赫・克提卡——大家都叫他歐特克（Voytek）——和遠征隊的其他夥伴，從曼達拉斯山谷回來了嗎？歐特克是兩天前出發的，我快速算了一下，他往返不可能那麼快。我們盯著揚起的飛塵從半哩外接近，愈滾愈大，直到能看出一輛軍用吉普車和一輛載了半車軍人的卡車從東方駛來。

兩車在道路最接近我們的那點停下，大約四分之一英里外。三個男人下車，踏著迅速的步伐穿過田野朝我們來。我們特意紮營在離道路夠遠的地方，以便必要時來得及逃走。一週前在班迪罕（Bandikhan）碰上的一次恐怖遭遇還記憶猶新；我們沒有待在阿富汗的官方許可，在土匪看來，這就像是在說我們根本不存在。現在我們別無選擇，只能靜觀其變。不管怎麼說，這些傢伙顯然是軍方的人。從他們寬檐尖頂的軍帽看得出其中兩個是軍官。看他的穗帶，一個似乎是上校。進軍營牢房住住或許也不壞。

1 英國搖滾樂手及暴龍樂團（T Rex）主唱（一九四七～一九七七）。他是華麗搖滾（glam rock）的始祖之一，以演出時閃亮豔美的服裝妝髮聞名，招牌造型包括一頭蓬蓬大捲髮（但沒有鬍子）。

2 英國小說家（一九二六～二〇〇五）。代表作包括《法國中尉的女人》、《魔法師》、《蝴蝶春夢》等。

幾人走近的同時，艾利克斯坐起身，打量情況。我們能清楚看見歐特克不在其中。

「你怎麼看？這些人想逮捕我們、槍殺我們嗎？還是純粹路過來喝杯茶？」

「希望只是想看看我們在幹嘛。也可能以上皆是。」

我站起來迎接他們，艾利克斯盡可能把我們的東西收整齊點。第一要務是備好我們的英國護照，必要時趕緊高舉揮舞。在這裡非法居留的期間，事實已證明身為「英果人（Inglestani）！倫敦！」是咱們的最大優勢之一。

上校優雅而威嚴地走完了橫在我們中間的最後幾步。

「嗨，你們是哪裡來的？」

年約四十，造型酷似五〇年代電影明星，他顯然是這團人中的長官。他的皇家騎兵隊（Horse Guards）小鬍子是年代悠久的產物，可以上溯到英軍那場淒慘的喀布爾大撤退[3]。我突然好奇起過去幾世紀，英國軍隊怎麼發展出了蓄鬍的文化。

「英果人！倫敦。」我像隻聽話的狗，乖乖回道。

「喔！你住倫敦哪裡？我最喜歡西區了，我碩士是在倫敦經濟學院讀的。」

我正舒了一口氣，準備支支吾吾說些我其實住坎布里亞之類的話，忽然驚恐地瞥見另一個較年輕的軍官和司機在我們的帳篷裡大肆亂翻，一旁的艾利克斯完全無力阻止。上校的下個問題完全出我所料。

「多少錢可以買你們的帳篷、裝備，或其他想賣的東西？」

我左看右看，不可置信地回頭望向他。帳篷分明已破爛不堪。睡袋和衣服上有補丁，沾滿汗水和污垢。其他所有東西，包括爐子和套鍋，都破舊到只能湊合著用。唯有那堆我們帶來遠征的舊岩楔、岩釘、冰斧、冰爪狀況還算可以。

在阿富汗，講價交易是件極度複雜，且暗藏危險的事。我們開始跋涉的第一天，有位村中長老想買下艾利克斯的登山靴。艾利克斯向他解釋，那雙靴子比村裡的公牛還珍貴。這讓我們在當地人眼中忽然成了超乎想像的大富豪。一切都是相對的。從抵達華沙直到現在這一秒，這整趟旅程就像低價採買、高價賣出，再把錢兌換成峰頂的講價典範之作。波蘭人冒了極大的險，夾帶我們穿過蘇聯，才把我們偷渡進來。我得想個巧妙的回答，不要冒犯他，最好還能避免他繼續問下去。在這危急時刻，我的童軍榮譽感幫了

3 第一次英阿戰爭（一八三九～一八四二）之末，英軍撤出阿富汗、最後幾乎全軍覆沒的行動。

我一把。

「抱歉，恐怕我們沒有權利賣這些裝備。事實上，這些是波蘭高山俱樂部（High Mountain Club）的東西，屬於波蘭人民共和國的財產，目前是借給我們使用。」

現在目瞪口呆的人成了上校。一時之間沒人說話。

「喔，好吧。」他說。「這樣的話我們就繼續趕路了。好的登山裝備實在難找呀，太可惜了。」

說完，他們便轉身離開。但才走兩步，那位電影明星上校又回過頭。

「啊，你們的波蘭和英國朋友都很好，託我問候你們一聲。我們是兩天前遇到的。他們倒是挺高興就把裝備賣給我們了。我猜他們的裝備是自己的吧？若阿拉願意（*Inshallah*），我想他們再一天、頂多兩天就會到這裡了。在那之前，我會確認村子那邊送點鱒魚、麵包來。你們感覺真的很需要好好吃一頓。再會。願阿拉保護你們。」

他們悠悠飄走了。艾利克斯和我站在毒辣的日頭下，再度能夠自由呼吸。生命直接而即時。沒人需要知道我們在哪、我們是誰。我們自己也不再確定。我們不過是旅人，身在一個異世界的故事途中。引擎發動、車隊開走後，我們笑得眼淚都快流出來了，直到兩個村人帶著一尾肥鱒魚和幾塊冷烤餅抵達，才總算打住。顯然，齋戒月已結束。我們給了村人一小把小面額的阿富汗幣，邀他們坐下來一起吃。我們煮茶、煎鱒魚，看著影子漸漸伸進谷中，彷彿山是巨大的日晷針。結束簡單的一餐後，兩個村人告辭，好奇心終究敵不過每到傍晚便灌滿谷地的寒冷山風。

夜半醒來，我透過帳篷的裂縫，看見一道燦爛星辰照亮黑色夜空。銀河看起來就像生命中的一切美好與安穩。我還記得童年住在麻薩諸塞，趁爸媽熟睡，帶著自製小望遠鏡溜上屋頂的那些夜晚。此際，頭頂的星空清晰得不可思議。看得見星雲，還有藏住遠方的不透明氣體雲，像即使最滿足的時刻也潛伏於心的濃稠暗影。

2

公眾形象
Public Image

一九八二年十月十五日下午，艾利克斯・麥金泰爾和法義登山家荷內・吉里尼正在安娜普納峰[1]南壁往峰頂推進，此時到達海拔約七千兩百公尺，被一條高聳的岩帶擋下。安娜普納南壁是喜馬拉雅的險峻巨壁之一，寬達三英里，深一點五英里，由龐雜交錯的扶壁（buttress）[2]與陡峭雪溝（couloir）構成。世界十四座八千公尺以上的高峰中，安娜普納是每次攀登喪命人數最高的一座。艾利克斯與荷內正嘗試一條新路線，由山壁右下朝左上切，最後抵達中央峰頂。倘若成功，這將成為南壁的第四條路線。此前，「國家級」大型遠征隊已攻克三條沿著主要扶壁登頂的路線。一九七〇年，克里斯・鮑寧頓

1 位於尼泊爾境內，八〇九一公尺，世界第十高峰。Annapurna為印度教司掌糧食的女神名。

2 指山突出的一大塊岩石部分，較窄者有時就被稱為山脊。常譯為「扶壁」或「拱壁」，為buttress建築學上的意思，中文目前還沒有對應的地形名詞。

領軍的英國隊成功完攀當時史上最難的一條八千公尺路線。他們由左扶壁一路向上，登上安娜普納峰三尖頂中最高的一座。波蘭隊一九八一年五月爬上中央扶壁，同年十月，日本隊沿右扶壁登頂。這三次遠征都集結大批人馬，歷時數月，並架設有固定繩和長期營地。艾利克斯與荷內只打算花三日攻頂，兩日下山，全程就只有他們倆。如果這次失敗了，就下次再來吧。

為了越過這座阻擋前路、三十公尺高的石壁，他們一起研究了種種可能。從基地營看過去，這條岩帶似乎無足輕重，不過鉛筆之寬對比於兩層樓的高度。有條吸引人的雪坡道向左而去，或許能通到另一端開敞的大雪坡。但六十公尺後，坡道便縮窄得剩下一條細細薄冰，再來只有堅實的岩面了。實在行不通。他們撤退回雪坡道起點的一處冰河裂隙，準備露宿。他們明天得在拂曉時分、趁整座山仍結凍時動身，才能安全走完八百公尺的雪溝，回到山壁下。他們邊煮熱飲，邊討論再回來時，該帶什麼裝備來越過這裡。

開始向下走時，天色已亮。最初降入雪溝很困難，拖慢了他們的速度。太陽已照到山壁頂端，愈來愈濃亮的黃紗一點一點朝他們移下來。到了大約十點，他們前進到雪溝一半左右。從我在山腳坐望的位置看，他們就像一片雪岩海中的兩粒芝麻點。然後，頃刻間，命運化成一顆拳頭大、自上方半英里處加速墜落的石頭，衝向艾利克斯。石頭砸中他的頭盔，精準如狙擊手的子彈。他癱倒，滾落剩餘的四百公尺雪溝。

荷內緊握他的冰斧，一時驚呆了，然後他呼喊艾利克斯的名字，沒有回應。他開始用最快的速度下降，將冰爪踹進轉軟的雪中、用冰斧猛戳頭頂上方，在可控制範圍內半攀半滑下雪溝。當他來到艾利克斯已無生氣的軀體旁，他幾乎能斷定死亡是瞬間發生的。他完全無能為力，只能逼自己冷靜、克制他的震驚，一個人繼續下撤。他將艾利克斯的身軀放在一條冰隙上方的凹處，用艾利克斯的冰斧做記號，也將遺體固定在山壁。接下來四小時，他全力奔回冰川另一側的基地營。

我在中途與他會合。我一直從基地營旁的側冰磧（lateral moraine）望著他們行進，透過相機鏡頭目睹了意外發生。我們那天唯一能做的事，就是回到帳篷裡。太晚了，不可能再上山。那天夜裡，荷內告訴我被那段岩階擋住的事，和他們露宿時討論的話。他們多希望下來時，我已經康復，我們三人能攜帶更多裝備，重返山壁挑戰成功。昨天傍晚看見他們下撤，我以為我時來運轉了。先前發作的腹瀉已經痊癒，我以為我們還是有機會一起登上這座山。現在卻變成這樣。昨天透過相機鏡頭注視他們準備露宿時，我的觀景窗突然被爆開的豔紅填滿。我的心跳頓時漏了一拍，但隨即領悟那是什麼——是艾利克斯在抖開露宿帳。

意外隔日早晨，荷內和我打包裝備，準備再次上山帶回艾利克斯的遺體。但還沒出發，雲層便開始下降，然後飄起了小雪。一場風暴正在醞釀。我們在不確定中又等了一天。我們的聯絡官說過他會即刻動身，把不幸的消息傳回加德滿都。我想到他母親吉恩，還有他女友莎拉，想到必須和她們說這件事。我們可以繼續守在這裡，嘗試將遺體帶回來，但那又有什麼意義呢？很明顯，安娜普納將是艾利克斯長眠之地。

如今安娜普納峰基地營有塊艾利克斯的紀念石，上頭刻著：「寧為一日猛虎，不作千年馴羊[3]。」假如荷內與艾利克斯當時能想出方法，克服那一小段困難的岩帶，在他們和峰頂之間就沒有多少障礙了。一九八四年，兩位西班牙登山家——尼爾．波伊加斯（Nil Bohigas）和恩里克．盧卡斯（Enric Lucas），攀上了艾利克斯與荷內嘗試的路線。他們的攀登非常精采，那次成功亦證明了艾利克斯的遠見。運氣與他們同在。一條細冰溝向上陡切，翻越那片阻擋艾利克斯與荷內的石壁。

艾利克斯過世時年僅二十八，他的人生比一場序幕多不了多少，但那是什麼的序幕呢？艾利克斯認為他知道。就在我們動身往加德滿都前夕，他完成了一篇給《Karrimor技術指南》的文章，預計一九八三年刊出。當時，Karrimor是全球領先的戶外裝備品牌之一。我的一張艾利克斯照片上，他正在洛子旅館（Lhotse Hotel）翻著一堆稿紙——那是他在某次旅館停電時開頭燈寫的。他在為文章作最後的「剪下貼上」——就是真的剪貼，把一些小片段剪出來黏在某個更適合的地方，或者手寫一段新的貼到想取代的文字上。

他以堪比H．G．威爾斯（H.G. Wells）小說的詭異先見之明[4]，預測到現代登山的演變和全球溝通科技的大變革。文章開篇即是他的第一個預言：「就在我們為了挑戰安娜

3〔作者注〕「寧為一日猛虎，不作千年馴羊。」是艾利克斯之母吉恩選的紀念詞。艾利克斯死去的次季，她在艾利克斯的妹妹莉比、女友莎拉、好友泰瑞．穆尼（Terry Mooney）的陪同下，為他立了一塊紀念石。石頭幾年後被一場雪崩打壞了，於是二〇一二年十一月，我和彼得及黛安．克拉克（Peter and Diane Clark）上山去更換。南壁和圈狀環繞的群峰依然靜靜聳立於聖殿四周，但如今那一帶旅館之多——而且都提供網路——著實嚇到了我。艾利克斯應該會樂見這一切。一九八二年，往基地營的路上唯有一家旅店，即瓊容村（Chhomrong）的上尉客棧（Captain's Lodge）。除了那裡，我們都是紮營或在牧羊人小屋過夜。

普納南壁打點裝備的同時，我們心下明白，總有一天、就在不遠的將來，某個小伙子只需帶一半或更少的東西便可出發去爬那片山壁，以快到我們無法理解的速度完攀。支撐他的，會是今日沒有的一套方法和環境知識。我們的輕量行囊將形同恐龍一樣。喜馬拉雅會成為——至少一小群人的——一座高山遊樂場，等候的幾百萬人則在底下看他們玩耍！」

二〇一三年，瑞士登山家烏力．史特克完成了一次南壁獨攀，於二十八小時內循英國扶壁右側、難度顯著更高的一條路線直攻峰頂再下來。被暱稱為「瑞士機器」的史特克，幾乎每攀一座峰都會刷新速度紀錄。而真的有幾百萬人在YouTube或電視上觀看他這些攀登的影片。如此的攀登在一九八二年、以當時的裝備是不可能辦到的。史特克的身體素質也鍛練到了現代運動員的最高等級。奧運沒有登山項目，但論八千公尺獨攀，金牌得主除了他不作第二人想。即使以現代登山普遍極高的標準來看，當今活躍的登山家們仍認為史特克的成就驚人。

今天，一個極好的登山家與一個史特克那類奇才登山家之間的距離，比一九七〇和八〇年代那時遠多了。當年，登山家會去獨攀阿爾卑斯山的路線，以求增進技術和效率。那是為了練習如何在喜馬拉雅的類似地形上更快地移動，締造速度紀錄根本不在考慮之中。現在，速攀幾乎已成為登山底下的一門獨立運動。它將攀登的體驗帶入了一個新領域。回顧一場兩個半小時的艾格北壁（Eigerwand）[5]攀登時，能寫的東西其實不多。碼表和贊助者稀釋了神祕感。不過，史特克自己對他的成就又是怎麼說的呢？「身為登山家，我並不比安德爾．赫克梅爾（Anderl Heckmair）[6]好。這只是一種不同時代的不同風格。」

4 英國科幻小說家（一八六六～一九四六）。被譽為「科幻小說之父」的人之一，在作品裡描述了飛機、太空旅行、核子武器、電視，甚至類似網路的發明。

5 阿爾卑斯山脈艾格峰（Eiger）最著名的北壁（wand即德文「壁」）。本書出版的二〇一四年，最快攀登紀錄為瑞士登山家丹尼爾．阿諾德（Daniel Arnold）創下的兩小時二十八分，打破了先前史特克的兩小時四十七分；不過二〇一五年史特克又以兩小時二十二分五十秒奪回榜首。

6〔作者注〕歷史上的艾格峰北壁首攀，是一九三八年七月，由安德爾．赫克梅爾、路德維希．弗格（Ludwig Vörg）、海恩利許．哈勒（Heinrich Harrer）及佛列茲．卡斯帕雷克（Fritz Kasparek）完成的。德國的赫克梅爾與弗格趕上了前一天出發的兩位奧地利人哈勒及卡斯帕雷克。最後一段山壁由赫克梅爾開路，一行人在惡劣無比的天氣中成功登頂。

文章裡另一個不凡的預言，預見了網際網路的出現。「總有一天，就在不遠的將來，我們可以坐在基地營，選擇要看《朱門恩怨》（*Dallas*）[7]還是某個小伙子獨攀馬卡魯峰（Makalu）[8]西壁的現場，同時還能透過幾個按鈕，追蹤其他遠征隊的進展。不過到了那天，荷內、約翰和我可能都轉行當評論員了！誠摯的，艾利克斯。」

也許可以說，現在我寫這本書，證明了他還真沒猜錯。

那個一九八二年九月的日子，艾利克斯完成他的剪貼工作後，把文章塞進一個信封，寫上Karrimor老闆麥可・帕森斯（Mike Parsons）的地址，然後在季風雨中沿著蒸氣騰騰的泥濘街道走到一英里外的郵局投遞。所幸，數週後，信順利到了麥可手中。

艾利克斯・麥金泰爾短暫但耀眼的攀登生涯，前後只勉強湊滿十年，從一九七二年初到一九八二年秋。十年過去，他已是國際知名的登山家，以在阿爾卑斯、安地斯、喜馬拉雅山脈的大膽攀登為人所知。萊茵霍爾德・梅斯納爾（Reinhold Messner）[9]形容他是「當前喜馬拉雅最純粹的輕量攀登（lightweight style）代表。」大約同時期，艾利克斯談到梅斯納爾，說「他以前有些計畫很有意思，後來就開始收集高峰，變得對算數比較有興趣了[10]。」

這失禮的發言是艾利克斯逝世前的一九八二年夏天，為《山岳》（*Mountain*）雜誌接受肯・威爾森專訪時錄下的。威爾森深怕此話會得罪梅斯納爾，在最後刊出的版本中拿掉了。但這就是艾利克斯會說的話——很挑釁，甚至有人會認為是對這位於登山卓有貢獻的人物的無端冒犯。不過本質上，也不失為一種描述事實的方式。艾利克斯畢竟是讀法律畢業的，拿的還是最高榮譽學士學位。他的評論並無惡意。艾利克斯尊敬梅斯納爾，將他穿越南迦帕巴峰（Nanga Parbat）的那場行動視為輕量攀登的典範[11]：

「萊茵霍爾德出發時身體狀態都很好，他作的高度適應以我看來算少的。他是個運

7 八〇年代當紅的美國電視肥皂劇。

8 位於尼泊爾與西藏邊界，八四八一公尺，世界第五高峰。名稱來自梵文Maha kala，即神祇「大黑天」的名字。

9 義大利登山家（一九四四～）。被認為是史上成就最顯赫的登山家之一。

10〔作者注〕指競逐成為世上第一個完攀十四座八千公尺以上高峰的人。梅斯納爾成了第一位。目前共有三十幾人達成這項壯舉，且人數每年都在增加。

11 位於巴基斯坦中北部，八一二五公尺，世界第九高峰。名稱源自梵文「裸山」。此處說的是一九七〇年梅斯納爾兄弟的知名遠征，梅斯納爾弟弟君特（Günther）於該次攀登中喪生。

動員，方法是用極快的速度攻頂，把在高海拔度過的時間縮到最短……但〔這種方法〕只在技術難度不高的條件下可行。一旦牽涉技術問題，你就必須得完全作好高度適應、身強體壯地到達那裡，而且要帶夠補給，以便花個幾天挑戰。所以說，好的高度適應和裝備輕量化至關重要。」

如同梅斯納爾，艾利克斯有一股渴望，想構思出非比尋常的大膽計畫。今日，烏力．史特克延續著他們的傳統，只是換成了今日的思維，獲得的商業回饋也豐厚得多。艾利克斯生活的年代，器材相較於今日還很原始，科學化的高海拔訓練方法都尚未成熟，要抵達世界高峰腳下須耗費數週而非數小時。若他今日仍在世，他會成為像史特克那樣的登山家嗎？也許吧。唯一能確定的是，無論時代，任何最好的登山家都會同意「若有機會，就要一試」。

艾利克斯在大學裡有個外號，叫「髒艾利」（Dirty Alex）。這麼叫其實不太公平，因為我們大家都挺邋遢的，不過總之這綽號就歸他了。他那蓬頭垢面的德性和英氣煥發的臉龐形成強烈對比，其中的靈魂是一雙探詢、聰明、帶點嘲弄的眼睛。他並不是一些評述所說的「花之力量世代」（flower power generation）的產物。和七〇年代許多玩運動的人一樣，艾利克斯結合龐克和華麗搖滾（glam rock）風格，來打造他的外型。他的外觀既是種宣示，也是種挑戰，為了去除任何第一印象中可能存在的曖昧模糊。如同七〇年代的多數登山家，他偶爾抽大麻，常戲稱飲酒是「訓練大腦」適應喜馬拉雅缺氧環境的良方。但他倒不像當時圈子裡最頂尖的一些好手一樣喜歡徹夜豪飲，比如捉摸不定的天才約翰．喜瑞特（John Syrett）[12]和美國的亨利．巴伯（Henry Barber）[13]，兩人留下頗多酒館的傳奇。

艾利克斯對未來可能性的想像，有他的幾樣特質作後盾：令人不安的聰明才智，和一種享受挑起和逗弄人們情緒的促狹嗜好。他也極其務實。他的輕量登山方法是經過縝密思考的。他自己設計的裝備跟得上他的理想，其中很多都被實際開發出來。

「艾利克斯在很多方面都與眾不同。」瑪莉亞．考菲說。瑪莉亞是作家，她在《脆弱邊緣》（*Fragile Edge*）等書探討了登山隱含的心理及情緒後果。「他在人群中特別突出。他有某種光芒。」瑪莉亞和艾利克斯很熟，當了艾利克斯一年半的房東。當時她在曼徹斯

12 英國攀岩家（一九五〇～一九八五）。七〇年代北英格蘭攀岩界的代表人物之一。

13 美國攀岩家（一九五三～）。

特教書，而艾利克斯在英國登山協會（British Mountaineering Council）服務。瑪莉亞說，艾利克斯死後，知道他們交情的登山家常問起他的事。「馬克．忒懷特（Mark Twight）[14]和托馬支．胡瑪（Tomaz Humar）[15]很敬佩他。他之所以獨特，是因為他的宿命色彩和領袖魅力，那來自一種不只是抱負的明確目的。」

我和胡瑪一起攀登過幾次，在克羅埃西亞達爾馬提亞海岸（Dalmatian coast）的帕克萊尼采河谷（Paklenica）。艾利克斯的確是他崇拜的人之一。胡瑪和艾利克斯在不少方面頗為相似，熱情、大膽、狂妄，被警告可能落得同樣下場時則嗤之以鼻。如同許多登山家，胡瑪和山有心靈上的連結，這份連結表現在他的天主教信仰中，也表現在他的祖國斯洛維尼亞與其根源——最高峰特里格拉夫（Triglav）——的神話連結中；艾利克斯的這部分較難察覺，但確實存在。艾利克斯真的愛山，而且擁有一份想像力，讓他能另闢蹊徑來面對山。但他也是個謎樣的人。即使是他的好友，今天也說並不那麼了解他。

「最早我們開始一起爬山的時候，大部分時間他都是埋頭苦幹。」艾利克斯的大學室友和早期攀登夥伴約翰．鮑爾說。「他不太發表意見，多數時候都在默默衡量事情。但最後，要是他有發表看法，通常都相當精準。就算難得他錯得很離譜，他也絕不會在辯論中認輸。必要的話，他會開始諷刺，讓你沒力氣再爭。」

來到安娜普納南壁時，艾利克斯已將輕量的概念推到極致。他和吉里尼只帶了一支冰螺栓、兩根岩釘、一圈繩子和另一圈垂降用的繩皮、輕量化睡袋、一頂露宿帳，以及四天份的食物和瓦斯。有些人認為艾利克斯違反了自己的原則——挑戰如此磅礴、技術難度為未知數的一面山壁，卻只帶這麼少東西。

風格是一種細緻的拿捏，要大膽突破，又不逾越社會接受的範圍。艾利克斯精瘦的身軀下藏著一份無比強悍的意志，但他最討厭重擔。他從沒打算揹超過十八公斤前往任何沒人攀過的八千公尺路線。安娜普納那次，他試著把行囊減到比十八公斤還輕。理論上，減輕重量能前進較快，縮短暴露在危險中的時間，這是個易懂的理論：速度會帶來安全。但想拔得頭籌，成為世界高峰無人挑戰過的壯闊路線首攀者，這個志向是會使你置身於數不清的危險中。若沒有一次又一次的好運，持續在頂尖領域活動的登山家，最

14 美國登山家（一九六一～）。不從事攀登後成為知名健身中心經營者。

15 斯洛維尼亞極限登山家（一九六九～二〇〇九）。以大膽瘋狂、甚至被稱為「自殺式」的攀登聞名，開闢了無數新路線，在獨攀極冷僻的藍塘里壤峰（Langtang Lirung）南壁時意外身亡。

後全身而退的少之又少。許多明智之輩選擇退休，或至少改爬海拔較低一些、風險較能控制的山岳。

「所以說，好的高度適應和裝備輕量化至關重要。」艾利克斯宣稱此為高海拔登山的黃金守則。這是遠征能否成功的其中兩項關鍵。至於其他還需要什麼？當然還要有對的隊友，除非你是獨攀。對輕量攀登的提倡者來說，一隊通常也就是兩人，最多不會超過四人。羅傑·巴克斯特瓊斯——英國一九七〇、八〇年代最傑出且最強健的高山攀登家之一——將合作攀登喜馬拉雅山峰的要義總結為：

一、回來

二、回來還是朋友

三、登頂

當羅傑、艾利克斯、道格·史考特三人以無可挑剔的純粹風格，創下希夏邦馬峰（Shisha Pangma）[16]巨大西南壁的首攀時，他們以上三點都辦到了。然而那次攀登也將他們的友誼考驗到了極限。「回來還是朋友」是三項要求中最難的。隊裡無法完攀的其他成員在遠征前期就被拋下了，造成頗多不愉快。

成功登上大山最後、也最難預測的一項必要元素，無論當年或今天都是運氣。艾利克斯完全明白，那些客觀的危險並非他能左右，於是開始透過發展他心目中的輕量攀登，來管理自己的運氣。安全來自速度，而提升速度的一種方法，是拿掉一大半的傳統安全網：營地、支援人員、備用食物及燃料、器材等等——艾利克斯形容為「臍帶」的東西。所謂輕量攀登不只涉及少帶點行李，還需要更輕的裝備，亦即需要新的設計與材質。

一九七〇和八〇年代，攀登喜馬拉雅山還是極少數人投入的冒險，但在北美和歐洲的較低海拔山區，高山攀登的風潮正迅速崛起，成為社會認同、甚至時尚的一項運動。從事攀登人數的上升帶動了對裝備的需求：人們尋求不僅能降低風險，還能提升攀登體驗的裝備。即使在最頑強的硬漢登山家中，也沒什麼人真心享受馱著一大袋鼓鼓的沉重裝備跑來跑去。

16 位於西藏境內，八〇二七公尺，為世界十四座八千公尺高峰中最低，也是最晚被登頂的一座。

因應這個新市場，已有名氣的業者，以及由登山者成立經營的創新公司，紛紛開始推出重量更輕、設計更精良的產品。開發新裝備必須投資昂貴的研究與技術。全世界的專業廠商都投入這場競爭，想設計出最好的鋁合金鉤環、空心冰斧、輕量化冰爪、高海拔帳篷、防水尼龍雨衣褲、塑膠登山靴，而他們會將產品提供給登山翹楚測試。六、七〇年代爬過山的人，一定會記得自己把鋼製鉤環永遠封印、把岩釘和自己綁的繩環換成輕量化的岩楔與扁帶，或把不舒適的帆布背包——揹起來像在揹一袋馬鈴薯——打入閣樓的那個瞬間。

艾利克斯和許多裝備製造商都關係不賴。那個時期，裝備商多半是攀登家，因此也比較容易合得來。憑藉他的個人魅力，艾利克斯經常有辦法說服他們開發以最新輕量化布料打造的衣服、背包、帳篷；雖然這些裝備可能只會在一次遠征中派上用場，若不經改造，根本沒有商業價值。需要真的是發明之母。大部分登山家都收入微薄，過著縮衣節食的日子。取得免費裝備，再回饋以一些好建言，協助設計可以賣的創新產品，幾乎是每場喜馬拉雅遠征的必要環節。從製造商的角度看，開發輕量化裝備常是介於貫徹信念和情義相挺之間的舉動。

倘若無法適應高海拔大山，再好的隊友和裝備也是枉然。艾利克斯曾宣稱，對多數人而言，這點只能靠數載、數十載的高山經驗來累積。他相信登山者在高海拔的表現不只事關身體適應而已，心也同樣需要適應。你必須學會把你在山上遇到的一切，包括最極端的危險，看成稀鬆平常的事。他主張，要培養此能耐的唯一方法，就是在這種環境中度過數千個小時。成為登山好手沒有捷徑。你得長期苦練。他在希夏邦馬峰把一個隊友硬是從隊裡趕了出去，直到他答應放棄跟他們上山。

「說到底，尼可還沒累積夠多時數，在冬季刮大雪的蘇格蘭沼澤艱難舉步、在阿爾卑斯山路上二十四小時不眠不休地蹣跚前行……像一群被追趕的狼帶著重傷的同伴，老練的登山者嗅到無可避免的結局。」

長久以來，登山是種生活風格或一種運動，始終是登山界爭執不下的議題。一九五〇年代，登山較接近一種生活風格，一方面是因為靠登山謀生不太可能，另一方面是因為你必須投注生活的極大部分，才能徹底從學徒期畢業。艾利克斯顯然完全畢業了。在攀岩、運動攀岩、商業登山旅遊廣為流行之前，英國的登山學徒之路大致會循以下順序展開。（將阿爾卑斯換成洛磯山脈、內華達山脈〔Sierras〕、喀斯喀特山脈〔Cascades〕或提頓山脈〔Tetons〕，便是北美的情況了。[17]）

一、到山裡谷裡走走，看一些瘋子攀岩。

二、讀登山的書，並受到啟發。

三、想通了自己也是瘋子，找到人一起去攀岩。

四、冬天跑去冰攀，搞得慘兮兮，也從此上癮。

五、夏天去阿爾卑斯登山，學習在稀薄空氣中正常發揮及快速移動。

六、攀登冬季的阿爾卑斯，經歷淒慘又豪壯的冒險，品嚐到苦盡甘來的成功滋味。

如果過了五年、十年，你還健在，而且還在爬山，你就能順利結業，晉升到世界最高山脈群（Greater Ranges）[18]去了。而這是長期苦練最重要的用處所在。（這條經典學徒之路的唯一變化版，是蘇格蘭的版本。蘇格蘭登山者會認為，不先完成第五步，你是無法在蘇格蘭的山上嘗試第四步的。曾於大冬天到蘇格蘭攀登幾週的人想必多少可以體會。）

登上希夏邦馬峰之後，艾利克斯在一次訪談中被問起，是否現在時機已經成熟，在蘇格蘭練就一身登山功夫的人，也能直奔喜馬拉雅，挑戰最困難的那幾面大山壁了呢？他回答：「我覺得難說。最近我才為日本雜誌寫過一篇文章，談到英國登山家因為能在阿爾卑斯度過五、六季來磨練技術，所以享有一些優勢。這一行有非常多技巧是只能在高山地形上精進的。喜馬拉雅遠征目前還是相當笨重，我無法想像一個沒在某處受過良好高山訓練的人，到了那裡還能安全攀登。假如是夏天沒去過阿爾卑斯，但爬過很多好的冬攀路線，接著去過阿拉斯加，然後又去過喜馬拉雅六千公尺大山，那也許還能試試看。如果這個人夠聰明、懂得跟對的人聊、會做功課——倒不是被這些資訊影響，而是

17〔作者注〕從西班牙到泰國，運動攀岩勝地在全世界的出現，為攀岩帶來了龐大的度假商機。這些岩壁已安裝固定錨栓（fixed-bolt）作為支點，有時也已預先掛上快扣組（pre-clipped runners）供攀登者直接將繩索扣入，因此攀爬起來相對安全。若途中墜落，通常並不會受傷。對頂尖攀岩運動員而言，一片最困難的岩壁可能要經過數週努力、十幾二十次墜落，最後才能成功完攀。室內攀岩只有一點和運動攀岩不同，即顧名思義，它是在室內進行。

18 原為十九世紀地理學家指涉亞洲中部山群（地球上最高海拔地區）的名詞，後來意義擴大，有時也包括美洲及非洲的世界高山。

學習活著回來的訣竅——那我覺得或許就滿有前途的。」

這種平衡、審慎的回答，是學法律出身的艾利克斯的典型作風。說得很白，但也沒給出明確答案，不熟悉此領域的人聽了很容易誤解。他的答案其實是「否」。高山學徒修業沒有省去或替代的辦法，但若有嚴苛冬攀或六千公尺高峰的經驗，或許可以加快一點。有些極優秀、但高海拔經驗甚少的英國登山家，嘗試直接前進喜馬拉雅，結果灰頭土臉回來。所幸大部分僅是高山症發作，留下惡劣的體驗，並未發生更糟的事。烏力・史特克在阿爾卑斯和喜馬拉雅的驚人獨攀，是數千小時艱苦訓練和攀登累積出來的成果。登上安娜普納南壁時，是史特克第三次嘗試該路線，所以對該處地形十分了解。現代職業登山者透過日復一日磨練，只需幾年時間就能達到過去幾十年才能練就的境界。

大約一九八〇年以前，艾利克斯並無特別想成名、或在朋友圈以外為人所知的抱負，對於替雜誌寫報導和文章也似乎沒什麼興趣。他對自己的一部分願景，是當個被團體接受的成員（one of the boys），一個純業餘、不受外來壓力污染的攀登者。他的態度和抱負後來改變了。

不過，那時離二戰後的國際局勢發生震盪還有一段距離。儘管以「自由世界」和

「共產主義集團」區分各國的時代氛圍，今日可能很難想像了，但這點攸關艾利克斯故事的幾個層面。一九七〇世代有超過一半的人預期，世上兩大陣營終有一方會按下按鈕，使人類文明在一連串大爆炸中灰飛煙滅。這麼看來，生命安危似乎不算太可怕的賭注。有一群人認同這種觀點，《山岳》雜誌的編輯威爾森就是其中一位。他相信，前往崇山峻嶺探險是逃離冷戰威脅的方法，包括實質上和感受上的威脅。

艾利克斯也有黑暗、宿命論的一面，只偶爾流露在他對落石的莫名恐懼中。爬過大山的人都知道，當風裡傳來落石的呼嘯時，那種本能地縮進背包下、像烏龜躲進殼裡的反應。落石在你四周迸裂的同時，你的心跳簡直暫時停止了。但多年來和艾利克斯一起爬山，我發現他的恐懼是某種更深的東西，以至於我不禁會想，是否他已預感到他的命運。

3

告別英雄時代
No More Heroes

「可怕的是不管做什麼，我們還是在成為英國的一個體制，但所有體制都值得被質疑和摧毀。」

——尚賈克・伯恩內爾（Jean-Jacques Burnel），行刑者樂團（The Stranglers）

艾利克斯從里茲大學畢業的一九七六年，英國登山正處於轉型期。不僅止於世代交替，而是不同代登山家相遇的一段時期。後起之秀相繼崛起，同時，克里斯・鮑寧頓、道格・史考特、唐・威蘭斯（Don Whillans）[1]等大前輩也仍在從事高水準的攀登。無論老一輩或年輕一輩，較有份量的登山家多半將喜馬拉雅視為真正的挑戰所在。隨著攀登

1 英國攀岩家及登山家（一九三三～一九八五）。一九七〇年的安娜普納南壁英國遠征中，他與另一位隊員道格爾・哈斯頓（Dougal Haston）成功登頂。

成本降低、收入提升，世界最高山脈群不再那麼遙不可及。而登山媒體——特別是《山岳》雜誌——的興盛，意味著更容易取得未被攻克的大山壁的資訊。

鮑寧頓和史考特兩人尤其仍活躍於這場標準日漸提高的競逐中，積極嘗試著所謂的「最後難題」[2]——指的是八千公尺高峰上那些人跡未至的峻壁險稜；由於喜馬拉雅及整個亞洲，七千五百公尺以上的主要山峰幾乎都已被登遍，目光焦點遂從「最高」轉向了「最難」。

新挑戰的首批叩關者，是圍攻式（siege-style）的國家遠征團。那是更早一點，各國爭搶八千公尺高峰首攀頭香之年代的遺留物。（登山的這段早期發展不乏新殖民主義的一面——先宣稱占有喜馬拉雅天空下某塊小小雪地、把國旗插上那世界之巔，就像在帽上添根威風的羽毛。十四座八千公尺高峰中，只有一座是由真正的國際登山隊完成首攀[3]。中國登山隊一九六四年的希夏邦馬首攀，為這場競賽畫下了句點[4]。）

這些規模龐大、組織完善、企業似的遠征隊，或云「專業人士」，在一九七〇年中期被一群較小、較隨性、較無資金的隊伍加入。後一群人比較類似私掠者（privateers）[5]，相形之下沒什麼組織且沒幾文錢，聚集了一幫雄心勃勃、想赤手空拳闖出名堂的人物。

在一九七〇年代，要靠登山維生遠比今日困難。關注登山的人很少，媒體興趣有限。鮑寧頓是當時全英唯一真正的職業登山家。一九六二年，鮑寧頓和伊安・克勞福（Ian Clough）聯手完成艾格峰北壁英國首攀，使他成了媒體矚目的焦點。「攀登北壁，是我這輩子被報導最熱烈的一件事。」鮑寧頓曾告訴我。「我完全沒料到會鬧得這麼大。我挑那條路線純粹是搭順風車。六〇年代初有一大票登山家都在關心艾格北壁。」

另外有幾位登山家，如道格・史考特，透過登山相關的寫作和演講，賺取微薄收入。不過對史考特而言，登山更像一種生活，而非正經職業，至少在他生涯早期是如

2〔作者注〕一九七四年，仍有許多這類難題待解，包括聖母峰西南壁、洛子峰（Lhotse）南壁、道拉吉里峰（Dhaulagiri）東壁、馬卡魯峰（尚未有人登頂）西壁直登路線、K2西稜等。這些路線被破解後，不久便有新的「最後難題」冒出，例如聖母峰的康雄壁（Kangshung Face）及東北稜。

3〔作者注〕一九六〇年的道拉吉里一號峰。

4〔作者注〕如同一九六〇年中國宣稱由北稜攀上聖母峰之時，起初西方登山界權威對這項聲稱抱持懷疑。

5 指大航海時代至大約十九世紀中期，歐洲各國被授予「私掠許可」能擁有武裝的民船。類似官方授權的海盜，可協助母國掠奪敵船或殖民地。

此。可以確定的是，一九六〇年代任何人要單憑登山養活自己皆非易事。鮑寧頓最初幾年相當拮据，以十英鎊一場的報酬到仕女午餐會（ladies' luncheon clubs）和婦女協會演講，第一本書拖稿拖了三年還沒寫出來。為了將他的生活方式變成一種職業，他費盡辛苦、用上渾身解數：演講、寫作、攝影。那時候沒有運動贊助這回事，認識製造商基本上只代表你能借到一些需要測試或宣傳的裝備。

接下來大約十年間，環境會大幅改變，但當初鮑寧頓一直到了一九七〇年安娜普納南壁遠征之後，才開始有份像樣的收入。為了持續以登山為業，他必須卯足全力，年年想出新的攀登和冒險計畫，再去向贊助者、出版者、媒體極力推銷。包括艾利克斯在內的晚一輩的私掠者，對於登山的生意經營層面就比較馬虎。繼續用航海比喻的話，差別大概就像得到王室贊助冒險偉業的華特・雷利爵士（Sir Walter Raleigh）[6]，和完全自己籌資、勇闖四海的霍金斯船長（Captain Hawkins）[7]。登山界的私掠者在兩重意義上都是私人的：他們的企圖相對祕而不宣，而身無長物代表他們的資金通常來自一些創意交涉。

時日一久，兩群人之間的界線漸漸模糊。隨著鮑寧頓圈裡的高手隕歿或被棄用，新的登山家陸續得到晉升機會。有那麼點像戰場上的將士升遷。只要你展現了優秀實力且身體健全，沒人會計較你的出身。登山本質上是競爭的運動，但登山社群一般對攀登成就都很敬重，儘管對階級或地位常調侃嘲諷。

當時，克里斯・鮑寧頓造成的衝擊和影響不可估量，但經常被取笑，甚至曲解。克里斯不害臊地承認，他想透過寫作、攝影報導、演講等方式，憑藉登山謀生。這並非前無古人——法蘭克・史邁司（Frank Smythe）[8]就做到過——但事實證明鮑寧頓特別成功。與許多登山家不同，他有溝通的天賦，能將複雜的登山故事化為淺顯的大眾語言。他有辦法吸引媒體興趣、得到金錢贊助、率領遠征隊凱旋而歸。最重要的是，他的攀登水準極高。如今年逾八旬，他依然是節慶活動和企業演講的明星嘉賓。

成功帶來檢視，有時也帶來嫉妒。鮑寧頓常被描繪成一個把事業看得比爬山、比其

6 伊莉莎白時期著名的才子探險家（一五五二～一六一八）。在英國北美殖民地的建立中扮演了重要角色。

7 全名為威廉・霍金斯（William Hawkins，一五一六～一六一三）。英國東印度公司代表，是第一批抵達印度的英國商船船長之一。

8 英國登山家、作家、攝影家（一九〇〇～一九四九）。

他隊員更重要的人物。挑選隊員和主要攀登手時，鮑寧頓知道他要的特質。他會根據攀登或籌畫能力，以及將在團隊中扮演的角色來找人。他身邊有群忠實的朋友：尼克・艾斯考特（Nick Estcourt）、伊安・克勞福、道格爾・哈斯頓（Dougal Haston）和道格・史考特。有一兩人，例如馬丁・波以森（Martin Boysen），感到自己對鮑寧頓的忠誠並未得到回報；另外有些人更適合描述為野心十足的同事，最明顯的一位是唐・威蘭斯。

「我和唐一直不是處得那麼融洽，」克里斯說。「彼此缺乏忍讓，但他是絕佳的登山夥伴。道格爾在山上山下都是我很親密的朋友，雖然我們在遠征的合作上有點互相方便的成分。我想道格爾理所當然地認為我會讓他擔任主要攀登手，因為他知道自己是最適合這個角色的人，而且知道我也持有同樣的看法，想要用他來完成這個任務。重要的是，其他隊員喜歡且敬重道格爾，而唐會讓隊裡氣氛變得很僵。」

管理一大隊成績斐然、個個都想攻頂的登山家是遠征的棘手工作，直到阿爾卑斯式攀登（alpine-style climbing）的風氣吹進喜馬拉雅才逐漸式微。鮑寧頓的決策都繞著一件事轉，就是讓遠征成功。他無法照顧所有隊員的個人心願。他有能力做出不受歡迎的決定，採取他認為最有利於團隊目標的作法。（威蘭斯一九七五年被排除在聖母峰遠征隊之外後說了一句著名的話，他說鮑寧頓「很沒露絲」（without Ruth），意思是很無情（ruthless）。鮑寧頓則表示自己「沒選唐，因為去安娜普納的所有人，包括道格爾，都不想要他加入。雖然道格和哈米什（麥金內斯，Hamish MacInnes）[9]是贊成的。」）

受邀參加克里斯・鮑寧頓的遠征隊，是職業登山家之路的良好開始。鮑寧頓團隊中的大多數登山者爬山的理由和平常差不多——為了找樂子和接受挑戰。但你面對的要求其實不一樣。參加鮑寧頓的遠征，代表你需要表現出專業的身分、明白自己的責任，有時還得簽約。內容可能包括不另行出版著作、不擅自使用照片等等。

這樣做有充分理由，密切關係到無論風格、任何攀登者都會碰到的一個問題——錢。領導大型遠征隊的問題在於，需要的錢會更多。一九七〇年安娜普納遠征那次，聖母峰基金會（Mount Everest Foundation，簡稱MEF）豪賭了一把，答應要為遠征隊的一切開銷買單，替鮑寧頓省下了尋覓贊助者的麻煩。最後遠征極為成功，也帶給MEF豐厚的回饋。

9 蘇格蘭登山家及山岳救難員（一九三〇～二〇二〇）。被譽為蘇格蘭的現代山岳救難之父，也是第一支全金屬冰斧及革新形狀的「翼龍」（Terrordactyl）冰斧的發明人。

一九七二年，第一次籌畫聖母峰西南壁之行時，鮑寧頓原希望MEF能再全額贊助。但這回，基金會沒那麼積極。七〇和七一年，幾支實力堅強的遠征隊無功而返，他們認為風險太高了。因此，湊出旅費的唯一方法是綜合集體出資與個人出資。克里斯決定賭一把，而這麼做是有道理的，因為經濟上的風險就和攀登團隊一樣，理當全體共同承擔。為了限縮風險，隊員約定在聯合演講中輪流擔綱，並協助寫作遠征書，作為契約的一部分。七二年挑戰失敗歸來後，遠征隊債台高築。為了還錢，他們每人都自掏腰包，也舉行了一系列收費演講，直到償清債款。這種登山模式可說是真正的集體經營。（一九七八年，艾斯考特在K2喪生、其他人決定放棄攀登後，他們不得不再次採取同樣的做法。）

運勢是會改變的。一九七五再次前往聖母峰西南壁時，鮑寧頓宣傳這是場勇闖世界最高峰「最難」路線的壯舉，於是單憑一紙給巴克萊銀行（Barclays Bank）的信，籌到了所需資金。巴克萊答應贊助十萬英鎊，補助此行的大部分開支。作為回饋，相關書籍、電影、演講的一切收入都將歸巴克萊所有。登頂後，乘著大眾興趣的巨浪，幾乎每個隊員都忙著全國演講。克里斯得到一筆預算，用來創作遠征書籍及舉辦系列講座，隊員絕大多數皆有參與。有貢獻者會根據字數收到稿酬，或拿到定額演講費與車馬費。他們甚至有個管理委員會，確保一切公平執行。對於彼得・博德曼等較年輕、有興趣發展寫作及演講專業的隊員而言，這是一個重要的機會。

聖母峰之後，克里斯徵召了更多像彼得這樣的年輕登山家：喬・塔斯克、迪克・阮修（Dick Renshaw）和艾倫・勞斯（Alan Rouse）——全都是私掠者傳統出身的人物。讓這些新生代加入是項冒險之舉，但帶動了兩件事的發生：克里斯因此走回更個人主義、更輕量的路線；私掠者們則見識到專業精神，以及遠征贊助的商業潛力，這對他們的登山態度和職涯機會影響甚鉅。

實際參加鮑寧頓的隊伍前，思想獨立的登山家往往認為他的管理風格太獨裁與企業化。不過多數人後來都認識到，他其實很重視共識。最終定奪權可能在他手上，但如果不這麼做，他知道遠征注定失敗。這很划算。鮑寧頓受贊助者青睞之處，就是可靠的領導能力。登頂才是唯一吸引他們花錢購買、為品牌增值的東西。

當然他也得管理給媒體的故事，無論消息是好是壞。這不只是對外問題，也涉及隊內管理。鮑寧頓對形象的焦慮有時會產生反效果。以前我為《山岳》雜誌的肯・威爾森工作時，我們刊過一篇麥可・湯普森（Mike Thompson）[10]寫的文章，叫〈再次和大夥們上路〉（Out with the Boys Again）。身為鮑寧頓一九七五聖母峰遠征隊的一員，湯普森寫了一篇著實很好笑的、以不同觀點看待隊內運作與互動的文章。湯普森的挖苦式幽默和對登山之態度是出了名的，他認為登山應該是獨立於任何官僚或權威管制之外，不受其束縛的一項活動。

文章中，他描述前往基地營的途中，遠征隊裡逐漸形成了兩派。第一群是遠征隊的管理者們，即親鮑寧頓派的基地營人員、後勤人員、媒體代表、隊醫等等。第二群——「小伙們」——是比較喧鬧不羈的個人，如吉姆・杜夫（Jim Duff）[11]、布雷斯韋特、史考特，當然還有湯普森自己。鮑寧頓被刻畫為躲在帳篷裡，用裹了一層乾掉燕麥粥的電腦打出今日命令的領導。剛就任英國登山協會（簡稱BMC）全國總召的彼得・博德曼也是文章揶揄的對象，被形容成在BMC總部大廈十七樓辦公室工作的一個登山官僚。湯普森影響深遠的諷刺之作捕捉了轉變中的英國登山面貌。

《山岳》上架的第二天，肯接到憤怒的鮑寧頓打來的電話，痛斥雜誌歪扭事實。肯一從慌亂中恢復過來，便開始轉守為攻，談起新聞自由，更重要的是指出湯普森文中隱含的另一個主題，即向那趟旅程的人員和物資統籌致敬。湯普森也許並未完全接受自己要替登頂組擔任高地挑夫，但他欣賞鮑寧頓使遠征圓滿成功的規畫。克里斯不久便冷靜下來，與湯普森和威爾森重歸於好。如同其他隊員最終意識到他領導能力的可貴，克里斯如今認為湯普森的文章是「對那次遠征一篇精湛又風趣的研究——不愧是文化人類學者的視角。」

鮑寧頓那套專業化方法可能並非其他登山家所嚮往，但他輝煌的成績是許多有志者盼能為伍的對象。尋求贊助時，有克里斯的背書足以使一切改觀。雖然不是不經挑選，但克里斯對於借出自己的名字、擔任私掠者旅程的保薦人通常很大方，我們的英波強卡邦峰之行就曾得到他的幫助。與專業的鮑寧頓攀上關係，能為登山計畫增添信用，卻絲毫不妨礙以輕量方式攀登巔峰的作法。

10 曾是職業軍人的英國登山家、人類學家（一九三七～）。他參與過鮑寧頓的一九七〇年安娜普納南壁、一九七五年聖母峰西南壁等遠征，後來潛心研究文化人類學。

11 英國登山家及醫生，長期致力於推廣山野急救知識，也是國際揹工保護組織（International Porter Protection Group）的創辦人。

一九六〇與七〇年代，鮑寧頓的愛國冒險迷住了大眾的目光，透過BBC的現場節目、泰晤士電視台（Thames Television）等獨立網播出的登山電影之推波助瀾，對登山漸起的關注終於形成一股廣大興趣，開始被博德曼、塔斯克等人透過寫作和演講開採。（而且他們極為擅長。他們的著作今日仍在印行，兩人之名也與最重要的英語山岳文學獎連在一起。）

要靠逐漸興起的登山潮流維生，也有比較低調的其他途徑。當時已出現一小群嚮導和專業戶外指導員，隨著戶外教育蔚為風尚，從事人數更持續增加。此代攀登者在技術方面充滿好奇及創業精神，丹尼・穆爾豪斯（Denny Moorhouse）[12]、東尼・霍華德（Tony Howard）[13]、麥可・帕森斯、彼得・哈欽森（Peter Hutchinson）[14]一類的人物，均為戶外產業的蓬勃推了一把。甚至靠出版也足以餬口，威爾森便憑藉《山岳》雜誌和他的出版行號「王冠」（Diadem）辦到了。這些都為年輕登山家提供了職涯榜樣。

雖然湯普森的〈再次和大夥們上路〉是對鮑寧頓管理風格的幽默詮釋，卻掩蓋了他管理個人的能力。這聽起來可能小事一樁，但要是認識那些人，就會知道鮑寧頓根本像要牧一群貓一樣。一九八一年冬季在聖母峰和一九八六年在K2西北稜，艾倫・勞斯率領的堅強團隊之所以失利，就是因為隊員傾向各自為政。缺乏協調一致的計畫，使得友誼和遠征組織工作都受到嚴峻考驗。

私掠者把規畫看作一件麻煩事，重要性低於所有其他考量。享受攀登永遠最要緊。旅程好像總會自動展開，在ＢＭＣ舉辦的巴克斯頓山岳大會（Buxton Conference）[15]之類的活動酒吧、高山攀登盟（Alpine Climbing Group）[16]的舞會、小酒館包廂裡被討論出來。私掠者似乎啤酒喝著喝著，便會自然湊成一夥，不是正式選出的團隊。至少這場運動剛萌發時，「去了再說」是我們的共同信條。要做到這點，什麼都只需要一點點；多出來的一切都算額外驚喜。成名之後逐漸無法再這樣做，但現階段，只要鮑寧頓能為我們弄

12 攀岩器材品牌ＤＭＭ、繩索及安全裝備品牌ＩＳＣ等創辦人。
13 攀登裝備品牌Troll創辦人，他最為人熟悉的身分就是挪威「巨魔壁」（Troll Wall，歐洲最高的垂直山壁）英國首攀者。
14 Mountain Equipment、ＰＨＤ等攀登裝備品牌創辦人。
15 巴克斯頓為位在英國峰區（Peak District）邊緣的溫泉勝地。
16 一九五二年創立，主要族群為愛好困難新路線的年輕攀登者，一九六七年併入歷史悠久的英國山岳會（Alpine Club）。

到一張十萬支票，我們去超市採買一推車雜貨就心滿意足了。

帶超過必要的東西並無意義。西方物資主要是為了應付高海拔，攜帶不多不少的量到基地營，為當地主食的米、扁豆、糌粑、麵條增添變化。在山上的天數經過精密計算，湯、乳酪、巧克力等等被審慎分裝。所有額外食品及多數獲贈的酒，都被變賣來補貼旅費。

能夠這麼小氣，是拜喜馬拉雅登山界的風氣演變所賜。七〇年代中期加入喜馬拉雅攀登之戰的世代，由於擁有在阿爾卑斯艱難路線磨練出的體能和技巧，見解和前輩不大相同。我們的目標是搶在圍攻式遠征隊將「最後難題」統統清除之前，先一步抵達那些山頭。

大部分新生代都沒到過高海拔，因此得先度過另一段學徒期。有些人，例如博德曼，在鮑寧頓的遠征隊中累積了經驗。其他人只能想辦法自學。攀登八千公尺大山需要耗費大量時間與金錢，而如何將純粹的阿爾卑斯式方法應用於那些凶險巔峰，也還需要進一步測試。於是，七〇年代突然湧現了攀爬較不知名的六、七千公尺大山的熱潮。人們透過這些較小關卡，累積必要訓練和知識，以便迎戰更艱鉅的世界巔峰路線。

以純粹阿爾卑斯式方法挑戰七千公尺以上大山的現代追求，對英國而言，始於一九七五年的一刻——當喬．塔斯克和迪克．阮修魯莽但勇猛地登上了加瓦爾喜馬拉雅山脈（Garhwal Himalaya）的都納吉里峰（Dunagiri）[17]東南稜。過去也曾有各國小隊踏上類似高度的峰頂，包括一戰前的亞歷山大．凱拉斯（Alexander Kellas）[18]、三〇年代的艾瑞克．希普曼（Eric Shipton）[19]和比爾．提爾曼（Bill Tilman）[20]。但都納吉里的路線很難，在高山難度分級裡被歸在「TD-（很難）」[21]。這兩個沒有喜馬拉雅經驗的登山家，基本上沒花幾毛錢、沒怎麼準備、毫不勞師動眾就完成了這項壯舉，於九天之內順利登頂，又回到渺渺荒山中的基地營。

17 位在印度北方、與西藏及尼泊爾接壤的北阿坎德邦（Uttarakhand），七〇六六公尺。
18 英國化學家及高山探險家（一八六八～一九二一）。尤因對高海拔生理學的研究而聞名。
19 斯里蘭卡出生的英國登山探險家（一九〇七～一九七七）。曾在聖母峰拍下傳說中「可怕的雪人」（Abominable Snowman，又稱Yeti）的足跡。
20 英國登山探險家（一八九八～一九七七）。他的帆船冒險亦相當知名。
21 國際使用的法文縮寫系統，依序為：F易、PD微難、AD偏難、D難、TD很難、ED極難。

返回英國後，兩人都承認他們很可能死在那趟旅途中。他們的高度適應不夠充足，也沒帶夠補水需要的燃料，和維持體力所需的糧食。脫水使他們在下山途中陷入半神志不清，因而走散，差點釀成致命大錯。和他們聊過或讀過報告的人，都深刻記取了前車之鑑，但那場攀登證明，大膽和輕量足以創造令人驚豔的成果。

同一年，鮑寧頓帶領的圍攻式遠征隊成功登上了聖母峰西南壁。辦理那種大規模遠征需要巨額資金，隊裡共有九名主要攀登手、七名支援手，以及六十位高地挑夫。但那年之後，英國大部分遠征隊都只由幾人組成[22]。很少登山家能像鮑寧頓，吸引到那般雄厚的贊助。費用、風氣和美學，推動了輕量攀登的發展。

為了將艾利克斯的成就置於更大脈絡中，以下列出他爬山的時代——從一九七五到他死去的一九八二——英國登山家在喜馬拉雅的主要首攀紀錄，包括山峰名稱及登頂者：

一九七五年　都納吉里峰東南稜：喬・塔斯克、迪克・阮修

一九七六年　川口塔（Trango Tower）[23]：莫・安端（Mo Anthoine）、馬丁・波以森、喬・

布朗（Joe Brown）、麥坎・豪斯（Malcolm Howells）

一九七六年　強卡邦峰西壁：彼得・博德曼、喬・塔斯克

一九七七年　「食人魔」（The Ogre）[24]：克里斯・鮑寧頓、道格・史考特

一九七八年　賈努峰（Jannu）[25]南壁，阿爾卑斯式首攀：羅傑・巴克斯特瓊斯、拉伯・卡靈頓（Rab Carrington）、布萊恩・霍爾、艾倫・勞斯

22〔作者注〕一九七五年後，英國也曾送出軍隊或軍民聯合的遠征團，用圍攻方式挑戰大山。今日攀登聖母峰的商業隊伍亦採取圍攻策略，但由雪巴人（Sherpa）負責一切前置準備和繩索固定工作，嚮導和顧客則跟隨其後。

23 巴基斯坦北部的一組奇峰「川口塔峰群」（Trango Towers）當中的一座；該峰群為世界極限攀岩地點之一。其中，川口塔又稱無名塔（Nameless Tower），另有最高的大川口塔（Great Trango Tower，六二八六公尺，擁有高差一三四〇公尺的全球最長懸崖）、川口僧塔（Trango Monk）等。

24 巴基斯坦北部的拜塔布拉克峰（Baintha Brakk，七二八五公尺），因高峭凶險而得此綽號，也是號稱世上最難爬的山之一，至今只有三隊人登頂（一九七七、二〇〇一、二〇一二）。史考特下山時還雙腿骨折。

25 位於尼泊爾境內，七七一〇公尺。當地稱為昆巴卡納峰（Kumbhakarna）。

一九七九年　干城章嘉峰（Kangchenjunga）[26]西北壁：彼得·博德曼、道格·史考特、喬·塔斯克

一九七九年　努子峰（Nuptse）[27]北支稜（spur）：喬治·貝騰堡、布萊恩·霍爾、艾倫·勞斯、道格·史考特

一九七九年　高里三喀峰（Gaurishankar）[28]西南稜：彼得·博德曼、提姆·黎區（Tim Leach）、蓋伊·奈哈特（Guy Neidhardt）、彭巴·拉瑪（Pemba Lama）

一九八一年　公格爾峰（Kongur）[29]首攀：彼得·博德曼、克里斯·鮑寧頓、艾倫·勞斯、喬·塔斯克

一九八一年　安娜普納四號峰，冬季首攀：亞德里安·伯吉斯（Adrian Burgess）、亞倫·伯吉斯（Alan Burgess）、羅傑·馬歇爾（Roger Marshall）

一九八一年　西弗林峰（Shivling）[30]東柱稜（pillar）：喬治·貝騰堡、葛瑞格·柴爾德（Greg Child）、道格·史考特、瑞克·懷特（Rick White）

這段短暫的時期中，艾利克斯·麥金泰爾在喜馬拉雅的攀登包括：

一九七七年　班達卡峰東北壁：與歐特克．克提卡、約翰．波特

一九七八年　強卡邦峰南扶壁：與歐特克．克提卡、約翰．波特、克里茨多夫．祖列克

一九八〇年　道拉吉里峰（Dhaulagiri）[31]東壁：與亞捷．庫庫奇卡（Jerzy Kukuczka）[32]、歐特克．克提卡、荷內．吉里尼

一九八二年　邦馬山（Pangma Ri）[33]西稜：與羅傑．巴克斯特瓊斯、道格．史考特

26 位於印度和尼泊爾邊界，八五八六公尺，世界第三高峰。

27 尼泊爾境內，七八六一公尺。藏語「西峰」之意。

28 位於尼泊爾和西藏邊界，七一三四公尺。藏語稱為赤仁瑪峰。由三喀（Shankar，濕婆的別名）和稍低的高里（Gauri，濕婆之妻的別名）兩峰組成，博德曼等人當時登上高里峰。

29 位於新疆帕米爾高原，七六四九公尺。山名來自吉爾吉斯語「灰色的山」（Kongur Tagh）。

30 位在印度北阿坎德邦，屬於加瓦爾喜馬拉雅山脈。Shivling源自梵文Shiva Linga「濕婆的標誌」，指濕婆的陽具，在印度廣受崇拜。

31 尼泊爾境內，八一六七公尺，世界第七高峰。梵文「雪白之山」或「耀眼之山」的意思。

32 波蘭傳奇登山家（一九四八～一九八九）。史上第二位完攀世界十四座八千公尺高峰的人，而且其中十三座為冬季攀登或新路線。

33 ri為梵文「山丘」之意，在喜馬拉雅地區多指五千到七千公尺的「小山」。

一九八二年　希夏邦馬峰西南壁：與羅傑・巴克斯特瓊斯、道格・史考特
一九八二年　塔克康峰（Tarke Kang）[34]東扶壁：與荷內・吉里尼、約翰・波特

艾利克斯的所有攀登都是以輕量風格完成，建立在那段時期之初，他於阿爾卑斯山區進行的一系列耀眼攀登之基礎上。其中包括了德魯峰（les Drus）[35]的波納提柱稜（Bonatti Pillar）、大角柱（Grand Pilier d'Angle）[36]的「波納提—札佩里」（*Bonatti-Zappelli*）路線二攀、大喬拉斯峰（Grandes Jorasses）[37]的「柯頓—麥金泰爾」（*Colton-MacIntyre*）首攀、艾格峰直登路線阿爾卑斯式首攀等等。他也曾在一九七九年爬過安地斯山脈幾條大膽的新路線，記錄在本書後段。此外一九八一年，他曾兩度挑戰馬卡魯峰西壁，可惜未有斬獲。

許多世界各地登山家也於該時期締造了精采的佳績，儘管大部分人仍沿用傳統的遠征方法。然而，八千公尺高峰上的一陣新風潮，正在形塑攀登者對於登山未來的想像。梅斯納爾已在一九七八年與彼得・哈伯勒（Peter Habeler）不用氧氣瓶登上了聖母峰；一九八〇年，梅斯納爾重返珠穆朗瑪完成了北稜獨攀，同樣無氧氣瓶輔助，而且是在雨季（monsoon）[38]。此事震撼了全球登山界。八〇年時，已有幾座八千公尺高峰被無氧攀登

過，但還可能辦到什麼？很快便會有人無氧完攀更難的八千公尺路線，但梅斯納爾首先在可能性的列表上添了一筆獨攀加無氧。

大部分登山家都同意，用輕量、無氧的方式，為一場艱鉅的登山挑戰注入了優雅。這種想法格外吸引較年輕——因此財力也較薄弱——的英國登山世代。氧氣要價非常高昂。你得多雇不少挑夫將之運到山上，上了山又需要更多雪巴人支援。有鑑於此，年輕世代不考慮這種選項。

34 尼泊爾安娜普納峰群的一座山峰，七一九三公尺。

35 法國境內，包括大德魯峰（Grand Dru，三七五四公尺）和小德魯峰（Petit Dru，三七三三公尺）。「波納提柱稜」是小德魯西南的一條困難路線，首攀者為義大利登山家波納提（Walter Bonatti），然而因岩石崩落問題已於二〇〇五年消失。

36 義大利境內，白朗峰頂之南的一座扶壁，四二四三公尺。

37 屬於義法交界的白朗峰山脈，以多峰尖並列的壯觀山勢聞名，最高點四二〇八公尺。北壁與馬特洪北壁、艾格北壁合稱「三部曲」（Trilogy），被認為是阿爾卑斯最險峻的三大北壁。「柯頓—麥金泰爾」是北壁的一條路線。

38 指夏季季風時節，此時山上多雪。一般認為最適合攀登的是雨季前和雨季後的短暫區間。

當時的入山費用還沒有今日這麼昂貴，但攀登八千公尺峻岳仍須投注大量時間，而在喜馬拉雅——如同其他任何地方——時間就是金錢。七千五百公尺以上的大山需要更長的高度適應期，也就需要採買更多食物燃料、雇用更多挑夫搬運額外幾週物資。增加的挑夫伙食又得請更多的挑夫來揹，諸如此類。如今走在喜馬拉雅補給充裕的健行步道上，可能已經很難想像那種光景了。

到了七〇年代中期，東歐和日本遠征隊不斷證明，組織精良的大型隊伍能繼續延伸鮑寧頓一九七〇年登上安娜普納的模式，逐一破解最後難題。對下一代登山家而言，現在問題很簡單：有沒有一種輕量阿爾卑斯式攀登，能取代大隊人馬圍攻戰術？人們紛紛投入這場角逐。

阿爾卑斯式攀登最重要的元素是自給自足，不仰賴他人支援。但將阿爾卑斯式攀登稱為「輕量」其實有點用詞不當。你必須在一只大背包裡，塞進攀登和求生所需要的一切。路線難度愈高，必要裝備愈多，而完成一條大路線可能需時一週以上。隨著時間經驗積累，「一切」的量可以減到最少；即便如此，要揹那麼重走出基地營依然令人生畏。

隨著登山的演進，一九七〇年代說的阿爾卑斯式攀登，很矛盾地已不再適用於阿爾卑斯。現今的驚人高難度速攀，多半是自補給齊全的山屋或纜車終站出發，或者有台直升機將當天主角送至路線起點，再持續追蹤他們的挑戰進度。午餐時間還沒到，他們已回到山下，實在不需要什麼裝備。

喜馬拉雅也會如此嗎？如今看來，登山離這天似乎不遠了。直到世紀之交，攀登喜馬拉雅的多數山峰仍屬浩大的工程。高達阿爾卑斯之兩倍，且不知偏僻多少，複雜的後勤工作令人卻步。走到攀登實際開始的地點，通常早已超過白朗峰頂的海拔高度（四八〇八公尺）。雖然想從頭到尾攀完無人登過的峭壁險稜之初衷，和在阿爾卑斯地區大同小異，但要將大量的食物裝備運至基地營，哪怕只有兩人份，也是物流及體能上的吃力難題。

不僅如此，還得事先擬定高度適應計畫，方式是將食物裝備揹到下山會經過的藏物處放置，以及先攀爬較輕鬆、但通常也極具份量的山頭。要在七千公尺以上應用阿爾卑斯式，必須考慮的層面比低海拔增加數倍。艾利克斯了解如何準備才能發揮最佳狀態，也能挑選合適的夥伴協助他達成目標。話雖如此，具備必要能力的攀登者選擇有限。英國有一小群想法類似的登山家，但其他地方更多。

在他所有的攀登夥伴中，波蘭登山家歐特克．克提卡給了艾利克斯最多啟發。歐特克和艾利克斯兩人性格南轅北轍。歐特克無疑不是艾利克斯的偶像，單純是他發展和實現一種全新高海拔攀登風格的盟友。艾利克斯會認識歐特克是因為我的緣故，這一切要從一九七五年，我偶然遇上一個叫丹尼斯．格雷的人說起。

4

到狂野的那側一逛[1]

A Walk on the Wild Side

從湖區攔便車回里茲的路上，我順利到了英格伯勒山（Ingleborough），但在路邊豎了一小時拇指後，終於也看膩佩尼根特（Pen-y-ghent）[2]的高地風光，和石灰岩牆構成的幾何圖案。我的白日夢在一陣尖銳煞車聲中止住，丹尼斯・格雷的俄產轎車在我面前停了下來。當時，丹尼斯正擔任英國登山協會有史以來第一任的全國總召。

那時候，BMC基本上就是丹尼斯本人，還有一位祕書——強悍的麗塔・哈蘭（Rita

1 直譯為「到狂野的那側走走」，作片語是指展現狂野的一面、放浪形骸的意思。本書各章標題皆為搖滾歌曲、專輯或樂團名，〈Walk on The Wild Side〉是美國樂手路・瑞德（Lou Reed）的叛逆名曲，開頭就唱到攔便車。

2 英格伯勒山（七二三公尺）和佩尼根特高地（六九四公尺）皆位在北英格蘭的約克郡谷地國家公園，是所謂「約克郡三峰」的其中兩座。

Hallam）。麗塔是個伶俐能幹的行政，扮演類似曼妮潘妮小姐（Miss Moneypenny，《００７》中龐德的祕書）的角色，在ＢＭＣ期間照顧了好幾任全國總召。丹尼斯在攀登界德高望重，部分由於他非常會說故事。他是一套口耳相傳的山岳知識的守護者，而且還是傳奇的岩冰俱樂部（Rock and Ice Club）[3]會員。我們都很景仰——雖然有時有點懷疑——丹尼斯這位在逐漸壯大的登山官僚體系中擁有權力及人脈的人士。

ＢＭＣ本身相對新近才成立，是爭議極高的一個機構。大部分登山者看不出要之何用。散發官僚氣息的東西就該忽略或避開。繼丹尼斯之後，彼得・博德曼成為全國總召，接著由艾利克斯接任，然後是安迪・范蕭（Andy Fanshawe）。後三人都於山上喪命，使人們對那個位子多少產生了一點迷信。

丹尼斯停車的同時，我撿起背包，準備跳上車。但再仔細一瞧，我發現車裡坐滿了家人和年輕的登山學徒。我天黑前抵達里茲的美夢開始幻滅。既然如此，丹尼斯何苦停車？他搖下車窗，用他鼻音濃厚的約克郡腔問了一個問題，徹底改變了我往後的人生。

「抱歉啊小兄弟，我車子載不下了。倒是你下週有什麼計畫嗎？」

「沒特別。可能去威爾斯爬山吧。」我回答。兩週前，我剛結束在《山岳》雜誌替肯・威爾森工作的六個月檔期，此刻還沒找到新工作。

「那來普拉斯布瑞寧（Plas y Brenin，威爾斯語「國王的宅邸」），幫我們接待波蘭來的登山代表團吧。」

那就是我和波蘭人們認識的起點。幾天後，我從雪菲爾（Sheffield）搭便車抵達奇里格教堂鎮（Capel Curig），來到普拉斯布瑞寧國家訓練中心，準備免費爬一週的山[4]。參加的英國登山者有伯吉斯雙胞胎——亞德里安和亞倫，還有我，以及支援的戴維・瓊斯（Davey Jones）和戴夫・艾爾考克（Dave Alcock）。波蘭團包括五個登山家，大部分英語都溜得驚人。剩下的第六位團員，我們認為八成是來「照顧」的共產黨。他很樂意放我們到山裡玩，自己待在酒吧享受醺醺然的時光。有一次，他自己開著一台普拉斯布瑞寧的小巴跑去鄉間觀光了。我還記得時任中心負責人的艾爾考克比較擔心他會不會車禍受

3〔作者注〕一九七〇年代早期，岩冰俱樂部已奄奄一息，但喬・布朗、唐・威蘭斯等一大票傳奇會員都仍在活躍，且多半為新生代崇敬的對象。

4〔作者注〕普拉斯布瑞寧即是主要由英國政府資助的「國家山岳中心」(National Mountain Centre)，當時在BMC的架構下營運。

傷，倒是不怕小巴會怎麼樣。

波蘭團中，我們都聽過大名的是安德烈．扎瓦達。他身材很高，超過六英尺不少，有張稜角分明、貴族氣質的臉龐，舉止溫文儒雅。其他團員是群強健、友善、自信的傢伙，與傳統攀登技巧完全合拍，不過好像從來沒在設確保支點。我們的活動極為愉快，於陣雨之間攻克了幾條經典路線，晚上則聚在普拉斯布瑞寧的酒吧說地談天。

扎瓦達不算特別優異的攀岩手，但他是偉大的登山家，而且迷人地文雅風趣。他告訴我們他在塔特拉山脈（Tatra）[5]和喜馬拉雅冬季攀登的慘烈故事，還說他打算冬天去爬聖母峰。不出五年，扎瓦達實踐了計畫，於一九八〇年初帶隊從南坳路線創下聖母峰冬季首攀。雖然極少承認，但他其實很樂意率領遠征隊，挑戰所有八千公尺高峰冬季首攀。最後，他實現了三場成功的冬攀：聖母峰、卓奧友峰（Cho Oyu）[6]、洛子峰（Lhotse）[7]。史上第一支冬季登頂七千公尺以上高山的隊伍也是由扎瓦達領軍，登上阿富汗巴達赫尚省（Badakhshan）和契特拉地區（Chitral）交界的諾沙克峰（Noshaq）。此外他還嘗試過冬攀K2和南迦帕巴峰。

第一週結束，我們大家就混熟了；三週交流屆滿時，伯吉斯兄弟和我已在密謀怎麼利用咱們的「首發位置」（pole position，字面同「波蘭位置」），搶到隔年冬天代表英國回訪塔特拉山脈的席次。事情照我們的計畫進行。我辭掉建築工助手的工作，一九七六年二月底，我們三人以及米克・紀德斯（Mick "Jimmy" Geddes）搭上飛往華沙的航班，展開為期六週的攀登之旅。

一九七六年的世界形狀，彷彿凍結在東西對峙的地緣政治裡。「東」指的是鐵幕之後、受蘇維埃掌控的任何地方。中國仍國門深鎖、無從知曉，不在普通政治評論家的計算範圍內。世上只有兩大超級強權：張牙舞爪、短視、極權的蘇維埃聯盟和它的東歐盟邦，即華沙公約國家；以及美國及其仇外、虔誠的廣袤內陸。美國和西歐各國為北大西洋公約下的堅定盟友，儘管美國政府以狐疑的目光，打量英法擺盪於社會主義和資本主義之間的不可解現象。我成長於美國較自由的濱海地帶，在麻薩諸塞州和奧勒岡州。一九七六年，越戰才剛結束——或者從美國角度看，才剛慘敗收場——面對巨大損失與對

5 位在斯洛伐克與波蘭交界的山脈，最高峰二六五五公尺，是喀爾巴阡山脈中最高的。

6 位於尼泊爾與西藏邊界，八一八八公尺，世界第六高峰。

7 位於尼泊爾與西藏邊界，八五一六公尺，世界第四高峰。藏語「南峰」之意。

徵兵的強烈不滿[8]，終於由尼克森畫下句點。

一九七六年，世上沒有主要戰事在進行，美蘇關係似乎出現了一絲變化的跡象。太空競賽已告終，兩國討論著聯合任務。一系列限制核武試驗及擴散的條約陸續簽署，限制擁有核武的研議也逐漸起步。媒體只能安於報導偶爾的間諜醜聞，或某個翻越柏林圍牆時被射殺的可憐人。縱使風向似乎開始轉變，那仍是個劍拔弩張的時代。而我們這一小團登山者正飛向極少西方人獲准進入的地方——鐵幕的另一側。

那是一趟令人印象深刻、眼界大開的旅程。料想著圍牆內的社群會封閉寡言，我們發現缺乏公共議論，造就了私人之間最有品質的談話和情誼。我們也開始領略共產世界裡貪腐的邪惡魔力；在這裡，登山者仰賴黑市詐騙來取得裝備。少數富裕人口享有額外自由，有更多時間能上山度過。我在日記中記下，那片「少數人專用的封閉曠野，主要是受教育者及貴族的奢侈品。對大部分人來說，生活就是日復一日做著把內心壓垮的粗活。人們宣稱共產國家有百分百就業率，但製造出的是什麼？大部分閒暇時間消磨在領取基本物資的漫漫人龍裡。他們對所有西方人都很友善歡迎，但我看見許多無表情的面龐，我想那是壓迫的跡象。」

我還記得有天在克拉科夫（Krakow），我跑去找一個叫伊娃的甜美女孩。伊娃是歐特克的太太介紹我認識的，在餐廳共進晚餐後，她給了我她的地址。我把地址拿給伯吉斯兄弟看，他們的反應大意是：「那你還等什麼？」因為有宵禁，他們幫我從窗戶垂降出來，我搭著計程車到了一棟陰鬱的六層樓社區公寓外。那是市郊許多一模一樣、格狀規畫的新建築之一，每棟都好像還沒完工卻已開始破落。隨著有外國人敲門問路的消息傳開，整棟公寓醒了一半，穿襤褸睡衣的人出現在每層樓的樓梯口，熱心想幫我指路。一行人全擠在無粉刷的水泥走廊上，看著我終於敲起對的那家門。

伊娃打開門，驚恐地瞪著我。她與父母和一個兄弟同住在兩室的家裡。牆上的水管裸露。一股濕霉味瀰漫在空氣中。透過地板和牆壁的破洞可瞥見同樣骯髒的左鄰右舍。她幾乎對我吼道：「你明白我們過著怎樣的生活了嗎？沒有空間，不能動，不能表達自我，除了和朋友在一起的時候。我只是希望你寫信給我，從外面的世界給我一點希望。」我走了長長一段漆黑又可怕的路，避開警察的耳目回克拉科夫。我回到小心記下

8〔作者注〕作者來到英國的理由。

的青年旅館位置，發現繩子還垂在外頭，正好趕在黎明前爬回房間。亞德和亞倫覺得我的故事好笑透了。

縱然整體社會結構令人沮喪，在那沮喪背後卻有不可思議的堅決信念，相信未來會變好、波蘭總有一天會重返獨立自由。當時似乎難以想像，但當然，這一天確實會到來。「即使在沒有國家地位的歲月裡，波蘭也一直是個國家。」扎瓦達向我解釋。「我們曾被匈牙利和瑞典統治，被德國和俄國瓜分過好幾回。波蘭的名字曾自世界地圖消失，一次數十載之譜，但波蘭依然是偉大的國家。過去，我們從土耳其人手裡拯救過歐洲，給了西方文化偉大的詩人、科學家、音樂家。我們就像藏人一樣，我們的國家與文化，終究會重新領有自己的土地和政府[9]。」

對波蘭登山者而言，能到喜馬拉雅爬山提供了一個機會，能短暫逃離共產主義的枯燥，品嚐自由及展現個性。雖然波蘭的攀登場景在某種程度上可謂超越政治，但波蘭的岳界翹楚必須小心翼翼、在扮演國家英雄和公然忤逆政府與共產黨機器的危險遊戲中掌握平衡。這不是容易的事，因為到處都有間諜和告密者。然而，波蘭並不像俄羅斯。在這裡，政府不完全等同於政黨。有些政府官員似乎最主要是波蘭民族主義者，對共產主義理想陽奉陰違。

波蘭人看待登山的態度，與蘇聯的方法適成對比。波蘭的登山傳統更接近西歐，發展自中上階層的休閒活動。蘇維埃的共產宣傳，則將登山塑造成一種無產階級男男女女英勇對抗群山的奮鬥象徵；因為國家之力，他們成功排除萬難。山真的能被視作工人與資本主義鬥爭的典範嗎？由蘇維埃登山文學看來確實如此。當然，將征服高山渲染成政治宣傳不是蘇聯人的專利，納粹也建構了類似神話。

一九六〇年，中國如此大肆宣揚心繫毛澤東的勞動英雄們登上聖母峰的故事，以至於很少西方人相信他們真的辦到了人類有史以來的北面首攀。懷疑者辯駁，沒有人會像中國的說法裡那樣，在聖母峰上打赤腳。但那正是其中一位中國隊員為了攀上北稜的「第二台階」（Second Step）而不得不採取的行動。為了黨的榮耀，犧牲幾根腳趾不算什麼。這種觀念與西方崇尚「登山自由」的浪漫主義觀念大相逕庭，後者將個人的旅程擺在首位。波蘭人根本上是個人主義者，即使有時必須以國家批准的遠征隊成員身分來為

9〈作者注〉最近走訪波蘭的經驗證實了此言不虛。現在波蘭已成為一個朝氣蓬勃的國家，身佩許多西方的裝飾，但仍很大程度維持著經典的禮貌及文化涵養。

自己掩護。

在波蘭，登山走上了與多數共產主義國家不同的發展道路。諷刺的是，波蘭出現的一群貧窮但才華洋溢的新硬派分子，和英國柴契爾夫人時代[10]的登山文化有更多共通處。無論是在英國靠失業救濟金從事登山，或在波蘭被迫以危險的高空作業謀生，兩群人皆發展出了抵抗逆境的必要技能，但為的是他們自己的目標。勞動階級的登山佼佼者憑此方式嶄露頭角，很快便被視為岳界菁英的一員。而在波蘭，這將開啟參加國家資助的遠征之旅的機會。

無論來自特權或勞動階級背景，在波蘭登山都得有人脈才能成功。像扎瓦達這樣的人就是其中之一。他出身望族，算是已打響名號的半獨立個體戶，還與知名女演員安娜·密留斯卡結了婚[11]。

我們的發現之一，是極少波蘭登山者加入共產黨。可以說差遠了。在接待我們的家裡私下聊天，或在塔特拉爬山途中閒談時，那些對話清楚說明，他們將一種自由的主張──主張波蘭有權作為獨立國家決定自己的政治──看得和登山自由一樣重要。

要在登山領域邁進，最佳道路是透過官方認可的俱樂部結構層層晉升。這是多數波蘭人依循的標準途徑；事實上，大部分東歐共產主義國家，都有類似的官方攀登俱樂部結構。那是他們版本的登山學徒之路，最終目標是去外面的世界攀登。想爬到最頂層，第一步是成為地方攀登俱樂部的會員。最初幾階包括按部就班取得裝備配給，以便去塔特拉山區攀登。擁有私人裝備不容易且不便宜，因此人們大多仰賴地方俱樂部的倉庫來借得技術裝備。

一旦實力達到一定水準，你就能參加俱樂部在波蘭塔特拉山的例行攀登團，到最後，說不定還能獲得出境許可，造訪捷克斯洛伐克塔特拉山，或甚至阿爾卑斯。地方俱樂部會補助你強勢貨幣，恰可支應例如一個月的旅程。但要取得現金和出境簽證，你必須得到波蘭山岳協會（Polski Zwiazek Alpinizmu，簡稱PZA）的承認。PZA是波蘭當局認可的菁英機構，若能成為其會員，那又更好了。柏娜黛·麥當勞在她的波蘭現代登山史《攀向自由》（*Freedom Climbers*）中提及，登山者為了取得前往西方的許可，有時會向條件

10 一九七九至九〇年任英國首相，因作風強硬而有「鐵娘子」之稱，領導風格較傾向中央集權。

11〔作者注〕我近年有幸與安娜見過幾次。她寫了一本完整講述她與「安吉」（Anji）的共同生活、半傳記半自傳的書。她解釋道，安德烈「太有魅力，也太了解自己的魅力，無法作個完全忠實的丈夫。」

屈服。情報局認為給你出國許可，你就該拿情報來換。有些人能斷然拒絕，例如汪達．盧凱維茲（Wanda Rutkiewicz），另一些知名登山家則眾所周知地配合了。

西方登山者也可能成為目標。我有時會臆想，某天我在華沙跟一個說服力十足的科學家見面的景象，要是被人拍下會生出什麼話。那是一九七七年的某天晚上，PZA神祕替我安排的一場會面。我天真赴了約，但沒天真到那種地步，很快便發現他們在試探我有沒有潛力擔任線人。吃完飯我就找藉口回旅館去了。第二天我把這件事告訴扎瓦達，他只聳聳肩，彷彿表示：「這裡就是這樣啊。」

儘管體制如此、陷阱遍佈，如果你有足夠的膽識和天賦，不愁沒辦法靠攀登闖出一片天，以及某種程度的獨立。歐特克完全沒有加入俱樂部，就成為享譽國際的登山家。PZA不得不追溯承認他，好讓他的成就被看作波蘭社會主義榮光的一部分。但若想得到國家薦舉遠征爬山的機會，PZA承認的會員身分便不可或缺。體育部為PZA投注了大把現鈔和奢侈品票券。這通常表示，被選上的幸運兒有免費遠征可以參加。

對東方攀登者而言，西方裝備極度難尋，且非常昂貴。不足的部分由自製品補上——波蘭布料塗了防水層做的雨衣、當地鐵匠鑄的冰斧岩釘、運動鞋貼上黏橡膠鞋底製成的攀岩鞋（比西方黏橡膠攀岩鞋還早出現）。

其中最奇特的，莫過於那條鐵幕後的貿易之路，完全由東方集團的登山人士一手供應、維護，不為外人知曉。路線上匯聚了整個共產世界的攀登者和裝備製造者，稱之為現代絲路也不過分，因為貿易品包括中國來的羽絨外套和羽絨被，表布還真的是絲綢，不是尼龍。這些中國外套，連同波蘭繩索、俄國西伯利亞航太工廠打造的鈦金屬冰爪、岩釘、鉤環和其他貨品，每年夏天都會在阿爾卑斯現蹤。獲准前往阿爾卑斯登山的少數東歐人會帶著它們，在霞慕尼（Chamonix）的史奈爾原（Snell's Field）或其他歐洲營地，以美金售出或交換西方裝備。許多交換的貨物又會潛回鐵幕後方，迢迢穿過蘇聯，被某個要去帕米爾高原、天山，或其他不對西方人開放的壯闊亞洲山脈攀登的人買下。

這些亞洲角落如今已是熱門的國際登山勝地，然而蘇聯解體前，能造訪的只有東方集團的登山者，和西方一小撮受邀的官方代表。喜馬拉雅之北的這些峰群，作為高海拔訓練的場所，是志向遠大的東方登山者的第一目標。這些山不容小覷，規模幾乎堪比喜馬拉雅。實際上，對於生活在鐵幕背後的許多登山者來說，由於去其他地方所需的費用和許可證，這一帶大山是他們唯一有機會攀登的高峰。費用大致都落在工人收入加上俱樂部和共產黨的支持勉強負擔得起的範圍。但唯有登山能力超群或人脈甚廣的人，才能被推薦為那些旅程的參加者。

旅行到蘇維埃集團外是另一道鴻溝。在俄國，你必須達到「運動健將」（Master of Sport）的等級，並且冬夏皆有高難度攀登實績才有此可能。滿足這項條件的人很少，而且若你未加入共產黨，一個差錯就可能引火燒身。我印象中只遇過一位頂尖波蘭登山家是共產黨員。假如還有其他人，他們也選擇隱藏此事。扎瓦達，以及據我所知他所有的隊員，顯然立場都與此相差甚遠。他們有些是團結工聯（Solidarity）的支持者或成員，一些人後來因此鋃鐺入獄[12]。但是共產黨及政府需要高調的成功，而波蘭登山能帶來國族驕傲和光榮。共產黨內管理國家體育表現的高層，認識到在收集高峰這件事上，波蘭登山家的自由叛逆性格大為可用。再說，能從亞洲帶回鐵幕內稀罕的產品，總是有生意可做。

因此，安德烈．扎瓦達等一小群人在政府支持下獲准踏出國門，身上帶著精算夠用的強勢貨幣，以供國外部分行程花用。茲羅提（zloty）一旦出了波蘭就不具流通貨幣的價值。當然波蘭登山者還是會千方百計，想說服世界角落未起疑的商店老闆茲羅提可流通，不過多半無法得逞。一九七〇年代中期，波蘭官方的匯率大約是十茲羅提對一美元。手上有強勢貨幣，你就能購買只在「美元商店」販售的奢侈品。這些共產黨批准設立的商店，照理說是只許外交官和來訪波蘭的外國人光顧的，但人脈夠廣的波蘭公民一樣有管道跟他們買東西，尤其是當住在海外的家人寄錢回來的時候。

也有些人會囤積美元，盼望有朝一日能逃到西方，或取得許可去度個假。當時的波蘭是蘇維埃世界最自由的國家、一扇開向西方的小窗。那次我對黑市的一瞥僅僅只瞧見更龐大精緻的洗錢機制一角——幾乎每座波蘭城市的火車站或市場廣場上，都有主動接近外國人的貨幣兌換商。一九七六年，黑市匯率大約是一百茲羅提對一美元，比官方匯率翻了十倍。英鎊沒那麼搶手，但當時價格近三美元的一英鎊，還是能換得茲羅提兩百元以上。

12〔作者注〕其中最出類拔萃的一位是雅努什．奧耐斯科維茲（Janusz Onyszkiewicz）。他是優秀的登山家、數學家，後來也是政治家。我和艾利克斯在里茲大學就讀時，他曾去我們學校演講。八〇年代，雅努什成為團結工聯運動的發言人。一九八一年十二月波蘭宣布戒嚴後，他被逮捕並監禁。隨著共產政權於一九八九年垮台，他成為波蘭國會議員，後來兩度出任國防部長，二〇〇四年當選為歐洲議會副主席之一。

伯吉斯兄弟和我這一趟賺了不少——我們把強勢貨幣換成茲羅提，再搜括電子錶和頂級伏特加，帶回英國轉賣。但有幾次差點惹上麻煩，還有不少回是我插手阻止雙胞胎闖禍。某個下雪天，坐在華沙一家咖啡店，我察覺事有蹊蹺——雙胞胎開始打量店內的服務生們和到門邊的距離，正考慮吃霸王餐。

「大家啊，」我說，想溫和地講點理。「我剛發現我們吃這頓三菜全餐實際上花多少錢了。一人才二十便士耶！」他們看著我，有點迷茫的樣子，但顯然還是很想挑戰他們的計畫。「嗯，另外我還發現一件事。就是目前華沙好像找不到幾對金色長髮、身穿同款紅羽絨衣的英國雙胞胎喔。」

他們哈哈大笑。有道理。我們付了錢離開，還在思考拿我們滿口袋的茲羅提買什麼最好。選項似乎不外乎電子錶、廉價運動鞋、運動套裝、精美的波蘭文藝術書、巧克力糖或水晶杯。

波蘭的官方遠征隊可能會載著幾卡車貨物往南亞進發，裡頭全是華沙的店鋪貨架上找不到的東西。波蘭人擁有組織完備的進出口事業，透過駐外領事館運作。大型遠征隊會攜帶等同於無數外交郵袋的貨品，一桶一桶在遠征途中清空，再裝滿貨物帶回來，給資深共產黨員和其他波蘭菁英圈的人。

某次旅程結束我們回到華沙，在一個波蘭隊員公寓裡的時候，正好有幾個桶子運回來了，被拿到客廳倒出來。裡頭裝的包括地毯、未切割的工業鑽石及其他寶石、絲綢帷幔、寺廟文物，還有一桶中出現了一英尺見方的大麻塊。艾利克斯被交付了去廚房製作水煙壺的任務，其他人則將剩下的好貨整理並分一分。

突然門口一陣響亮的敲門聲。我被派去開門，不管是誰讓他進來就對了。我以為會看見認識的登山家，結果門一開，面前是兩個灰西裝、矮矮壯壯的平頭男。他們看起來活像三〇年代黑白警匪片裡的政府執法人員（G-men），完全就是我們旅行波蘭各地時，大家指給我看的那些政府特務的樣子。我腦海閃過在波蘭監獄度過餘生的畫面，企圖當他們的面把門關上。

就在那時，公寓主人從客廳探頭看了看，越過走廊高喊：「*Dobrzy moi przyjaciele są tutaj, w my jesteśmy gotowi dla.*」（來得正好，我的朋友，快進來。）艾利克斯繼續做他的水煙壺，讓大家都能愉快一下。此即人們縱容攀登者在政治上比較離經叛道的另一個理由——他們會造訪有奇珍異寶的遙遠地方。

5 在自由世界搖滾

Rocking in the Free World

我們在一個灰暗嚴冷的日子抵達華沙機場。手持半自動機槍的軍人站在一旁，注視我們下飛機到跑道上。看來這裡就是西方老調裡灰暗殘破的共產主義集團了。不過航廈喇叭立刻爆出蘇西・奎特蘿（Suzi Quatro）的〈魔門街〉（Devil's Gate Drive）[1]，打碎了第一印象。

「欸，他們音樂品味不錯嘛。好兆頭。」亞倫有種獨到的半吼半笑。如果要問怎麼分辨雙胞胎中誰是誰，答案很簡單——評估情勢的時候，奸笑的是亞倫、眨眼的是亞德里安。此刻，伯吉斯兄弟正在打量前來迎接我們的那支小代表團裡的女性，其中包括汪達・盧凱維茲[2]。我們的最後一位團員是高瘦的米克・紀德斯，他是個天賦異稟的蘇格

1　一九七四年的排行榜金曲。

蘭朋友，十六歲就爬完了所有蒙羅（Munro）[3]。米克幾乎隨時叼著一根菸，對於他冬季夜衝本尼維斯山（the Ben）[4]的傾向，我們都有點警戒。

時為一九七六年初春，有四天期間，我們在幾位華沙登山者家裡作客。造訪的每家都端出菜肴招待我們，起初我們以為食物多得很，然後才逐漸醒悟，我們每餐吃光的雞蛋和肉是人家整週的配給。我們走遍了華沙和它的公園，拜訪美妙的宮殿和美術館。但這段時間最棒的是那些關於自由本質、東西方生活異同的熱烈討論。這些談話是遠離公共場所進行的，趁著到城外森林裡的戰時碉堡抱石（bouldering）、坐在隱蔽的鄉間小屋（dacha）吃午餐的時機。

華沙使我們著迷。我在日記中記下波蘭人強韌不屈的精神，被短暫俘虜在社會主義熱潮的真空裡。扎瓦達幾乎每天都會抽點時間來陪我們，臉上掛著顯見的自豪帶我們逛舊城區。那裡在一九四四年夏天、華沙起義的抗納粹長戰中被夷平，此時已完全重建。年輕的建築學生們曾畫下城中建築，捕捉了化為廢墟前的中世紀老華沙風格。一九五〇與六〇年代，人們便憑藉這些素描，將舊城重新築起[5]。

我們迫不及待想去塔特拉爬山，但同時也意識到，我們正向一個相信其自身及其未來的民族取經。波蘭人的奢侈品也許不多，但人們每天交換的睿智對話和友情，是比什麼都豐盛的享受，與我們自己在西方的悠哉生活形成鮮明對比。

出發塔特拉之前，我們得先出席一個重要的國家場合，安排於彼得·博德曼飛抵波蘭的那天晚上。新出任BMC全國總召的彼得，是個實力高強的登山家，在興都庫什山

2〔作者注〕汪達當時還沒成為波蘭登山界的女王。那是一九七八年十月開始的事，那個月，汪達成為史上第三位登頂聖母峰的女性，也是波蘭第一人及歐洲女性第一人。一九八六年，她成了第一個闖上K2的女子，而且無氧氣瓶輔助，熬過一場可怕的暴雪下山歸來。K2是她的第三座八千公尺高峰。她於一九九二年攀登干城章嘉峰時失去蹤影，那本該是她的第九座八千公尺大山。

3 在蘇格蘭，三千英尺（約九一四公尺）以上的山稱為Munro，根據蘇格蘭登山會（Scottish Mountaineering Club）的官方列表共有二八二座。Munro之稱是紀念首先列出這些山總表的雨果·蒙羅爵士（Sir Hugo Munro，一八五六～一九一九）。

4 Ben Nevis，一三四五公尺的英國最高峰。ben為蘇格蘭語的「山峰」。

5〔作者注〕波蘭人從未完全原諒俄國人。他們原預期起義發動後，俄國會迅速支援並解放波蘭。但紅軍卻坐在維斯圖拉河對岸袖手旁觀，直到德軍的兵力已大幅被勇敢的波蘭人削弱。最終起義軍潰敗，德國實施了駭人的報復行動，華沙舊城被徹底夷為平地。知道波蘭人真正的領袖已幾乎死盡，俄國人此時來到，強勢安插了他們中意的領導人。

脈締造過一些阿爾卑斯式攀登壯舉。前一年鮑寧頓的聖母峰遠征中，彼得和普天巴（Pertemba）兩人成功踏上峰頂。然而吸引官員和媒體目光的，似乎是他全國總召的身分。幸運的我們能借居登山者家裡，彼得卻一抵達就被送去入住最好的飯店。我突然體會到，彼得的職位是官員們可以理解的東西。至於我們其他人，他們只知道是些受雇經歷不太可靠的長髮登山者。彼得在英國被視為一類新品種職業登山家之一，到了波蘭卻立刻被當作某個英國官方人物——那就是官員們最重視的事。不過登山者都對我們一視同仁。雖然當時彼得・博德曼和艾利克斯・麥金泰爾屬於大不相同的陣營，但後來幾年，彼得會成為艾利克斯心中的某種榜樣。

當晚，駐波蘭的英國大使主辦了一場盛大招待會，邀請幾位波蘭高官出席。人們致詞感嘆體育盛事如何將世界凝聚在一起。我們舉杯敬女王，敬波蘭總統，敬國際合作——充分體現於在場眾人的五花八門裡。隔天早晨，我們撐著頭痛的腦袋乘上開往克拉科夫的火車，向塔特拉山脈前進。

歐特克・克提卡被指派來帶領我們參觀克拉科夫，那是我第一次遇見他這個人。歐特克擁有經典的斯拉夫好相貌，一張臉簡直像雕出來的。據說有人問過米開朗基羅，他如何用大理石刻出了大衛像；米開朗基羅答道，他只是把不屬於大衛的東西都鑿掉罷了。歐特克彷彿這故事的斯拉夫翻版。他好像重塑了自己的人格，去除波蘭民族在共產主義壓抑下崩壞的一切殘渣，獨留一個聰明、靈性、強大的個體，日後成為他那時代的登山明星之一。他有副異常活躍的心思，平時多半隱藏不露，但偶爾會啪地燃起，化成對某個決定或某個想法的窮追猛問。歐特克無論到何處，都在尋求新的體驗與觀點。他努力學習新語言，通常也能有樣學樣說不少，足夠他到處成功殺價。但他始終沒有真正理解英式反諷，常常把我們說笑或挖苦的話當真。

無視嚴寒的天氣，歐特克帶我們去當地的石灰岩場攀登。他強毅的心志和優越的技術立即展露無遺。我們一面暢談攀登與政治，一面在零下的氣溫中尾隨他爬上裂隙與光滑石壁。他是少數在塔特拉地區和塔特拉之外，皆攀登過無數艱難新路徑的波蘭登山者。波蘭第一個開拓等級VII攀岩路線[6]的人就是他，他也完成過一些令人敬畏的冬季首

6 一九七〇年代波蘭採用的是國際山岳聯盟（UIAA）的攀岩難度分級，最初只有I～VI六級。但由於攀岩水準提升，比VI更難的路線不斷出現，該分級終於在一九七七年改為開放制，目前最難等級已來到XII。

攀。一九七二年，他在興都庫什山脈的七千公尺高峰爬了兩條新路線，其一為阿赫袞格峰（Akher Chogh）西北壁，同行隊友有雅切克・盧謝斯基（Jacek Rusiecki）、馬雷克・科瓦切克（Marek Kowalczyk）、皮奧特・雅辛斯基（Piotr Jasinski）。馬雷克和皮奧特都是去年夏天來訪威爾斯的波蘭團成員。雅切克和我很快便會在接下來幾週認識了[7]。

與歐特克的對話中，最清楚透露他性格的，也許是關於一九七四年底扎瓦達帶領的那場洛子峰冬攀的討論。他直白地表示，他不怎麼喜歡專制的大型遠征隊。一九七六那年，他最後一次參加此類遠征，攀登K2東稜，最後只差兩百公尺而未能攻頂。

歐特克得回去工作，因此我和伯吉斯兄弟、彼得和米克一起爬了幾條路線。之後我們五人決定挑戰波蘭塔特拉主要山峰的冬季縱走。山壁的狀況不穩定。我們抵達海洋之眼（Morskie Oko）[8]後，雪連續下了一週。那段期間已有六個波蘭年輕人命喪雪崩，但稜線本身算是相對安全，只是極為暴露。雪停後，我們等了兩天。環境條件讓我覺得像嚴冬的新英格蘭，有很多深而鬆的雪，迥異於會不時回暖融雪，故冰況較好的蘇格蘭。

我們一行人凌晨兩點出發，切過陡峭不穩的雪，於天亮時分上到主稜線。剛開始一兩個小時我們都未繫繩，大部分時間由彼得開路。進入較複雜、需要技術的地形時，伯吉斯兄弟拿出繩索確保。我走在彼得後面，心想著待會追上他的時候，也來結成繩隊好了。我後頭的米克依然自己獨攀。

又過了一小時，我在一座兩側都有峭壁的岩塔底部停下。沒見到彼得的人影，但右側壁面的雪上有小小的手腳印子一路越過去。彼得顯然一個人繼續前進了。我嘗試跟隨他的腳步，但一踏上那道我的十二爪冰爪幾乎踩不住的窄緣，重力馬上企圖把我扯下山壁。冒進的下場可能是摔落一千英尺，因此我從地上爬起，卸下背包，拿出一條繩子等米克來。幾分鐘後米克出現，長髮上結著雷鬼頭似的雪珠子，蒼白沉思的臉一副憂傷樣。

7〔作者注〕有五天天氣一直很壞，雅切克（大家叫他雅克〔Jack〕）問我玩不玩撲克。我加入他和另外兩個我不認識的人，窩在那種經典的煙霧瀰漫小房間裡，打了一天一夜的牌。我贏了一小筆茲羅提財產。早上五點，我們決定暫停片刻，八點再回來。我雖然累，但睡不著，覺得要想個辦法把那些錢輸回去才行，總不能來波蘭作客，還拿人家貧寒攀登者的錢。牌局重啟後，我故意把之前贏的部分都輸得差不多了。另外兩人重新裝滿荷包離開後，雅克生氣地問我搞什麼鬼。「他們不是你朋友嗎？我不能拿他們的錢啊。」「白癡，那些豬是黨裡來的老大，鈔票是他們家印的。你本來可以在塔特拉山上買座小城堡了！」

8 塔特拉山脈上最大的冰蝕湖。

「彼得咧？」

「前面吧。我到的時候他已經不見了。他真的在趕路。」

我們望向下方那誘人的深淵，又看向前方在晨曦中閃亮的連綿白塔。找不到彼得。

米克卸下背包，點起一根菸。

「他是怎樣呀？」

說這話的可是蘇格蘭混攀界最頂尖的好手之一。如果米克不想獨攀這種地形，其他人應該也不想才對。這問題需要審慎思考、圓滑回答。亞德里安出現在後面，爬過來加入我們。

「我自己也在想這件事。我覺得，他可能還沒完全從聖母峰頂下來吧。」

我指的是去年雨季後，在聖母峰西南壁，彼得和普天巴差一點回不了固定繩頂端的事。那日天氣持續惡化，他們登頂時已經很晚了，在暮光和雪暴中勉強找到路，千鈞一髮回到固定繩頂。對彼得而言，那是一次影響深遠的體驗，他經歷了一種所有高海拔登山者皆深深畏懼、卻幾乎免不了會遇上的感覺。你感到自己彷彿一具行屍，困在逃不出去的處境裡。你已經萬念俱灰，卻又有某種內在力量使你撐下去——某種喚起體能和技術的生命力，藏在極深極深的地方，不到絕境不會湧現。度過那種經驗後，有時會產生自己是無敵不死身的錯覺。彼得在聖母峰頂歷劫歸來，在我看來，他仍被那時的體驗驅動。畢竟他是全英最閃亮的新星，揹著英國登山協會全國總召的頭銜，還位居卓越職業登山家之列。

米克抽完他的菸，接過我從背包翻出的繩子繫上。

「確實，你說得對。他現在腦袋裡還是個瘋子。他的爬法有夠兇猛。」他說完，我便開始過那片峭壁。接下來的兩小時間我們都沒拆繩子，總算在另一座垂直岩塔底部追上彼得。他終於被擋住了，看起來等待已久，有點冷的樣子。

「你這臭瘋子。」米克朝他咧嘴笑。於是我們三人一繩繼續前進，經過塗抹厚雪的岩柱（gendarme）[9]、鋒利如刃的稜尖，享受冰岩交錯的快活混攀。我們輪流領攀、交換故事，度過一段難得的美妙攀登和並肩作戰。亞倫和亞德趕上我們時，暮色正開始轉深，最高的幾座山頭聚集起不祥的雪雲。亞倫和米克沒興趣在風雪中露宿，到了最高峰萊希

9 gendarme 法文原意為「憲兵」，於山岳地形中指的是一種山稜上突出的尖岩。此種地形在阿爾卑斯山區甚是常見。

山（Rysy），便順著輕鬆的夏天路線，匆匆奔往海洋之眼。亞德、彼得、我決定賭一賭天氣，兩個私掠者與一個專業人士要合作了。

風雪吹過，次日又是個陰晴參半的攀登好天。我們停下找個舒服的露宿點，相中了稜線捷克側的一塊地方，離邊界不遠，俯瞰較緩的山勢伸向波普拉德（Poprad）一帶的滑雪勝地。彼得開火煮東西，亞德和我在雪上清出一塊豪華的平地。我走到露宿點幾步外，到稜線另一側小解。迅速轉暗的山谷中，海洋之眼像睜開的黑眸[10]。冬夜的寒氣裹上稜線的塔尖。我不禁打了幾個哆嗦，才鑽回我的睡袋。厚雪覆蓋的石頭戳著我的右側，左邊亞德里安令人放心的大塊頭帶來些許暖意。他沉穩的鼻息訴說一個屬於山的人已回到家、快睡著了。

一輪滿月擠過捷克塔特拉的叢山，爬到山脈頂上。亞德另一側，彼得的聲音以艾略特（T.S. Eliot）[11]的詩招呼它：

「出發吧，咱們倆／夜已被攤上天／像被麻醉的患者上了手術檯面，」

我接下去：「出發吧，穿過某幾條看似荒涼的街／竊竊私語著遁入狂躁的夜／造訪廉價的一夜旅館，」

「和蠔殼滿地的木屑餐館……」

「沒有比這裡更廉價的旅館了吧？話說要是有木屑餐館就更好了。」

有一會兒，我們靜靜躺著注視夜空，被黑暗包圍，飄浮在星點之間。接近極致的靜謐中，只聽得見岩石尖塔因氣溫驟降而斷裂時，落冰傾瀉的叮叮咚咚。連骨髓都感受到宇宙的絕對零度。一陣忽然的輕風在我們的露宿袋四周捲起冰粒。我切換成米恩（A.A. Milne）[12]：

「哎唷沒人曉（登愣登）／我的腳（登愣登）／我的腳（登愣登）／快要凍僵了。」

彼得以佛洛斯特（Robert Frost）[13]回敬：「我知道這片林子屬誰／那人住在前面村邊

10〔作者注〕這座湖泊的名字「Morskie Oko」直譯為「海洋之眼」。傳說此湖透過地下水道與海洋相連。該傳說講述，有位公主為了尋找出海一去不歸的戀人，來到這裡凝視湖面。

11 英美現代主義詩人（一八八八～一九六五）。二十世紀英文詩壇及文學評論界泰斗，名篇包括此處引用的〈普魯弗洛克的情歌〉（The Love Song of J. Alfred Prufrock）及《荒原》等。

12 英國作家（一八八二～一九五六）。最為人知的是他創造的小熊維尼故事。這裡引用的是某部小熊維尼電影裡，維尼和夥伴小豬唱的一條歌〈The More It Snows（Tiddely-Pom）〉。

／他不會見我駐足此地／注視雪花飄滿林間……林子美而幽暗深邃／但我還有約定要守／還有好長的路才能安睡／還有好長的路才能安睡。」

亞德終於受夠了。臥在我們中間那隻奇形怪狀、長著金髮的挪威海怪倏地坐起來，手臂伸出他的睡袋繭，在月光下威嚇狂揮。

「你們兩個混帳再不閉嘴睡覺，我才會真的把你們揍到什麼幽暗深邃。沒在跟你們開玩笑。從沒聽過廢話這麼多的。趕快睡覺好不好，明天還要下山耶！」

彼得和我倒在睡袋裡憋笑。我闔上眼睛，任字句在腦海播放：「因為我不願再轉頭了／因為我不願意／因為我不願再轉頭去／渴望誰的天賦或誰的權力／我如今不再努力為那些努力[14]。」接著睡眠降臨，連同一夜的雪。

清晨時，我們被捷克武裝巡山隊的一個巡邏員叫醒，他們夜裡被派上山查看稜線上的光是怎麼回事。他們不會講英文。我們微笑，拿出茶請他們喝，盡全力解釋我們是波蘭政府邀請來的、馬上就要回波蘭了。我們收好東西，迅速沿稜線落跑，趁著巡邏官還在猶豫，不確定該不該把這幾個私闖捷克斯洛伐克社會主義共和國、擅自露營的可疑外國人，送到捷克那側的山下警局。經過危險重重的漫長一日，我們總算下了稜線，回到海洋之眼溫暖的床位。波蘭人說，要是那些巡邏隊依法行事，我們可能就麻煩大了，順便講了些波蘭攀登者跟政府機關打交道的故事逗樂我們。團結工聯和華勒沙（Lech Walesa）還要再四年才會出現[15]。

13 美國詩人（一八七四～一九六三）。博德曼背誦的〈雪夜林畔小駐〉（Stopping by Woods on a Snowy Evening）是其代表作之一。

14 艾略特的〈聖灰星期三〉（Ash Wednesday）開頭。

15 團結工聯一九八〇年在華勒沙帶領下成立，是波蘭（及整個蘇聯集團）第一個非官方工會，後來集結成一股社會運動力量，對波蘭民主化有關鍵影響。一九八九年團結工聯於國會選舉中大勝，結束了一黨專制，隔年華勒沙當選波蘭第一任民選總統。

6 隨它吧 Let It Be

「一呀二呀三四五，艾利來到小木屋。六呀七呀八九十，抓起盤裡櫻桃吃。」

——艾利克斯最愛的兒歌[1]

「這張是什麼時候拍的呀？」我問吉恩・麥金泰爾——艾利克斯的媽媽。我想聽聽照片背後的故事。我們正坐在吉恩家光亮的松木餐桌旁。這天是艾利克斯死去幾年後，某個十二月的寒冷日子。我時不時會像這樣來吉恩家致意。上次我來之後，吉恩踏上了一趟到安娜普納基地營的悼念之旅，同行的還有艾利克斯的女友莎拉・理查德和朋友泰瑞・穆尼。我先前告訴吉恩，我想多了解一點她的感受和艾利克斯兒時的故事。我想也

1 這是首流行兒歌，原詞是「瑪莉來到小木屋」。

許有一天，我會寫一本關於他的書。

吉恩手裡那張照片上，年輕一些的她面帶笑容，正與表情自豪、有點發福的艾利克斯爸爸哈米什（Hamish）一起跪在草皮上。他們中間擠著艾利克斯的妹妹莉比，看起來忸怩但開心，深色頭髮綁成一條完美的馬尾。相片背景是以前艾利克斯家的花園，坐落在赫福郡（Hertfordshire）萊奇莫石楠原（Letchmore Heath）一個蓊鬱的角落。那座花園就像房子本身一樣可愛，有一種與左鄰右舍較現代的郊區房屋都不同的個性。他們腳邊堆著一座裝備的小山，有繩索、冰斧、岩釘、冰螺栓、收納袋和林林總總道具，顯然是出發在即的攀登之行要用的物品。

「看莉比的樣子，可能是一九七八年吧？」她有點猶豫。「哎，不對。艾利克斯爸爸是七六年過世的，所以這時大概是七五年。對啦。艾利克斯在整理夏天要去霞慕尼的裝備。他跑進房子裡，叫我們來一下，我們就來了。他說：『你們站這邊，我來照張相。』我們就讓他拍了。」

他的家人和他的登山裝備：艾利克斯世上最珍惜的兩樣東西。他拍這張照片，在我看來一點也不奇怪。

廚房桌上滿是吉恩找出的紀念品，回顧養育艾利克斯長大的快樂，她響亮的笑聲充滿廚房。有疊艾利克斯童年時代的剪貼簿和相冊，我們逐本拿起來看。

吉恩是個纖巧俐落的女人，總是整整齊齊。她平時不見得會引人注意；當然，要是你說出什麼她不愛聽的話，那就另當別論。這種時候，她會以精闢、鏗鏘有力的南蘇格蘭抑揚告訴你，為什麼她覺得你的發言不中聽，那類聲音屬於你不能不靜靜聽完的類型。不過她說完以後，就會期待你為自己辯駁。她想聽的是聰明的回答，不然她很快就沒興趣了。

吉恩也很勇敢，清楚展現在她不懈對抗癌症的歲月中；她繼續旅行各地，滿足她對藝術史無止盡的熱愛。大部分主題她都所知甚豐，她相信政治和沒教養分不開，不過對人們的缺點多半很包容。她用風趣的話來平衡她的批評，好像「那一掛的人」本就如此，你也不能怪他們。更甚一切的是，她熱情地愛著她的兩個孩子——艾利克斯和莉比——直到她自己於二〇一二年辭世。

「你看這些照片好棒，他小時候的，」她說。「好像都是艾利克斯的居多。看來我們幫他拍的照片比他妹妹多得多。」

我從以前就很敬佩吉恩。我只見過艾利克斯的爸爸一次，那之後幾個月他就去世了，但和艾利克斯一起爬山的十年間，我和吉恩變得很熟。不難發現艾利克斯的雄辯能力得自於誰。艾利克斯絕不會放任「不嚴謹的想法」逍遙在外。他也從母親那裡繼承了敏捷好奇的心思、率性，和促狹的幽默感。

她給我看一張微笑小天使般的嬰兒照。

「看艾利克斯嬰兒的樣子，就知道他會很有女人緣。他喜歡過幾個女孩，但愛過的就只有兩個，就是關妮絲和莎拉，她們都是非常非常好的女孩子。哈米什很喜歡關妮絲。她們都很強悍。要跟艾利克斯生活在一起，不強悍也不行。我記得艾利克斯跟關妮絲分手後，他要去祕魯，我載他去機場。他真的很難過，跟我說：『媽，我覺得我快不行了。』但他很快就找到辦法，讓自己好起來了，不是嗎？畢竟是艾利克斯嘛。」

艾利克斯是家裡的第一個小孩，一九五四年三月出生於約克郡赫爾市（Hull）附近的柯丁漢鎮（Cottingham）。麥金泰爾夫妻都是蘇格蘭出身的虔誠天主教徒，來自離琴泰岬（Mull of Kintyre）不遠的坎貝爾城（Campbeltown）。

「哈米什在帝國化學工業（ICI）得到一份農業顧問的工作，所以我們從蘇格蘭搬下來，不久後艾利克斯便出生了。大家都好喜歡他。他的姨婆喬安對全家大小都兇巴巴，唯獨對艾利克斯不會。他真的很可愛，而且知道怎麼利用這一點。」

的確。艾利克斯有心的話可以非常迷人討喜。然而有時，他會把這種風采當作踏板，發動他的酸言妙語攻擊。要忍受那時的他很考驗耐力。但艾利克斯這個人也有比較柔軟的一面，那是我們這些朋友大部分喜歡他，而且照顧他的原因。我又拿起一張艾利克斯和他爸爸的合照。

「這張就很像後來的艾利克斯。眼睛黑溜溜的，像在詢問。」他總是好像發現了拍照者毫無頭緒的鏡頭外的東西，心裡正轉著什麼念頭。「艾利克斯常常說到他爸爸。」

艾利克斯的爸爸哈米什是個勤奮、盡心盡力的人，但對戶外冒險並不熱衷。他最愛的運動是高爾夫，也鼓勵艾利克斯學這項運動。露宿的時候，我們為了消磨時間，所有太陽底下——或凍結的月亮底下——的話題都會拿出來講。艾利克斯跟我說過很多次他們父子感情多好、他多敬愛爸爸，如同他無疑也同樣敬愛他媽媽。他想讓父親高興，所以學了高爾夫。還沒迷上爬山前，艾利克斯是文法中學（grammar-school）[2]的校隊隊員。

登山社群裡有許多未公開的高球愛好者。有句名言，有時被認為出自馬克・吐溫，說高爾夫是「破壞人家好好的一趟散步」(a good walk spoilt)。出了差錯時，登山攀岩也很適合被這樣形容。我唯一一次跟艾利克斯打高爾夫，是和《山岳》雜誌的編輯提姆．路易斯（Tim Lewis）三個人，一道去西卡布里亞海岸邊的塞爾克羅夫特高爾夫球場（Silecroft links）。那時正值隆冬，零下五度，刺骨寒風從積雪的黑孔伯高地（Black Combe）灌下來。艾利克斯揮桿相當漂亮，打出了幾記長打，但偶爾有點偏——可以說並不意外，因為我們都穿著連身羽絨衣和雙重靴。那天大家距離標準桿都差了一大截。

「約翰呀，我覺得艾利克斯的固執和忠誠是從他爸爸那裡繼承來的。哈米什就是那種人。一旦他成了你的朋友，就會永遠對你忠心。」吉恩停了一下。「但未來的事誰也說不準。我還記得我幫艾利克斯送行，送他跟尼克．柯頓開那種恐怖的廂型車去爬艾格峰。我心想，不知道會不會再也見不到他了。兩個禮拜後，他爸爸發生大中風，人就這樣走了，完全沒有預警。我們聯絡上艾利克斯時，他已經來不及回來參加葬禮了。他打電話回家，非常震驚，無法接受發生的事。我跟他解釋了爸爸是怎麼倒下的，他還是說：『嗯，好，可是到底怎麼了？到底怎麼了？』」

尼克和艾利克斯被一場風暴趕下艾格峰的途中，躲進了鐵路隧道。幾個鐵路工人攔住他們，問：「你們其中有艾利克斯．麥金泰爾嗎？」他們心想大概是欠錢沒繳之類的問題，因此說了沒有。抵達山谷後他們把行李裝上廂型車，開回霞慕尼。到了「國家酒館」(Le Brasserie National)——被大家暱稱為「國酒」(Bar Nash)——他們加入照例聚在那裡的微醺攀登者。這時艾利克斯在人群裡發現了艾倫．勞斯，正用不尋常的肅穆表情看著他。艾倫朝他們走來，輕聲說：「你是不是還沒聽到你爸爸的消息？」這時艾利克斯才衝出去打電話給他媽媽。

「艾利克斯知道後，確實馬上奔回來了。他爸爸的公司為他在日內瓦機場留了一張機票。艾利克斯在家裡住了一陣子才回曼徹斯特。再隔兩個禮拜，換我倒下了，進醫院去切除子宮。住院那幾天，我剛好快滿五十歲。我生日那天，艾利克斯突然跑來了，還帶來一大束花、一瓶香檳和一瓶威士忌。『媽，我們要慶祝一下才行呀，今天是你生日耶。』結果我們和所有護士一起喝香檳，我甚至還喝了一小口威士忌，雖然我不舒服得快死了。艾利克斯就是這樣的人，可以那麼慷慨、那麼率性。」

2 泛指英國一類公立、選擇性招生的明星中學。全英約三千所中學裡占約一六〇所。

艾利克斯生命裡，有一件事吉恩無法理解。自我認識吉恩以來，她對艾利克斯登山的事始終抱有嚴厲批判。登山令她恐懼，而且她也鄙視一九七〇年代登山文化中普遍的不良行徑。我對吉恩說，或許我們這一整代人在父母與權威眼中都品行不良吧。世界看來一團亂，猛力朝某個方向盪過去，然後又盪回來；每週限電三天（three-day week）導致了「不滿之冬」（winter of discontent），然後柴契爾當選，手持掃帚要來掃走工會。我們可能品行不良，但我們聽的龐克和搖滾樂團也一樣，還有我們支持的足球隊——里茲聯（Leeds United）。

「你知道嗎？走去安娜普納基地營的路上，我甚至更不懂艾利克斯為什麼想爬山了。愈往山走去，路變得愈難，看起來那麼可怕、那麼陡、那麼冷。我不懂，跟莎拉一起留在海菲爾（Hayfield）不是比較好嗎？」

「艾利克斯的技術強得不得了，而且他愛山和攀登。」我試著回答那沒說出口的問題。「如果他覺得可能會死，我很確定他就不會去了。」但我對自己的話只相信一半。我們都知道風險是什麼。其實吉恩很為艾利克斯的登山成就和他得到的媒體關注驕傲。如果要在艾利克斯難過的時候陪陪他、在他缺錢的時候幫他一把，又或者載他去機場，吉恩從來不會缺席。

麥金泰爾家家境小康，他們在東約克郡的西牛頓村（West Newton）租了一棟通風的大農舍，家裡有各式各樣的貓和一條狗。「狗過得挺可憐的，被艾利克斯和貓欺負。」吉恩說。「艾利克斯老想把牠當馬騎。」

我記得艾利克斯頗不屑貓。他對貓很壞——不是殘忍的壞，就只是不理牠們、不給牠們想要的東西。他來蘿絲和我家作客時，我們家的貓很快就明白，這個人不會流露一絲興趣或喜愛，不去招惹他了。他跟人相處也會用這一招。

艾利克斯的妹妹在他五歲那年出生。「他很喜歡妹妹，但受不了她的煩。莉比兩歲、每天都想和人玩的時候，艾利克斯會趁她在地上玩時，抓起一本書跳進她的嬰兒床，讓莉比看得見卻不能吵他。不過長大以後，艾利克斯變得非常疼愛和保護他妹妹。」

艾利克斯爬山的日子，莉比是個活潑漂亮的青少女。他極少介紹妹妹給爬山的朋友認識。我印象中只見過她一次，而且艾利克斯全程都在旁邊監聽我們講話，對我丟來刀子般的眼神。無論吉恩或艾利克斯，都不希望莉比愛上爬山的人。他們都太了解我們這群人了。我們經過艾利克斯家時，莉比基本上都不在，她會去住某個朋友家，而那說不定也是吉恩的安排。

他們家習慣每年夏天到坎貝爾城度過三週，拜訪親戚，散長長的步，沿著海邊開闊的長沙灘走，或爬上樹木茂盛的山丘。吉恩的一個舅舅——安德魯舅舅——擁有一艘鯡魚船，是艘單桅、寬船身的流網漁船。

「自那以後，艾利克斯就一直吵著要一艘船，但我們從來沒住在真正的海邊，買船實在划不來。也許我們做錯了。也許買船給他的話，他根本不會去爬山，今天也還會在。」

艾利克斯通過他的11+考試後[3]，父母決定送他去唸一所好的天主教中學。哈米什的工作經常要搬家，他們覺得應該讓艾利克斯穩定一點。於是他進入雪菲爾郊外、住校制的耶穌會聖瑪麗山中學（Mount Saint Mary's College）。（聖瑪麗山校友又被叫做「山人」，用在艾利克斯身上特別貼切。）

「我自己是天主教徒，所以希望他讀天主教學校。結果只是浪費錢，他後來也從不上教堂——只有難得會陪他媽媽去一下，讓她開心。他畢業後跟我說：『跟那所學校比起來，監獄大概也是小菜一碟。』」

艾利克斯第一次登山，是他們家搬到萊奇莫石楠原之後。哈米什又換了工作，如今艾利克斯要回家度週末的路變得很遠。艾利克斯說他想回家跟他們在一起，哈米什同意了，條件是他的高中會考（O-Level）成績要夠好，能夠進沃特福文法中學（Watford Grammar School）讀大學預科（sixth form）[4]。一旦設定一個想達到的目標，艾利克斯就一定會達到。他果然考得夠好。

「沃特福文法是頂尖的學校，艾利克斯在那裡優秀極了。他很適應，成績名列前茅。我記得有一天我帶著艾利克斯，在沃特福大街上遇到他的老師。我說這小子一定讓他們傷腦筋了吧。那位老師回答：『完全不會，艾利克斯是我們資質最好的學生之一。』證明他要是有心，書可以讀得很好。」

3 小學六年級生（十一歲）參加的文法中學及私立中學招生考試。

4 當時的英國學制，完成高中教育（十六歲）可考取GCE O-Level（普通教育證書—一般程度），完成大學預科教育（十八歲）可考取GCE A-Level（普通教育證書—進階程度）。前者現已改為GCSE（普通中等教育證書）。

他幾乎一進沃特福文法中學，便加入了倫敦登山會（London Mountaineering Club），經常參加週末去威爾斯雪墩（Snowdonia）[5]的攀登活動。「有一對好心腸的夫妻待他這個窮小鬼很好。我總是週五晚上把他送到接近高速公路的某個地點，週日七晚八晚再去接他回來。從那時起這種模式就固定了。他總是期待我會去接送他、做他需要的事，他這方面真的是個自私鬼。」

吉恩停下來，注視她手中的黑咖啡。然後她抬頭看坐在昏暗客廳另一頭的我。「唉，你們全都是吧，你們這些孩子。總是期待大家都配合你們。」我坐在那裡攪拌咖啡，承認確實如此。緊張的氣氛不一會兒便被吉恩的笑聲打破，她又講起另一個故事。「我記得有一次，我們家剛好有幾個老朋友從蘇格蘭來訪。突然電話響了，是艾利克斯打來的。『媽，能不能拜託你找幾輛車一起，來倫敦利物浦街車站接我們？』」

「沒辦法，我們盡速吃完晚餐，我問其中一位朋友能否跟我們一起開車下去，因為我知道有四個爬山的人和背包要載。進市區的路況奇差無比，我們朋友還迷路了。終於到了利物浦街車站，卻到處都沒看見艾利克斯。這時哈米什發現對街有家酒館。他們全都在裡頭。」

「哈米什問他：『你怎麼沒在車站前等我們？』艾利克斯說：『我知道你會曉得我們在酒館裡呀。』然後第二天我們又得回去接你。」

我都忘了這檔事。從阿富汗回英國的最後一段路，我和艾利克斯、泰瑞・金恩、霍華・蘭開夏（Howard Lancashire）一起從波蘭搭火車。在華沙和大家道別時，我們忘了先吃點東西，倒是伏特加實在喝太多了。火車到了波茲南（Poznan），表定會停二十分鐘，我跳下車去買幾條麵包回來。回到月台，我望著火車尾消失在鐵軌彼端。其他人這下得在沒護照的情況下從東德回家了，護照全都插在我褲子口袋。但我的處境也很嚴峻，因為我的車票和錢都放在火車上的背包裡。二十四小時後，我費盡唇舌，搭上了下一班車，比其他人晚一天到利物浦街車站。我從車站打給艾利克斯：「啊你們到底要不要吃麵包？」最後當然是吉恩載著艾利克斯進城接我。

艾利克斯很喜歡有他母親作伴。「他偶爾會帶我出去，像一九七九年冬天那次，他堅持要我去霞慕尼過聖誕節。莎拉也在，還有一大群他朋友。我記得艾利克斯介紹我認

5 位在威爾斯西北部的山區，是威爾斯第一個國家公園。

識艾倫·勞斯。『艾倫，這是我媽。』他說。艾倫一臉震驚，然後咧嘴笑道：『我的老天，你帶你女朋友來就夠糟了，竟然還帶你媽？』艾倫就是那樣。真的很好笑。」

又有一次，艾利克斯打電話討著要吉恩載他，是去他的母校沃特福文法中學演講。「我坐在最後一排聽。我以為會有很多漂亮的山岳照片，結果幻燈片大部分都是他在里茲那恐怖的住處和髒兮兮的待洗衣物。大家都笑翻了，除了我以外。後來有個人來跟我說話，說：『真好，艾利克斯還帶妳來聽他的演講。』我只能說，是我帶他來的好嗎，不然你們演講也沒得聽了。」

在強尼·羅登（Johnny Rotten）和性手槍（Sex Pistols）[6]的年代，龐克傳達的無政府、反體制精神使許多年輕攀登者如魚得水。「有次他去參加一場需著正式服裝（black-tie，直譯為黑領帶）的餐會，餐後要致詞。他打黑領帶去了，但底下穿件T恤。」吉恩沉吟片刻。「我看他只是想引人注意吧。」

吉恩認為艾利克斯有時候十足惹人厭。「我記得哈米什死後，我辦了一場盛大的聚會，請所有跟我們要好的朋友來。艾利克斯也在家，從里茲回來過週末。那天哈米什的一個老友有來，他是倫敦知名的訴訟律師。他知道艾利克斯轉系讀法律了，所以走過去恭喜他，問他怎麼會想當律師。艾利克斯想了一下，說：『這是我唯一想到能躺著賺大錢的行業。』他覺得講那種話很好玩，我只覺得沒禮貌。」

一九七二年，艾利克斯於大學預科會考（A-Level）中取得了亮眼的成績：四科A[7]。他有兩所學校能選，劍橋大學或里茲大學。「我很確定，艾利克斯決定去里茲是因為里茲大學登山社很有名。」吉恩說。「他打定了主意。」那年秋天，距離他命喪安娜普納幾乎正好十年，他爸媽開車載著他到了里茲，把他放在新住處。「我決定進去看看，於是跟著艾利克斯上樓到了他房間。整棟房子髒亂得令我目瞪口呆，我馬上衝下去警告哈米什別來看，否則他八成會受不了。我們倆都比較希望艾利克斯去劍橋。」

我和吉恩聊著聊著，下午到了盡頭，黑暗在廚房門下匍匐。隨著黑暗的腳步，笑聲換成了憂傷，咖啡換成了兩杯蘇格蘭威士忌。吉恩提起每當我和艾利克斯出發去阿爾卑斯或更遠方，我們之間都會有的對話。「約翰，好好照顧我兒子啊。我知道他可能做傻事或太冒險，但你會盡量看著他吧？一定要帶他回來，好嗎？」

6 影響深遠的傳奇短命英國龐克樂團，一九七五年成軍，活動時間僅兩年半。強尼・羅登為主唱。

7 A-Level有七個科目，多數考生選考三至五科，二〇一〇年以前最高等第為A。

失落的感覺現在徹底了，那對吉恩而言比我更深多少，我僅能憑空猜想。我發現我不自覺地試圖釐清我們能為他人的行為負責到哪裡，哪裡開始只能自己負責。我沒有答案，至今也沒有。我換了個話題。

「你覺得艾利克斯還在的話，他會當上律師嗎？規規矩矩黑領帶白襯衫去出席餐會？」

「我不知道耶。也許他會繼續走法律。莎拉說她覺得艾利克斯很適合上電視評論，憑他的個性和口才。但他一定想都沒想過你有一天會幫他寫書，或是像約翰．巴瑞（John Barry）說的，竟然會有間山屋以他為名[8]。」

我自己在心裡盤點過艾利克斯開創的路線和設計的裝備，那些也足夠以他為名了，於是又提到另一種職業。「他也可能成為登山裝備設計師吧。」

「約翰呀，我覺得不管他做什麼，我都會很高興。我們都知道，他一定會成功的，那樣就夠了。」

我接受了一杯濃濃的咖啡，準備開六小時的車，沿高速公路北上回湖區。那段路我和艾利克斯一起開過無數次。在門口道別時，吉恩提起了一個傷感的時刻。「最後在機場送你們的那天早上，真的好奇怪呀。我們遲到了，你帶著一堆行李，在航廈外面等。我們遲到是因為開了十英里艾利克斯才說：『媽，回頭，我忘記帶護照了。』到機場的時候，已經沒時間像往常那樣道別了。他得趕快用跑的，但他做了一件從來沒做過的事。他跑回來，頭探進車窗跟我說：『幫我照顧莎拉跟莉比喔。』真奇怪。他平常根本不會跑回來交代事情。我有時候會想，他是不是有什麼預感。」

我忽然回憶起那一刻，我叫著：「艾利克斯快點！我們要趕不上飛機了。」我來不及和吉恩說再見，錯過了我們慣例的道別儀式——兩個人稍稍走到一旁，吉恩會要我照顧艾利克斯、帶他平安回來。開上高速公路，駛向家園丘陵的同時，愧疚和悲傷的波瀾陣陣向我襲來。

8 蘇格蘭西高地、離本尼維斯山腳不遠的艾利克斯・麥金泰爾紀念山屋。

7

莫怕死神
Don't Fear the Reaper

一九七二年，里茲大學攀登社正處於轉型期。一幫新的放肆之徒正在接管這個社團，其中也包括我。我們多數時候鬆鬆散散、邋邋遢遢、不恭不敬，有時也不老實。攀登是我們共同的熱情。我們無法理解為什麼其他人不攀登，但總之很高興他們沒有。《山岳》雜誌是我們的聖經。每當有人弄到一本，必會在全社裡傳過一遍。除了《山岳》和攀登以外，學生會一樓沙拉吧的午餐以及一連串的小酒館——馱馬（Pack Horse）、艾爾登（Eldon）、雙頸天鵝（Swan with Two Necks）、芬頓（Fenton）——構成了我們生活的骨架。

我們主要做的事就是攀登，多少進點課堂讓老師滿意。里茲室內攀岩場幾乎每晚都有練習，此外經常臨時出團去爬附近的砂岩峭壁。每週三下午是社團的固定活動時間，因為那天沒課。到了週末，通常無論晴雨我們都會去攀登。有時候週末會不知怎麼地變成一整週，幾週又變成一個月。攀登事大，課業事小。

一九七〇年代初期在里茲大學聚首的這群人，一個也沒料到我們將對攀登場景造成的衝擊，或等待我們的悲劇命運。剛認識時，我們之中的多數人甚至稱不上特別厲害的攀登者。眾多因素匯合——群體氣氛、沮喪導致的探險、虛無主義、性或心靈的不成熟、集體歇斯底里、藥物和酒精引起的幻覺，無政府狀態——激發了不凡的東西。

約克郡砂岩提供了最近的岩場，其中我們最喜歡的是阿穆斯懸崖（Almscliff）。它成了社團裡唯一的世界級攀岩明星——約翰．喜瑞特愛去的朝聖所。社裡還有幾個高手實力和他相去不遠：羅伯．伍德（Rob Wood）、艾倫．曼森（Alan Manson）、彼特．基森（Pete Kitson）。雖然我說「社團」，不過有些「社員」並不在里茲大學讀書，只是當時聚在一起攀登的人們之一。

接下來一兩年間，更多天賦異稟的攀岩者以里茲大學生的身分加入了我們，包括麥可．漢彌爾（Mike Hammill）、約翰．艾倫（John Allen）、史蒂夫．班克羅夫特（Steve Bancroft）和克里斯．亞迪（Chris Addy）。他們攀了一大堆新路線，儘管還是沒人能撼動喜瑞特在社團裡的龍頭地位，直到他在試圖用刀子打開龍蝦罐頭時割斷了手掌肌腱為止。另一個天才攀岩者兼萬年學生伯納德．紐曼，從一九六九到一九七五年的整段時期都在里茲。著名的一九七三年號《里茲誌》（*Leeds Journal*）就是他編輯的作品，他後來當上《山岳》和《攀登者》（*Climber*）兩家雜誌的編輯[1]。

艾利克斯來到里茲大學時，里茲正開始出現一些厲害的高山攀登者。布萊恩．霍爾、羅傑．巴克斯特瓊斯和約翰．史坦佛斯（John Stainforth）已攀上許多困難路線，被報導在《山岳》雜誌中，例如德魯峰的波納提柱稜，還有不少英國首攀。約翰．鮑爾和提姆．羅德斯（Tim Rhodes）也和艾利克斯差不多同時來到里茲。

里茲攀登社的聲名和成功吸引了英美攀登社群的夥伴紛紛前來拜訪，或與我們相約山上。在英國，我們交流最密切的社團是劍橋大學，那兒的領銜人物是艾倫．勞斯和米克．紀德斯；美國人則主要來自我的老家新英格蘭。一九七二年我從美國回到里茲做碩士研究後，很多朋友都飛來這裡爬山，其中包括羅傑．馬丁、約翰．布夏（John Bouchard）、亨利．巴伯、史蒂夫．阿瑟諾（Steve Arsenault）、查克．齊亞科夫斯基（Chuck Zia-

1〔作者注〕二〇一三年，伯納德被任命為《登山手札》（*Alpine Journal*）的榮譽編輯。

kowski），還有晚一點的艾德．韋伯斯特（Ed Webster）、安迪．圖希爾（Andy Tuthill）和克里斯．艾姆斯（Chris Elms）。他們之中，許多人實際影響了英國及歐洲攀登界。一九七四年，馬丁獨自完成了「點五冰溝」（*Point Five Gully*）加「零度冰溝」（*Zero Gully*）[2]的史上第二攀；那年稍後，艾利克斯也將達成這項成就。布夏在阿爾卑斯開闢了數條新路線。巴伯是被人在美國的保羅．羅斯（Paul Ross）叫來的，希望借他精湛的技術和乾淨的攀登倫理刺激刺激同胞。來英國的前一年，巴伯由於在優勝美地（Yosemite）展現了驚人的獨攀和即席完攀（on-sight）本領[3]，被封了個「火熱亨利」的外號[4]。

亨利找到一個想法相近的同伴，那就是喜瑞特。喜瑞特從地面出發、僅憑現場目測的攀登方法和他如出一轍。當時另一些攀岩強者，包括彼特．利福西（Pete Livesey）、羅恩．佛塞特（Ron Fawcett）等，偶爾會事先從上方探勘新路線，也有些風聲說他們會先設置繩環供確保用，甚至先鑿出抓握點。

我們之中，沒人能達到喜瑞特、曼森或基森那樣的攀岩能力，但我們承襲了他們的攀登倫理。挑戰一條路線時，只要中間有任何休息或墜落，就不能算完攀。如果是被降到地面，掛上繩子再繼續爬，那勉強還能得個幾分。但這種完攀仍被視為有瑕疵，並且如是記錄於我們的手寫社誌裡。中午在沙拉吧吃飯時，伯納德會帶著社誌來，讓大家填寫自己的攀登或其他搞怪事蹟。

乾淨、自由的攀登風格無疑影響了艾利克斯的登山方法，起初在阿爾卑斯，後來在喜馬拉雅。我們不是最早實踐這一脈乾淨傳統的人，只是將純粹主義的薪火傳承下去。當時這群人的影響，或許最清楚記載於整個七〇年代《山岳》雜誌的書頁裡，另外吉姆・佩林（Jim Perrin）等人也曾為文致敬。

要向學生會申請補助，得遞交社團架構和活動一覽。大部分攀登社員對這類事深惡痛絕，可惜沒有不做的辦法。人們當選幹部，通常是因為社團年會那晚他們沒來。執行幹部們習慣從不正式入社，也不繳社費。不過還總是有很多尚未幻滅的新面孔，甘願為

2 兩者皆為本尼維斯山上的冰攀路線，其中難度較高的「點五冰溝」為蘇格蘭最負盛名的冰攀路線。

3 指事前未得到任何資訊，僅憑現場目測攀上一條路線。

4〔作者注〕一九七四年，巴伯準備回美國時，大夥兒聚在帕達恩湖飯店（Padarn Lake Hotel）為他餞別。有人聽到唐・威蘭斯用亨利也聽得見的音量說：「亨利只是曇花一現啦，而且他連酒都不會喝。」巴伯練了一季，隔年又回來了——不是來攀登，而是來把不列顛酒國英雄都比下去的。他還挺成功的。

了加入社團掏出五十便士，即美金一塊半左右。

每年，在學生會大樓舉辦的迎新展上，都會有新的受害者登記入社。成為社員的好處——用最保守的說法來說——相當可疑。首先，付了錢以後，除非你在核心成員的圈子裡，否則你並不會被邀請參加下午稍晚的社聚，和幹部們一起在小酒館裡把年度社費喝光。第二天，一張新舊社員的名單會送到學生會幹部手上，證明攀登社非常活躍，而且日益茁壯。作為獎勵，社團會拿到一筆按人頭計算的補助金，通常總額有數百元英鎊[5]。

這筆錢會用在各種地方。每年第一學期的第一個週六，我們會辦一場正式社遊，租輛巴士載大家去史塔納吉（Stanage）[6]，或其他某座遙遠的岩場。這樣能讓繳錢加入的新社員覺得社團似乎挺可靠的，順便向學生會證明我們所言不虛，令他們印象深刻。新社員的條件被嚴加審視：他們會攀登嗎？有錢嗎？有車子，或者身為女性嗎？以上差不多就是優先順序。社團裡「待得住」的女社員不多，其中幾個成了某些比較放浪、幻滅的社員的理智依靠，特別是喜瑞特。有些女生也加入一起胡鬧的行列，幾次還鬧上了全國頭條：「牧師之女酒館行竊被捕」是其中之一，另外還有「里茲新生摔下天窗險送命」等等。

整體而言，我們社團的男社員都是些沒有女人的男人。基本上，我們這些人對攀登和短暫刺激太熱衷了，也就是說太不成熟了。當時社團裡有些極出色的女攀登者，如辛西亞．希普（Cynthia Heap）、安琪拉．法勒（Angela Faller）和其他許多人。雖然不少行程她們會參加，但她們覺得社團頭牌們的對話和酒館胡鬧十分愚蠢。法勒曾對里茲攀登社的人說過一句名言：「我實在分不出哪些是毒蟲，哪些是同性戀。」事隔多年，很難知道她是否真心這樣看我們，不過就我所知社團裡好像兩者皆無。

艾利克斯是迎新展加入的。鮑爾記得在某堂他們都有修的課上看到他。「他都一個人坐，但他帶了一個喬．布朗背包，穿件皮夾克，而且頭髮當然是披得亂七八糟，所以

5〔作者注〕里茲攀登社的作法完全被艾倫和米克在劍橋的妙招比了下去。他們哪會傻傻坐在那裡招生。他們會貼出一張可以翻頁寫字的海報，最上排寫著：「想參加本週六提供免費啤酒及飲料的派對嗎？請於下方填寫姓名、學院、聯絡資訊。」那天結束，他們再去回收海報，小心地撕掉貼上去的「免費飲料」等語，露出底下寫的「以下為正式繳費入社的劍橋大學攀登社社員名單」。學生會補助金的收入夠付他們倆一整年的旅費和高山行程開銷。

6 又稱 Stanage Edge，源自stone edge「石頭邊緣」。位於英格蘭中北部的峰區高地。

有點突兀。當時一般學生不會那樣打扮。所以我猜他可能是玩攀登的，跑去跟他攀談。但他不太搭理，裝得一副無所謂的樣子。」

艾利克斯剛來里茲時相當寡言。他的個性是在敞開心扉之前先退到一旁默默觀察，權衡情況，尤其是在新認識的人之中。最初幾個月，他一次也沒來過社團活動，或參加大家晚上在里茲攀岩場（Leeds Climbing Wall）的練習[7]。但沒多久就不同了，主要是因為他和同系的鮑爾逐漸成了好友。艾利克斯加入了增進攀登技術和打進核心小圈的快速道。

「我弄到一輛廂型車之後，」鮑爾說，「每到週末，喜瑞特、安迪．懷爾德（Andy Wild）、艾利克斯和我的固定班底都會出去，白天去攀登，晚上闖派對。攀登和派對並列第一順位。老實說，我跟艾利克斯第一次一起攀登的時候，根本把兩件事合併了。我們爬上學生會大樓後面的一根水管，溜進新生舞會。只要找得到其他進去的管道，我們去任何地方都從來不付入場費。」

很多攀登者喜歡開藍色福特廂型車，因為開起來便宜，修起來方便。社團裡至少有三輛，分別屬於鮑爾、伯納德和艾利克斯。那些車搬到今天，恐怕沒一輛是合法的。稅、保險、年度車檢，全被視為昂貴的非必要配件。輪胎絕對是磨到金屬部分露出來才會換。每輛車都經常小擦小撞，不過沒人出過嚴重的意外。大約每隔一週就會有輛車添上新的凹痕。倘若事關其他車輛，那代表會有一方快快付錢了事，尤其是對方也沒保險的情況下。鮑爾記得某個深夜從酒館回湖區的途中，驚恐地被警察攔下。

「先生，你車開得搖搖晃晃的，很危險哪。」警官說，拿著手電筒照射車內每一張臉。

7〔作者注〕里茲攀岩場建於一九六四年，是一位叫唐·魯賓遜（Don Robinson）的運動教練兼攀登者的創意結晶。它是世界首座室內攀岩場，繞著一座壁球場外側兩面，球鞋的吱吱嘎嘎和球的「喀咚、喀咚」陪伴人們在牆上的練習時光。考量今日攀岩場的水準，里茲攀岩場還很原始，是將大大小小的天然岩石黏在約十五英尺高（約四點六公尺）的普通磚牆上構成。有些磚頭間的灰泥被挖掉，提供可抓握踩踏的窄緣，也有一些擠塞攀爬（jamming）用的垂直短裂縫，於磚牆上切出缺口、裡側塗抹水泥，設置成連續的一條。那是個鍛鍊的好地方，雖然手指割破、腳踝扭傷是家常便飯。水泥地上沒有鋪軟墊，包你攀完絕對腳掌發麻。那座攀岩場很大程度解釋了里茲攀登社在天然岩場成功的原因——我們有一套前所未聞的祕密訓練法。大家都習慣每週去兩次以上，至少週二和週四晚間，偶爾也蹺蹺課，以便白天多練一節。我記得我在里茲當大學生的最後一年，一九六九年的某天，伯納德指著一個黑髮美男子，說道：「你看那傢伙，他是第一天來。」我們驚愕地看著他爬上那條惡名昭彰的連續裂縫，幾乎不失優雅。這位仁兄就是約翰·喜瑞特。

「抱歉，警官，大概是太累了。」

「你們從很遠來的嗎？」

「對呀，從里茲。」警官沉默半晌。此地離里茲車程不到一小時。

「都是學生嗎？」他說，手電筒照著艾利克斯的臉和一頭狂髮，又照了照後座大字形攤坐的我們其他人。「趕快回家吧。開車注意點啊。」

要是他有檢查，就像今天臨檢勢必會做的，他會逮到鮑爾那輛車輪胎磨平、沒繳稅、沒保險，而且超過年限。不過七〇年代初的社會對這類事比較睜一隻眼閉一隻眼。

雖然廂型車說到底是歸個人所有，但它們被當作社團的公共財產，大家都會拿來開。我們的車隊偶爾會再擴充，加上幾輛向父母借的車，或來作客的美國人租的車。很少有車還回去時沒多出幾道刮痕。

滿月的時候，從岩場返回的路上不開車燈似乎相當正常。有次在馬爾漢（Malham）附近一座單線道拱橋，艾利克斯和鮑爾在橋頂遇上了另一輛沒開燈的車。幸運的是，他們開著鮑爾爸爸堅固的Morris Oxford，車沒受到太大損傷。另一輛車接近報廢了。那名駕駛是個農夫，正從酒館回家，駕照已經因為酒駕而被吊銷，沒開車燈就是為了躲避那一帶的警車。他們將農夫撞毀的車從橋上移開，把他送回家，在那裡收到了夠修飽爾家車子的現金。

艾利克斯的車凹得只剩後門能開。一個警察攔下他，叫他下車說話時受到不小的驚嚇。警察等在駕駛座外，後座門突然飛甩而開，五個髒兮兮的小伙子跳出來，最後艾利克斯才爬出車外。恢復鎮定並且確認在場都是學生後，他照例訓了訓我們「開車注意點啊」就放我們走了。

進攀登社的最初幾年，艾利克斯的攀岩技術並不特別出眾。他的名字出現在里茲「社書」裡，通常是扯到不相干的事。那本社誌裡記錄了大家的攀登和荒唐行徑，特別壯觀的墜落和撞車往往附有照片說明。裡頭沒提及他何時得到「髒艾利」的綽號，不過在他第一年中途就有了。如同多數學生，艾利克斯不常出現在自助洗衣店。他平時都是鬍渣滿臉，亂翹的長髮及肩。還沒人想過要將邋遢塑造成一種風格時，艾利克斯就在玩油漬風（grunge）了[8]。

8 九〇年代初源自西雅圖的一種音樂風格和次文化，又稱油漬搖滾、頹廢搖滾等。

鮑爾回憶，儘管如此，艾利克斯還是很引人注意。「我們系上有很多優秀的女生。艾利克斯總是有人追，但他從來沒嘗試跟任何人發展。我記得有次我們去曼島（Isle of Man）田野調查一整週，艾利克斯同一套衣服穿了整週沒換。更不用說那件他穿到畢業的皮夾克，他幾乎從來不脫的，甚至攀登也穿。」

皮夾克正好和他帶來里茲的摩托車湊成對。沒多少人敢給他載。雖然艾利克斯個性上是個小心的人，但也十分起伏不定。他爬山也是這樣。

那些年，里茲攀登社成員多數運氣不壞。高處墜落是常有的事，而且裝備大部分很基本。很少人擁有超過半打快扣組，要去爬有份量的路線通常得合湊裝備。不少人還在用自己精選的一套真螺帽（岩楔的英文「nuts」的原意），綁上繩子並串進繩環。裝備正愈做愈好，我們付得起就會購入新行頭。其中最珍貴的是英國公司MOAC的兩尺寸岩楔，是後來Chouinard推出的Stopper岩楔前身[9]。再加上六角岩楔（clog hex），和幾條用來串楔石（chockstone）或套石片的繩環，就是我們的全副裝備了。打釘子被視為大忌，只有到蘇格蘭冬攀或阿爾卑斯山區攀登時除外。在美國，七〇年代初恰好是過渡期，從使用岩釘作為保護，到各種小型岩楔廣為普及。美國來的史蒂夫・翁許（Steve

Wunsch）和亨利・巴伯將更精緻的攀岩確保方式帶到了里茲。

攀登社的大夥兒很少放過任何攀登的機會。派對結束後的三更半夜、陰雨綿綿的冬季月份也照攀不誤。許多濕冷的日子在威爾斯和湖區的砂岩與懸岩峭壁上度過，對於磨練毅力是很有用的經驗。

關於毅力和決心，艾利克斯在喜瑞特門下學到許多。喜瑞特精於看出難以想像的路線，而且一向只憑現場目測攀登。也就是說，他幾乎注定了要墜落和失敗幾回才能成功。艾利克斯是他可靠、默默受苦的「繩僮」，願意花好幾小時晾在那裡替他確保，觀摩大師練功。技術上缺乏的，艾利克斯用興趣來彌補，同時始終一派老神在在的樣子。無論內心究竟是什麼感覺，他都極少透露，就算危急時刻也不例外。多數時候，他會帶著俏皮話和競爭精神來到岩場，那也刺激了我們其他人向前。

9〔作者注〕伊方・修納（Yvon Chouinard，〔一九三八出生的美國攀岩家，Chouinard、Patagonia等品牌創辦人〕）一九七二年以MOAC的原始設計為基礎，推出了十二尺寸的Stopper岩楔，作為他「乾淨攀登」革命的一環。那時不只MOAC的人們驚覺錯失了大好機會，也出現一些忿忿不平的聲音，質疑美國佬怎麼能聲稱發明了對英國人而言是攀岩傳統的「乾淨攀登」。

到里茲的第一年，艾利克斯在攀登的各方面都下足了苦工，能力突飛猛進。他攀岩的等級從「S（嚴一）」(5.5)，前進到第二年可於「E1（特嚴一）」(5.9或5.10 a/b)[10]級擔任先鋒。他從不搶當先鋒，若沒有把握，總是會交給搭檔領攀。他的確也有靈光乍現的時候。我記得他曾在淒慘的攀登條件下，於湖區幾面「E」級中間的岩壁蹦上蹦下。如同許多有志的攀岩者，他的第一面「E」級，是蘭貝里斯山道（Llanberis Pass）[11]上的「布蘭特直登」(*Brant Direct*)。雖然不算艱鉅，但他是在十一月的一個濕冷日子爬的。艾利克斯知道他想要和需要挑戰哪些路線，並慢慢將它們逐條克服。其中幾次特別壯烈。他在戴納斯巨石陣（Dinas Cromlech）攀完「紀念碑角」(*Cenotaph Corner*)後垂降下來，正要去爬「墓園之門」(*Cemetery Gates*)的時候，頭髮被垂降用的8字環夾住，卡在四十英尺（約十二公尺）高空。痛罵了幾句之後，他沒別的辦法，只能把那些可惡的頭髮硬生生扯下來。他降到地面，繼續去爬下一座岩壁了，後來再也沒犯相同的錯誤。

艾利克斯是被攀登社吸引到里茲的，而他為何攻讀地理和經濟則比較難說。一九七二年底，他決定轉系，於是去問了教授能否改讀法律。他的申請通過了，但得等到下學年才開始。他因此得到幾個月的放假，其中一部分時間他留在里茲攀登，一部分去了北非的海灘閒晃，一九七三年秋季才回里茲迎接新學期。

我們之中只有伯納德和喜瑞特有同居女友，其他人就是攀登度日。但艾利克斯一九七三年回里茲後，遇到了他的初戀情人——關妮絲．魯爾（Gwyneth Rule）。她是新生週入社的，艾利克斯那時碰巧負責看顧攀登社的詢問台。關妮絲是個苗條的紅髮姑娘，來自南威爾斯，性格與艾利克斯正好互補。她的外向歡快和他的沉默少言程度不相上下。如果男生們辦得到，那她也要試試看。後來三年，他們一起在里茲的海德公園角（Hyde Park Corner）租了個客廳兼臥室的房間。那間房永遠是亂的。地板、壞掉的沙發和幾張椅子上總是堆著髒衣服、空瓶、用過的馬克杯。他們似乎給彼此下了戰帖，看誰會先崩潰去收拾。雖然依舊難得，但艾利克斯刮鬍的次數好像變多了，整體來說也比較照顧儀容。在關妮絲身上，艾利克斯很幸運地找到一個能喚起他自己歡樂愛玩的一面，某程度上也讓他更有自覺和自信的人。

10 前者為英國攀岩難度分級（依序為中級M，難級D、HD、VD、HVD，嚴級S、HS、VS、HVS，特嚴級E1～E11），後者為美國分級（5.1~5.15，5.10起各級又細分為a~d）。

11 位於威爾斯雪墩。後文的戴納斯巨石陣（Dinas Cromlech）是這條路徑上一座突出的流紋岩。

也許他在法律系需要好一點的形象吧，他從油漬風換成了較偏華麗搖滾的外型。大致上就是洗澡洗得稍稍勤一點、會洗頭、買了件新的皮夾克。他的攀登技術已經進步到能在「社書」裡得到多一點尊重了。提及他的地方從「髒艾利」或「阿髒」，變成了「D.A.」，甚至還有「艾利克斯」。攀登社的艾利克斯可沒別人了。

我第一次遇到他，是回里茲讀哲學碩士的時候。在新罕布夏州開攀登學校固然好玩，可是做喜歡的運動就收別人錢，令我不太自在。學校經營得還不賴。夏天時，指導員多達四位。很多日子，我將工作交給他們，自己去為興趣攀登或打高爾夫球。但阿爾卑斯和英國的粗獷丘陵在召喚我。我開始回信給鼓勵我重返學術界的教授。在美國工作期間，我已存夠積蓄，於是再次飛越大西洋。我比艾利克斯大八歲，這時他十九，我二十七。不過除了以前在阿爾卑斯度過幾季，我現在又增加不少在洛磯山脈攀登和在新英格蘭冬攀累積的高山經驗。

做碩士研究的第一年，我住在里茲，在海德公園附近與幾個不攀登的成熟學生合租房子。大部分的攀登弟兄都住在走路輕鬆可達的距離內，我很快便和他們混到了一塊。我們不是出去攀登、在酒館聊攀登，就是窩在某人家裡讀雜誌或鑽研攀登指南。

一九七三年三月初，艾利克斯初次體驗了冰攀。那簡直是場災難。攀登社一群實力堅強的人出發去蘇格蘭中部高地的梅蓋山（Craig Meagaidh）攀登，順便帶了兩個初學者同行，即鮑爾和艾利克斯。不知怎麼搞的，我們其他人都自顧自去爬別的路線了，丟下他們倆自力更生。他們決定試試「中柱」（*Centre Post*），那是一條等級III的路線，位在主山壁低處。事實上，太低了。當天天氣溫和，冰很軟，而且會崩。

那是艾利克斯第一次穿冰爪，吃力地爬上雪坡，走到路線起點，就把他的全新雨褲刮得破爛。他在第一段冰攀開始處索性把雨褲脫了，扔到山壁下。他們一人只有一支冰斧，試了好幾次，還是攀不上冰壁。我們其他人完成了幾條難度高很多的路線，使艾利克斯更惱火。第二天差點發生更慘重的事。夜裡降了大雪，早上雪還是下個不停，大部分社員都啟程回家了，但艾利克斯說服約翰．伊姆斯（John Eames）和鮑爾跟他回梅蓋山。儘管走了兩小時上山後，雪還在下，他們仍開始前往等級V的「南柱」（South Post），那是一條困難得多的路線。

鮑爾橫越了「中柱」，要走向他們預計挑戰的路線底部，但才將身上繩索扣進一根岩釘，一波巨大的雪崩便滾滾衝下冰溝，幾乎將他從確保站拔走。雪崩停止後，繩索向冰溝下方筆直伸去。鮑爾身在能見度為零的一片白盲（white-out）之中，立刻認定艾利克斯和伊姆斯已經被捲走了。但有人回應了他的呼喊，鮑爾這才發覺他們還固定在冰溝對側的岩石上。繩索被雪扯斷了，他們連忙撤退。

一九七三年夏天，我們一行人朝阿爾卑斯山進發。我們從里茲帶了充足的罐頭食物，實在太重了，那幾輛廂型車一直過熱，結果開了三天才抵達[12]。這是攀登社的年度活動，我們習慣以霞慕尼鎮外的史奈爾原為根據地，不過整個夏天，大家也會前往許多其他區域，通常是為了尋找更好的天氣或攀登條件。儘管如此，白朗峰山脈始終吸引我們年復一年回來，我們多數最著名的攀登，以及不少最苦難的傳奇，都是在白朗峰創造的[13]。

那年是我在阿爾卑斯的第三季。我一九六七年來過霞慕尼，與蘇格蘭新星吉姆．麥卡尼（Jim McArtney）一起爬了阿爾貝尖（Pointe Albert）的一條困難岩攀，和更高山峰的幾條中難度雪地路線。（麥卡尼被湯姆．帕泰〔Tom Patey〕形容為「讓人無法不注意，像個大火爐般放射熱情」，他一九七〇年殞命於本尼維斯山「義大利路線」〔*Italian Climb*〕的一場雪崩。）一九六九年，我回到霞慕尼，分別和不同搭檔攀了數條路線，都是我在蒙特維（Montenvers）列車站上方林子裡的舊比歐雷營地（Biolay campsite）認識的山友。有幾次我們被迫露宿，包括攀登完北稜後在佩涅雪溝（Peigne couloir）一次極為嚴重的情況。回到營地時，我發現法國警察終於把英國人從不合法且不健康、但是免費的比歐雷營地驅離。意想不到的是，「史奈爾體育用品」（Snell's Sports）——鎮上著名的攀登用品店——的老闆展現了同情心，迅速採取行動，讓英國人和東歐人搬去他在雷布拉鎮（Les Praz）附近大約一英里外的一片原野地。那就是我的帳篷被拿走的地方。從此，一個新時代展開，史奈爾原成了往後數十年英國登山者在阿爾卑斯的傳奇大本營。

一九七三年的攀登條件並不好。七月初才過了一週好天氣，便開始下雨，雪一直降

12〔作者注〕很多社員有兼差賺學費。其中幾人是從事可以支援攀登的工作。包括一個加油站員工——到那裡加零星的油不必付錢。還有幾個超市夜間上架員，會把貼有新低價的罐頭藏在貨架深處，等同夥明早撈出來拿去結帳。

13〔作者注〕里茲攀登社於霞慕尼和阿爾卑斯攀登的多年間，極少發生嚴重或致命的意外。最重大的事故是羅傑．巴克斯特瓊斯之死，他一九八五年帶一位顧客爬特里奧萊峰（Triolet）北壁時，因冰塔崩落而身亡。他的體能在當時全英喜馬拉雅登山家中數一數二，喪生純粹是惡運所致。喬治．貝騰堡也是我們延伸朋友圈的一員，他在霞慕尼針峰群（Chamonix Aiguilles）挖水晶時命喪落石之下。

到了山谷底。我們頑強地不肯走，好幾次徒步上到針峰平原（Plan de l'Aiguille），在伐木工小屋過夜，希望天氣會好轉。我們也去谷裡的岩場攀岩、去波松冰川（Bossons glacier）練習冰攀技巧，有時下午賴在國酒或雷布拉的旅館，喝喝紅酒玩玩紙牌打發時間。我們就是群典型容易開心的學生，無憂無慮，愛開低俗的玩笑。

七月底，某天早上去氣象站後，我們聽說至少三天的 *beau temps*（法文：好天氣）要來了。這年我是和布夏一起來阿爾卑斯的，季初天氣好的短暫期間，我們順利攀了兩三條「ED（極難）」級的岩石路線。但布夏已經答應要跟阿瑟諾——也是一個美國飛來的老友——爬一條路線。其他人都安排好行程了，只剩下艾利克斯和我。

我和艾利克斯在英國一起攀登過幾次，相處得不壞，但我知道他攀岩能力有限、冰攀經驗不夠多，雖然新降的大雪代表冰雪路線無論如何都不在選項內。我想去爬狂人峰（the Fou）[14]南壁，那年夏天艾倫．勞斯獨攀過這條路線，但沿雪溝上去可能很危險。最後我們決定走一條經典路線，由毗鄰的雷皮內尖（Pointe Lépiney）東壁連過去。艾利克斯是季中來的，他說爬哪裡他都很高興，因為這是他第一次來阿爾卑斯爬山。

打包前，我們去了一趟鎮上，去租登山靴。他不知怎麼地在路上把一隻靴子搞丟了。於是那天下午，坐上往蒙特維的列車時，艾利克斯兩腳穿著不同尺寸的靴子。右腳是他原來的鞋，左腳是租得到尺寸最接近的一隻鞋。可喜的是，走完兩小時路程來到裡側山屋（Envers Hut），他還沒起水泡。夜晚天色很美，我們的預定路線看起來非常誘人。

14 即狂人針峰（Aiguille du Fou），三五〇一公尺，fou是法文「瘋子」的意思。

8

瘋癲少年[1]

Aladdin Sane

艾利克斯不習慣清早出發。事實上，他從來沒清早出發過。我兩點叫他起床，使勁把他搖醒，他翻過身叫我別煩。其他人都還在睡。

「搞什麼？我們幹嘛非得這麼早出發？」

「因為我們今天有很長的路要走。」

艾利克斯鑽出毯子，全身衣服都穿好了，只除了綁腿和登山靴。他到處胡攪亂翻，找一隻他多帶的、用來墊不合腳的左靴的襪子。

「快點啦。今天要走很遠才能回霞慕尼，而且中間的山不簡單，不是只有狂人峰，還有雷皮內[2]。」我意識到我嘮嘮叨叨像個老男人一樣——我就是沒錯。他叫我少囉

1 字面意思是「理智的阿拉丁」，音同a lad insane「一個瘋狂的小伙子」。大衛・鮑伊（David Bowie）一九七三年專輯名。

嗦，說他已經盡快了，叫我「老女人」。這可就說不通了。

我們從山屋管理員沒帶走的隨身瓶裡倒了點咖啡喝。艾利克斯有個我覺得很噁心的習慣，他會直接拿整條煉乳吃。那黏稠的甜似乎確實讓他精神大好。他的第一座大山正在等著。我們一邊打開頭燈，一邊咚咚咚踏過前門的木平台，想必把大家都吵醒了。然後我們輕柔的靴聲才漸漸被冷冽的山夜吞沒。

接上冰川、前往峰底的路很複雜。天空被針峰群嶙峋的黑輪廓刺破。眾山隨著我們走近而將星點吃去，巍然俯視我們穿上冰爪並綁上繩索。我們慢慢深入狂人峰的雪溝，前進的步伐和諧一致，冰爪咬入雪中，發出令人安心的規律吱嘎。黎明的第一道紅光展過群峰，星辰逐漸隱沒。

「可惡。太黑了，沒辦法完全確定，但路線起點應該就在這附近。我們先把裝備拿出來吧，待會亮一點應該就看得出來了。」

就是這裡。現在我能看見分割山壁的煙囪地形了。但山壁腳下的冰川後退過，第一段繩距（pitch）[3]在一片裸露的石板上，很艱險，無處可設支點。艾利克斯以凍僵的手指跟在後面。我交棒給他，讓他帶頭攀路線真正的第一段繩距，看起來不難[4]。他爬上第一塊突岩。

「不行，我太冷，而且這太難了。」

「加油啦，你可以的。」

「我不行。我問題很大。我沒辦法穿不合腳的鞋子帶這種路。」

我只好自己當先鋒。山壁很冷、陡峭、鬆動。為了速度，我決定接下來一整天都自己領攀。我叮嚀艾利克斯絕對不要再穿尺寸不對的鞋爬山。他看起來很不確定腳下有沒有踩穩。

2〔作者注〕今日的一般走法，是循一條相鄰路線回到裡側（the Envers，即霞慕尼針峰群東南側，與霞慕尼鎮不同側）。但我們的攀登指南建議爬上狂人峰西南稜，然後沿布磊提耶峰（Blaitière）的泉稜（Fontaine Ledges）往下到楠提雍（Nantillons，針峰群西北側的冰川）。那年稍早我登過布磊提耶峰西壁，很有信心能找到路。

3 指山壁上一條攀岩繩可攀爬的距離，一般繩長大約五、六十公尺。通常爬一段繩距需一小時以上。

4 攀岩往往兩人一組，「先鋒」（leader）負責攀上岩壁，「確保手」（belayer）則綁著同一條繩索在下方待命並慢慢給繩。途中，先鋒會於岩壁上設置臨時的支點（protection），將身上繩索扣入，若墜落便能掛在最後一個支點上，被確保手拉住而不至墜地。到達繩距頂端，先鋒會尋覓較寬敞安全處設置「確保站」（belay station，本書多稱為stance或belay），將繩索固定於山壁上，確保手可用攀繩器材直接爬繩子上去，不必再重新爬一次山壁。

繩距一段一段過去，太陽升起，冰川退了下去。攀登變得很愉快。我們是第一次合作阿爾卑斯路線，而且我們都愛攀登。鮑爾、布夏和其他人不知在哪裡？大概在附近哪座山峰上，像我們一樣向上移動著，在視線外共享這相同的時空吧。我們須臾已躋身雲朵之間。還是雲朵降下來迎接我們？在峰頂，一片霧籠罩我們，在我架設垂降繩時，風開始吹。然後天氣更壞了。霧似乎嗡嗡作響。接著冰斧開始低鳴。

「混帳。我們得快點下山。別管狂人峰了，切過狂人峰下去吧。」

天空飄起一陣冷雨，雲層愈來愈厚。我穿好雨衣，把我的8字環扣進垂降繩。才一下去，我幾乎立刻落到了一片向內凹去的山壁外，在空中邊打轉邊下降，意識到一定哪裡出了問題。風刮走底下的雲，繩索垂進一片虛無之中。這顯然不是正確的垂降方向。看見繩子尾端沒打結的時候，我幾乎陷入恐慌。突然一股莫名的力量接掌了我。我用單手撐住體重，另一隻手設法將兩條普魯士繩環[5]綁到垂降繩上。莫名的力量繼續支撐我沿著繩子向上爬。等我回到搆得到的山壁上，全身的汗已淌得像水龍頭一樣。我倚著岩石，在傾瀉的雨雪中喘氣休息。爬回垂降起點時，天色已毫無疑問地昏黑了。

「慘爆了。」艾利克斯大喊。「你是想害死我們嗎？」

「很好玩吧？小子。」

閃——轟隆

一道閃電X光般照出附近的一切。山坳亮起的一秒間，粉紅花崗岩尖塔彷彿在顫動。閃電將狂人峰的形狀投上繚繞的雲。然後只剩昏暗和滂沱雨雪劃過稜線。

閃——轟隆

狂人峰再度出現。我看見我們該走的方向，可是風太猛烈，往那個方向垂降不好辨。我還是不確定正確的路該怎麼走。我下了個決定，朝艾利克斯的耳朵大喊。

「我們回去路線起點。那邊比較安全。」

閃——轟隆

「是比較安全，如果我們沒先死的話。」

「那倒不用擔心。該死的時候就會死，情況還沒到那麼糟。走吧。」

風打得繩索橫飛。我們都已渾身濕透。風勢使面對面交談都很難。我總算把繩子搞

5 即用普魯士結（prusik knot，奧地利登山家普魯士發明的繩結）綁到主繩上的繩子，能藉由摩擦力固定在主繩上、不會往下滑，但沒有承載重量時可以往上推。

定，衝著風扔下另一頭。霞慕尼和安全現在離我們相當遙遠了。

閃——轟隆

閃——轟隆

「老天，今天晚上絕對很冷很漫長。」

下降一條繩的距離後，我們清開一塊平台上的石子，把我們喬．布朗背包後面的墊子掏出來坐下，用背包套蓋住腳。風雨漸漸停息，黑暗變得徹底，除了空中飄落的雪彷彿散發出詭異的光。我們背靠背坐著，身體擠在一起。我真希望有個睡袋，但在這濕答答的雪中，睡袋八成也沒什麼用。雪逐漸靜止之後，骨子裡的寒意也更深了。我有過嚴酷的露宿經驗，但每次好像都比前次還慘。我們忘得真快。我知道這個夜晚會過去，但艾利克斯顯然很憂心。

「跟你說，剛剛在上面，我以為我玩完了。」我對艾利克斯說。「繩子下去什麼也沒有，只有一大段懸崖。攀登指南一定寫錯了。我的繩子底端沒打結，真蠢。能再爬回來看到你實在挺高興的。」

「我只聽見你在風中大吼大叫。」艾利克斯牙齒打顫地說。「完全不曉得怎麼了。不過至少你掉下去的話，繩子還在我這邊。」

「謝謝你喔。」

艾利克斯慢條斯理吃著他那管煉乳。我從口袋翻出一條泡水的巧克力來分。我放了一塊在嘴裡緩緩融化，想辦法撐愈久愈好。然後第二塊，第三塊，於是半條巧克力吃光了，時間也過了半小時。另外那半條被我收進了一個內側口袋。再來我們就是聊天、發抖，努力講趣事自娛。

每次才飄進夢鄉，我們便被打顫的抽搐顛醒，猛甩手腳想讓自己暖和起來。雪停了，我們站起來溫暖身體，把雪抖掉，在我們詭異的雲端巢窩上下跳個不停。也許這番努力影響了天氣，雲逐漸從山峰散去，像紗幕揭開。繁星現身，而一陣新的凜冽隨之降臨。我們回到背對背發抖的坐姿，聊著下山要吃的東西。谷裡的燈火閃爍著舒適的承諾，雖然有點用，但改變不了冰凍的嚴寒。艾利克斯這時已顫抖得無法控制。

「我覺得我會死在這裡。」

「別想太多，小子。保持清醒、享受風景就好。過幾次你就會習慣了。」

夜晚好似有一週那麼長，但最後，黑開始褪為暗灰。抬頭看，可以看見往山頂的路經被雪覆蓋。接著霧靄又回來了，比先前更濃更厚。我翻出剩下的巧克力，掰成兩半。「給你。」我說著，把一半遞給艾利克斯。「雖然我不喜歡，但我看我們只能原路回去。現在有雲又有雪，從狂人峰下去的路太難找了。」

幾段垂降之後，我們開始暖起來了。我們進入下撤的例行流程。用來當垂降支點的岩楔快用完時，我將繩子剪掉一段來做繩圈。艾利克斯注視我的一切動作，像一隻看人準備食物的狗。我盡可能有效率，不顯露我的焦急。不要犯錯，安全為首。每個垂降固定點都確認三次——有時就只是一圈細帶子，繞著岩壁上的一個小瘤。然後升起的太陽出現，緩和了骨裡的冰冷。每垂降一次，冰川便登上來迎接我們。

「要是運氣好，回去還勉強趕得上午餐咧。」

「我現在無法判斷你是個徹底的白癡，還是某種英雄。但真的順利下山的話，吃飯我請客。」

繩子卡在一段V級以上的路段，我獨攀回去解下。最後一段垂降需要使出特技身手，以跨越冰河背隙（bergschrund）。我們在一團心理的黃霧中回到蒙特維，黃霧又變成疲憊的黑靄，陪我們一路走回霞慕尼。我囑咐自己以後一定要帶回程車票的錢。我們直奔國酒。陰暗的午後天空正下起雨，艾倫・勞斯和一群人坐在裡頭，他一見艾利克斯進門就對著他大笑。

「哇靠！是髒艾利。你們昨天沒回來，我們以為你們死定了。這裡的山第一次爬常常變成最後一次呀。」

「搞不好真的是最後一次，總之是最後一次跟波特爬了。」

一兩週後，在回多佛的顛簸輪船上，鮑爾從附近某桌摸來一些人家吃過的冷炸雞和薯條。

「嘿，來一點吧。」艾利克斯差點沒吐。

「我只想回家大睡一場，之後再考慮攀登的事。可能吧。」

9
相片冊
Picture Book

艾利克斯的攀登方法和他讀法律的方法有點像。他很少倉促下結論，他會試著為任何觀點或行動找到理由。如果針對一個主題拿不定主意，他或者不辯了，或者換到一個完全相反的論點繼續爭[1]。他這種時候可能極為惱人。多數時候，他把重點置於他正在做的事情上。對艾利克斯而言，思考是為了提供根據，以便採取決定性的行動。他認為猜測或抽象的思索是浪費時間，傻子才會去想。

這種務實方法的缺點，是它可能使你自我設限，就像任何純粹基於邏輯的思考方式一樣。決定採取一項行動，代表必須承擔後果。這或許是人們爬大山的潛在理由之一，

1〔作者注〕道格·史考特指出，艾利克斯正反兩面都能辯的能力，來自他在聖瑪麗山接受的耶穌會教育——必須在今天主張某命題，明天又支持反命題。見《希夏邦馬》（*Shisha Pangma*，Bâton Wicks出版），頁二一七。

因為行動的時間會變得很長，在此期間除了攀登什麼都不必想。而危險又使你更感受到當初決定的重量。艾利克斯這個人不會避開艱難的抉擇，處事果敢是他天性的一部分，不願意做選擇在他看來會像是示弱。

阿爾卑斯那一季過後，艾利克斯決定不放棄攀登，而是將攀登變成一種生活。這指的遠遠不只是攀登作為生活風格。我們有很多朋友屬於後者，通常意思是說花在酒館和睡覺的時間比花在山壁上多。艾利克斯意識到，若要克服他對攀登的恐懼，他得再進步一大截才行。這不代表他完全放棄其他事、生活一切都繞著攀登轉。此外，他也不是像多數想成為職業攀登家的人那樣一舉躍入，而是經過數年才發展為這種狀態。

為了實現目標，艾利克斯決定做三件事：首先是盡可能多攀登；再者是想辦法維持這件事——也就是弄到錢；最後是避免發瘋或自殺，已經有些攀登者開始出現這種傾向。雖然他後來的名聲與此相反，但艾利克斯的生活，其實比許多攀登者都來得規律和節制。除非有人請客，不然一晚喝個兩杯就差不多了。

碩士第二年，我往北搬到湖區，住在都敦河（Duddon）出海口上方的一棟獨立農舍，表面上是為了做完哲學碩士的研究。每兩週，我會搭著英國國鐵，到里茲交一疊寫好的東西給教授，然後和社團同胞去攀登。第二年結束，我已對自己的思維方式和整個學術體系徹底幻滅。每當一群攀登朋友來住我家——有時還住很久——我乾脆完全不管研究了。美國友人來攀登大旅行時尤其如此。因此一九七五年初，肯・威爾森問我要不要到《山岳》雜誌當副編輯時，我欣然答應，也從此結束我的深造之路。雖然倫敦不是我的首選，而且離山很遠，但在肯的教育下，我對於更廣闊的攀登世界和日益蓬勃的周邊產業，增加了極多認識。

所以一九七四和七五年，我很少和艾利克斯一起爬山，而那正好是他有所突破的兩年。他的攀岩技巧大大增進了。當時蘇格蘭基本上每年冬攀條件都不錯，因此艾利克斯也逐漸對冰攀有點概念。一九七四年夏季令他大開眼界。這故事是從布雷加利亞山脈（Bregaglia）[2]開始的。那時鮑爾在為地理學業做田野調查，於是艾利克斯和提姆・傑普森搭檔，從肖拉山屋（Sciora hut）出發，攀了三條相當可敬的岩攀路線：無名塔（Torre Innominata）西稜、皮歐達尖（Punta Pioda）的「皮歐達邊路」（*Piodakante*），最後還有肖拉佛

2 阿爾卑斯山脈的山群，位於瑞士和北義交界，最高峰三三六七八公尺。

里峰（Sciora di Fuori）的「佛里邊路」（*Fuorikante*）。

他們繼續前往阿比尼亞尖（Punta Albigna）西北稜，然後穿過佐卡山道（Passo di Zocca）到學徒山屋（Rifugio Allievi），睡在廁所裡，因為山屋沒開。他們有兩條想攀的知名路線，學徒尖（Punta Allievi）南稜和佐卡皮佐峰（Pizzo di Zocca）東南稜。可惜他們找不到第一條的起點，爬第二條的時候又把技術裝備忘在廁所沒帶。

「我們那趟很成功。」傑普森說。「受益良多，又很愉快。艾利克斯和我在山上處得非常非常好。比較難的路他大部分讓我帶頭，除此之外我們都是平起平坐，一起攀登。不過我也搞不懂為什麼，我們下了山就沒那麼合，我們幾乎都不會講話，直到要打點裝備爬下一條路線。另外我還記得，艾利克斯會在皮膚上抹檸檬汁，他相信那樣可以防止皮膚曬傷變皺。」

布雷加利亞之行結束，艾利克斯便告別傑普森，與鮑爾一起開著他們的廂型車去霞慕尼，加入紮營在史奈爾原的英國佬和美國佬。他們馬上去攀了平原坳（Col du Plan）北壁，然後是布磊提耶峰（Blaitière）西壁。在惡名昭彰的「布朗裂隙」（*Fissure Brown*）是由艾利克斯領攀，而且是自由攀登（free climbing）[3]，他攀岩能力的提升可見一斑。之後，他們去爬了德魯峰的波納提柱稜。那條路線仍然頗負盛名，一部分緣故在於通向起點的山路有落石風險。他們兩人決定走「由頂端下」的遠路，從石之火（Flammes de Pierre）過去。

「上山那段路很長，」鮑爾回憶，「到了快天黑，我們才露宿。那時候我們都是在谷裡煮好食物，裝在袋子裡帶上去[4]。我記得當晚的菜色是洋蔥燴肝片，我隔天一直忘不了這回事。天亮前的下攀恐怖透了。我們在一片漆黑中垂降，只希望有下對路線、到得

3 或稱「徒手攀登」，指僅使用手腳抓踏或塞擠來施力的攀岩方式，相對於使用器材輔助的「人工攀登」（aid climbing）。但兩者都會使用確保安全的器材。

4〔作者注〕這樣做很尋常，可以節省燃料。整體來說，我們對好的高山糧食沒有太多知識。當時人們對燃燒慢、熱量高的食物不若今日那麼了解。為了減輕重量，我們有時會帶價格不菲的冷凍乾燥食物上山，但更多時候是便宜的脫水食品。這些東西幾乎難以下嚥，而且消化需要用掉大量體內水分，有時還會引起胃痙攣。說到擇糧不當的極端案例，第一名絕對非劍橋大學莫屬。艾倫·勞斯有陣子相信大部分高山路線只要吃葡萄糖錠就夠了。我們之中多數都試了他的作法，直到發現吃了糖錠暴衝一陣以後，就是衰弱無力等著你。史上最爛登山伙食獎也必須頒給勞斯。有次他要到本尼維斯山上的克拉克紀念山屋（Charles Inglis Clark Memorial Hut，簡稱CIC山屋）過夜，不巧忘了買食物，於是順手在某家鄧巴頓炸魚（Dumbarton chippy）多帶了幾份炸魚薯條揹上山，準備當隔天晚餐。到了那時，炸魚薯條已經成了冷凍凝結的一團了。

了下一個確保站。岩壁上的器材很不牢靠，我記得有個懸空確保站（hanging stance）就只有單單一根生鏽的岩釘。我們僅帶了五根岩釘，要給路線本身用，所以途中一根也不能浪費。我們來到路線起點，發現幸運的是，主要幾段需要輔助的繩距上，器材大多都還在，就跟羅傑．巴克斯特瓊斯和布萊恩．霍爾說的一樣。以前我和艾利克斯唯一用輔助爬過的是戈戴爾（Gordale）的『洞穴路線』（*Cave Route*）[5]。那次我們才登上第一段繩距，天就黑了，只好打退堂鼓。」

鮑爾和艾利克斯實力相當，兩人想盡可能爬愈多山愈好。夏季天氣開始轉壞，他們飛快登上小喬拉斯峰（Petites Jorasses）西壁，便結束了這年的攀登。在接近峰頂處，艾利克斯站立的一個平台崩落，使他摔下四十英尺（約十二公尺）的高度。他受到很大驚嚇，但隨後恢復了鎮定。他們完成那條路線，花費的時間比同年稍早攀過該路線、實力更強的攀登社朋友羅傑和布萊恩還短。他們在黑暗和暴風雨中驚險找到義大利側的山屋。那一季能攀登的天氣就到此為止了。

回到大學，艾利克斯繼續他攀登和讀書的日常。他現在自己有一輛藍色福特廂型車了，這鞏固了他在里茲攀登社的地位，重要性可能還大過他逐漸出名的高山攀登實力。

他不常吹噓，但眾所周知一旦喝醉就會開始跟人家講他多厲害。

艾利克斯也是一九七四年的社團財務長，不巧，那年社團陷入嚴重的財務困難。原因值得稍作說明。一九七三年，伯納德決定為我們的年度社刊製作販售版。他的構想是推出一本高品質、具備娛樂性、反映當今英國攀登場景的雜誌。雜誌完成後，各攀登用品店都搶著進貨，甚至一些書店也進了，相當暢銷。收入被我們用來採購裝備，以及資助夏天去阿爾卑斯的社團年度旅行。雜誌封面確立了我們的調性。鮑寧頓的第一本書《我選擇攀登》（*I Chose to Climb*，一九六六年），封面呈現這位偉大登山家正挑戰伊爾克利（Ilkley）的某個抱石難題，隻手攀著岩壁，身體懸於半空，顯然在非常高的地方。我們的封面是好幾位社團頭牌，分別作出與鮑寧頓一模一樣的姿勢，懸掛山壁之上。但笑點在九宮格最後一格。照片拍出眾人抓的那個點根本離地沒幾步遠，地面站著最近才因為墜落摔斷一腿、打石膏拄拐杖的傑普森，一臉期盼地看向上方。小標寫道：「他們也選擇攀登。」

這本雜誌是伯納德漫長編輯生涯中的第一本作品，而經營《里茲誌》似乎成了進

5 全名為戈戴爾之痕（Gordale Scar），位於約克郡谷地的石灰岩峽谷。

《山岳》雜誌工作的門檻。伯納德在《山岳》做完第一個檔期後，我也於一九七五年跟隨他的腳步，到《山岳》服務了八個月。第二年，伯納德和我合作編輯了新一期的《里茲誌》。這次野心更大，有彩色封面和一些頗冒險的文章和照片，之後也無可避免地替我們惹上麻煩。我們發現這本刊物在英國攀登同好中大受歡迎，如今延伸極廣的里茲攀登社友之中，吉姆．佩林[6]、瑞克．希爾維斯特（Rick Sylvester）[7]等人都有貢獻文章。然而即使是最高品質的出版計畫，也充滿意外翻船的可能。事後回顧，我們出的狀況只能說太容易料到。

雜誌終於付梓時，離我們出發去阿爾卑斯剩沒幾天，早已來不及安排運送和開立收據。沒辦法，只好下學期再處理。我們把雜誌照原樣一箱箱堆在住處，鄭重交代秋天我們回來之前千萬別動。但對於某些留在英國攀登、滿腦鬼點子的社員來說，這誘惑實在太大了。他們把自己的廂型車裝滿雜誌，開往蘇格蘭、威爾斯、康沃爾爬山。兩千本之多的庫存，大多都在沿途的攀登用品店和其他窗口被賣掉。收入不久便揮霍在全國各地旅館的收銀台或買裝備去了。伯納德和我從阿爾卑斯回來時，只有一張印刷廠的巨額請款單等著我們，卻沒雜誌可賣來付帳。

身為當年的財務長，面對批評，艾利克斯首當其衝。最生動的說明是社裡罪魁禍首的一番話，他認為艾利克斯：「缺乏好好竄改帳本的能力。」攀登社現在不僅負債累累，還面臨被大學從認可社團名單中除名的危機，可能面臨拿不到補助金，也無法在新生週招收新員的可怕後果。艾利克斯得在攀登社的年度晚餐會上報告他打算怎麼辦，那年舉辦地點是班布里奇（Bainbridge）的玫瑰與皇冠飯店（Rose and Crown Hotel）——最終把我們列為拒絕往來戶的一長串旅館業者之一。

里茲晚餐會每次都鬧哄哄的，即使以我們的標準來說。到了社團幹部一個個被叫起來做「正式報告」的時候，艾利克斯已經比平常多灌了兩杯黃湯。擔任社長的伯納德請財務長講話時，艾利克斯從最前面一桌搖搖晃晃起身，宣布道：「宅務的狀涎不好。應該說，很不好。不對，更爛，爛爆了！」

他停了一下，夠久沒恍神，發現了坐在主桌末端的我。「為什麼會爛爆了？就是那邊那個王八蛋搞的！」他指著我大吼。

6　英國攀岩家、旅行作家（一九四七～）。

7　美國攀岩家、特技演員（一九四二～）。

艾利克斯抄起他的餐刀，踉蹌朝我走來。他一手拿刀，一手扶桌，開始沿路打翻飲料和壓扁蛋糕。除了笑，大家都不知所措。好險他中途絆了一跤。他趴倒在桌下，就這樣不省人事了。旁觀的一百人左右都鬆了口氣。不會錯失這種機會的伯納德立刻站起來：「以上便是一九七四年度的財務報告。」

但事情還沒完。我們仍然得想個辦法，付錢給幫我們印刷的韋納・崔梅爾（Werner Trimmel）。他不僅印刷在行，也是攀登社群的一員，滑雪功夫更是了得。他知名的還有偶爾發作的暴烈脾氣以及一雙重拳，或許得自他在盟軍占領的維也納街頭度過的童年。晚餐會過後一週，艾利克斯安排了大家在里茲紅酒吧和韋納碰頭，討論付帳的事。他希望一瓶威士忌能緩和緩和氣氛，不過好像造成了反效果。兩杯酒下肚後，談話一展開便相當友好。

「我有個好點子。」我自信地對韋納說。「我們明年也來做一本雜誌，全部收入都歸你，算兩本雜誌的印刷費。」

「但第一本你們現在就會付吧？」他問。

「抱歉啊韋納。」艾利克斯說。「我們真的沒錢。」

韋納的表情看來終於恍然大悟。此刻經濟蕭條當頭，生意非常難做，而我們欠他的不是小錢。他斷定廢話已經聽夠，手伸過桌子，一把揪住我喉嚨，發誓他要宰了我。一瞬之間，艾利克斯摘掉韋納的眼鏡，用力扔向酒吧另一頭。接下來場面大亂，確確實實是「盲目的憤怒」。艾利克斯把我從韋納的擒拿中扯出，大叫：「跑啊！」我們一直衝到一英里外才停下來。

最後我們終於付了錢，靠的是艾利克斯發明的創意會計術。里茲有家全英數一數二的攀登器材專賣店叫「體育中心」（Centre Sport），老闆戴夫．克拉克（Dave Clark）也是個玩攀登的朋友。攀登社年年都是在那裡購買共用裝備，例如帳篷等等，帳單會直接寄到里茲大學，由學校支付。戴夫和韋納交情很好，每個冬季都會結伴去滑雪。聽完《里茲誌》的不幸故事，戴夫同意開張假發票，讓我們拿去給學生會，收到款再轉交韋納，付我們欠他的錢[8]。問題順利解決，帳皆已結清，我們又從學校得到一年份的補助金。我還記得有天中午來到沙拉吧，發現平常攀登社占據的五六張桌子都是空的。意識到新的

8〔作者注〕之後沒多久，戴夫就去了尼泊爾，在鮑寧頓他們成功登上聖母峰西南壁的那趟遠征中，擔任基地營管理人。

補助一定是今天撥款，我火速趕往酒館加入社團眾人的午聚。

晚餐會後的冬季數月，艾利克斯的攀登名聲朝一個新方向拓展，令我們之間有些人頗感意外[9]。他正在慢慢攻克本尼維斯山上的經典冰攀路線，但還沒爬過當時最難的V級。和另一個攀登社員搭檔完成一條IV級後，他在下攀途中，看見幾張熟面孔在「布幕」(*The Curtain*)底下，那是最有名的V級路線之一。伯吉斯雙胞胎和圖特・布雷斯韋特剛攀完那條路線，然後圖特又爬了一次，這次沒有繫繩。圖特結束回來拿背包時，瞥見了艾利克斯。

「嗨老兄。你要是覺得你會冰攀，就該試試獨攀這條。現在條件超好的喔。」

伯吉斯兄弟面面相覷。說這種話鬧他的圖特是難得的全方位人才，不只技術強大，同樣強大的是他在任何地形都面不改色的沉著。他的高山攀登能力是英國頂尖的。艾利克斯無法抗拒，開始著手攀登第一段繩距。伯吉斯兄弟在一旁看著他步伐不穩地向上爬，擔心接下來會出什麼事。幸運的是，他有幾個凹槽可以踩，還有一些先前攀登留下的痕跡可以鑿入冰斧，但路線狀況並不如圖特說得那麼好，冰在碎裂。根據亞德的說法，那次真的是險勝。故事傳回里茲後，我們以為艾利克斯從此就會安分了。

那年冬天，我住新英格蘭的朋友羅傑·馬丁在威廉堡（Fort William）建立了一個據點。是輛破拖車，正常能容納兩人，但也能不舒服地睡到四人。艾利克斯搬去那裡住了兩個禮拜，蹺課整天爬山。危險完攀「布幕」的兩週末後，一九七五年三月十四日下午，艾利克斯獨攀了本尼維斯山的其中兩條重大試金石路線──「零度冰溝」和「點五冰溝」。這項壯舉只有三人實現過：「大伊安」·尼可森（"Big Ian" Nicholson）與戴夫·諾爾斯（Dave Knowles），然後是早艾利克斯一個月的馬丁。一個大膽的下午之內，艾利克斯

9〔作者注〕冰攀器材這個時期正迅速演進。艾利克斯搬去和關妮絲一起住之後，鮑爾在校園宿舍裡申請了一個房間。某天晚上，艾倫和米克去蘇格蘭途中順道來訪。在小酒館混了一整夜後，幾個社員一起回到鮑爾的房間，看艾倫新添的冰攀工具──一支Charlet Moser的六十五公分冰鍾。那時大部分人都是用七十公分上下的長冰斧加上一支短冰鍾，最好是Chouinard的設計。新概念很簡單：長工具兩支總比一支好。把冰斧上的扁斧換成錘子，你就得到了一支多用途工具。艾倫靈巧地展示了這一點，用他的冰攀工具和新的十二爪Grivel冰爪爬上牆、越過天花板，效果奇佳。自然，大家也都想一試。這革命性的新設計受到熱烈好評。到了午夜，牆壁和天花板已找不到幾塊平的了，然而冰攀勇士們都呼呼大睡，不受掉進睡袋的灰泥塊影響。隔天早上，學校管理員來敲門，把他們全轟了出去。

證明了他的攀登能力業已成熟，他現在能躋身英國最優秀的冰攀者之列了，或至少最大膽的。他以此為基礎，開始繼續精進技巧，為自己建立了他日後得孜孜不倦才能維持的名聲。而這場攀登也是他正計畫進行的、更嚴峻得多的數條阿爾卑斯路線之前奏。

10

新秩序
New Order

人類首度登頂白朗峰這座阿爾卑斯山脈最高的山頭，是在一七八六年的八月八日。那是由賈克・巴馬（Jacques Balmat）和米榭・帕卡醫生（Michel-Gabriel Paccard），僅憑兩人之力完成的驚人成就。先前更大、裝備更齊全的隊伍皆沒能挑戰成功。他們兩個都是霞慕尼谷地出身、誕生於山的影子下，因此熟悉當地環境，並被高峰吸引，雖然原因各不相同。他們攜帶的大量科學儀器和維生必需品（食物、木柴、毛毯）為攀登帶來了負擔。他們也帶了一些長棒，用來使勁戳進雪中，將自己向上拉。在那現代冰斧和冰爪問世老早以前的年代，攀登過程漫長而累人。巴馬的「嚮導」朋友們，即在那一帶山間獵山羚及／或挖水晶的人，認為帕卡醫生選擇的路線不可能成功。因此他們向晚才抵達山頂並不令人意外。

完攀下山後，巴馬得到了一大筆獎金，是二十五年前歐哈斯・索緒爾（Horace-Bénédict de Saussure）提供給首位登頂者的懸賞金。索緒爾是一位傑出科學家，最初由於植物學興趣而登山，後來漸漸注意起岩層呈現出的複雜地質，以及緩慢的冰蝕與水蝕作用。這使索緒爾開始深信，山岳上能找到地球誕生的奧祕，並認為地球的歷史遠比人們相信的更悠長。

巴馬還獲得可於名字後冠上「白朗峰」（du Mont Blanc）頭銜的尊榮，由統治皮埃蒙特和薩伏依地區[1]的薩丁尼亞國王阿瑪迪斯三世（Victor Amadeus III）授予。巴馬成為著名嚮導，隔年甚至帶領索緒爾本人一起重回山頂，也是他自己第三次站上白朗峰之巔。但巴馬後來變得——借艾瑞克・希普曼的形容——「愛吹噓、自大」。名氣使他迷了心竅。無論如何，他度過了豐富而成功的一生，高齡七十二歲才在淘金途中墜崖過世。帕卡醫生則安定下來，娶了巴馬的姊妹並繼續行醫，後來成為霞慕尼的地方法官及律師。他的一生亦相當順遂，七十一歲那年壽終正寢。

白朗峰首攀後的兩世紀又二十五年，攀登山岳成為一項熱門休閒活動，逐漸超出阿爾卑斯山區範圍，普及至全世界。一八五七年成立於倫敦的英國山岳會（Alpine Club）成員，創造了「山岳攀登」（alpinism）一詞，指稱那些純粹為登山而登山的人，將之與為了心靈追尋或科學研究，又或者像巴馬一樣為了尋找水晶或黃金而登山的人們作區分。晚近一點，「登山」（mountaineering）成為更常用的詞彙，然而當年白朗峰首攀的精神始終保存在「阿爾卑斯式」（alpine style）的概念中：面對一片未知的挑戰，從底部開始、一氣呵成攀上頂點再回來，仰賴的只有自己揹負的維生必需品。

今日的高風險登山活動經常被描述為一項「消遣」，而山是人們的「遊樂場」。看起來確實成了這樣，至少在大眾的想像中。普通的一季裡，每年度約有兩萬人攀登白朗峰。山已變成締造紀錄和贏得個人名氣的場所。一九六〇年，一架飛機降落在白朗峰頂；二〇〇五年，一架直升機到了聖母峰上。二〇一三年七月十一日，從霞慕尼衝上白朗峰再回來的最快紀錄出爐，比五小時還少一點點。人們不那麼注意攀登白朗峰這座「遊樂場」的致死率，但單月死亡人數曾超過三十人（二〇〇七年七月）。若將所有運動都計算進去，包括滑雪、飛行傘、定點跳傘、飛鼠裝滑翔，則每年命喪霞慕尼山谷的人數超過百人。山仍是很危險的遊戲場所。

1 即白朗峰山脈兩側，今日分屬義法的地區。

隨著二十世紀展開，所謂的世界最高山脈群，即喜馬拉雅山脈和安地斯山脈，成為了新的阿爾卑斯。爬上世界至高群岳被形容為一種「征服」，如同早年人們曾經如此形容攀登阿爾卑斯山的行動。各國爭相角逐，都想率先將國旗插在那些著名的巔峰上[2]。但山也是個人感受欣喜、進行冒險、發現自我的場所。最好的山岳文學佐證了一件事，即大部分攀登者認為「征服」這個詞，只適合用來描述駕馭自己的恐懼和極限。那樣的態度也傳達於艾利克斯筆下兩篇美妙的輕描淡寫中，收錄於本書稍後章節。

一九七五年夏，艾利克斯在阿爾卑斯拾起前一個冬天他未完成的事業，提升冰攀技巧，並且毅然苦練攀岩。

他那一季在阿爾卑斯的經歷，以任何標準而言都不同凡響。甚至到阿爾卑斯的去程旅途就看得出他那年運勢很旺。我們一群人只有一輛能開的廂型車。大家於是抽籤決定誰得另想方法去霞慕尼。艾利克斯是沒抽到座位的幾人之一。出發那天早上，我們把艾利克斯和他鼓鼓的背包塞上車，一路載他到里茲南端的M1公路口，讓他開始漫長的霞慕尼便車之旅。我們祝他好運，便繼續上路。那年的車程很慢，中途幾次不得不停在路邊修車。從里茲出發二十四小時後，我們終於抵達霞慕尼[3]。我們在史奈爾原紮好營，開伙填飽肚子，然後進鎮上去看看有誰來了。艾利克斯坐在國酒裡和幾個朋友暢飲。

「你們怎麼這麼慢？我到好幾小時了。」他微笑。我們都嚇傻了。被放在公路口的幾分鐘後，有輛要去米蘭的貨車停下來，把他載到了霞慕尼。一路上他大多在睡覺，哪像我們四個被塞在擁擠的廂型車裡。

2〔作者注〕在我看來，有很充足的理由將一九五〇至六四年間征服八千公尺高峰的行動，視為十九世紀大英和俄羅斯帝國之間所謂「大競逐」(Great Game）的延伸。當時，俄羅斯朝東方希瓦（Khiva，即花剌子模地區）和波斯的擴張引起了英國的緊張，害怕於印度的統治以及於尼泊爾與西藏的霸權地位將會不保。此導致一八三九年那場思量不周的第一次阿富汗戰爭，種下了至今仍影響甚鉅的地緣政治問題。

3〔作者注〕搭藍色廂型車有時比攀登還危險。我們有個玩法是把後門打開，兩三人站起來，抓著車頂雨水槽，一路吆喝嚷嚷直到抵達目的地。某個霞慕尼的雪夜，鮑爾不慎掉出車外，車上都沒人發現。開到下一個彎道時，艾利克斯駕駛失控，車子猛轉了好幾圈才毫無損傷地停住。雪勢已變得很大，他小心地重新上路。突然前方驚見一個鬼，在路中間悠悠晃晃走向他們，滿身是雪，被車燈刺得張不開眼。結果是鮑爾。車子打轉停下來時，車頭對的是反方向。另一次在里茲搭鮑爾開的車，亨利·巴伯救了我一命。他及時抓住我的膝蓋把我拖回車後座。那時鮑爾正想到一個好玩的點子，就是狂踩油門並持續左甩右甩，「直到把混球波特甩下車為止。」

於蘇格蘭冬攀期間，他的攀登夥伴圈拓展到了里茲社團外，其中包括泰瑞・金恩、戈登・史密斯（Gordon Smith）、尼克・柯頓和伯吉斯雙胞胎。這些人個個都是強大的攀登者，而且都對阿爾卑斯式攀登有共同的追求。艾利克斯與泰瑞及戈登在極度惡劣的天氣下，迅速連攀了大夏莫峰（Grands Charmoz）的北壁直登路線，和大喬拉斯峰的「裹屍布」（*The Shroud*）。隨後尼克加入他們，四人無繫繩完攀了特里奧萊豁口（Brèche de Triolet）。

接著艾利克斯與提姆・羅德斯搭檔，爬了右峰（les Droites）北壁的「科爾諾—達維伊」（*Cornuau-Davaille*）。那是羅德斯的第一條阿爾卑斯路線，期間他把尼克借來的其中一支冰攀工具失手掉在那裡。艾利克斯另外又獨攀了矮峰（les Courtes）[4]北壁的「瑞士路線」（*Swiss Route*），並與克里斯・韓德利（Chris Handley）合攀了德魯峰的「美國直登路線」（*American Direct*），一路擔任先鋒。在那之後，他與羅德斯去挑戰德魯雪溝（Dru Couloir）。完成困難的第一段後，艾利克斯在連接上下雪溝、需要輔助的幾段繩距偏離路線，結果摔下來，一雙冰斧都掉了。經過前次合作的成功，才第二次攀阿爾卑斯路線的羅德斯回憶，他很氣艾利克斯沒事爬那麼高又迷路。艾利克斯那年唯一的其他失敗，是在無名針峰（Aiguille Sans Nom）的「法國直登路線」（*French Direct*），上到山壁高處後被風雨趕了下來。

那年夏天他最非比尋常的攀登，是大角柱上的「波納提—札佩里」英國首攀，與伯吉斯兄弟和圖特．布雷斯韋特一同完成。艾利克斯寥寥可數的文章中，有篇便在敘述這場攀登的故事，題作〈龐然的、禿頂的、美麗的〉（The Big, the Bald and the Beautiful），發表於《峭壁》（*Crags*）雜誌。雙胞胎和圖特已暗中計畫爬這條路線一段時間了。保密是這一行經常必要的手段。開闢新路線和重複重要成就在攀登界是項光榮。當團隊的目標曝光，有時會引起一場競賽，導致太多人湧向同一條路線以及產生芥蒂。默默進行比較好，即使有時這樣會冷落朋友。

有些案例中，你直到季末都摸不透人們到底在做什麼。一九七〇年代初期，最保密到家的英國團隊大概要屬喬．塔斯克和迪克．阮修。他們選定主要阿爾卑斯路線，有系統地逐一擊破，但我們總要到季後翻開《山岳》，看見中間彩頁上艾格北壁的照片才曉得他們前陣子去了哪。比艾格峰更具歷史意義的是他們的大喬拉斯峰東壁二攀。這守口

4 droit和court分別為法文「右」和「短矮」的意思，這兩座山比鄰，從山谷看時右峰在右，一旁矮峰較矮，據說即為二山名由來。

如瓶的作法確保了他們被史奈爾原更外向的一票人深深敬佩。

去「波納提—札佩里」還需要第四名成員，因此圖特考慮了可能的人選。那年，我們新英格蘭來的朋友約翰．布夏，已攀完大夏莫峰北壁的一條新路線，並且表明他也在尋找挑戰「波納提—札佩里」的搭檔，目前還沒徵到人。基於某些至今不明的因素，英國三人組沒邀布夏，反倒決定邀艾利克斯加入。一個可能的解釋是圖特和布夏當時跟同個女孩在一起，而至少布夏不知情。（他們兩個都不知道，艾利克斯也和她往來甚密。）更可能的理由為，假使邀請了體力驚人、好勝、極度活躍的布夏，團隊互動可能不會那麼流暢。艾利克斯在文章裡僅僅描述布夏是「討厭的美國佬」，不過這兩位新星總是很享受邊喝啤酒，邊鬥嘴較勁。

圖特和伯吉斯兄弟決定隱瞞艾利克斯此行真正的目標，只跟他說要去爬比較簡單、安全、直接的「切基奈—諾米內」（*Cecchinel-Nomine*），其中有幾處陡峭的岩石段。準備裝備時，艾利克斯相當納悶明明是條岩攀路線，怎麼不帶岩釘。喜歡逗人的圖特只表示：「嗯，說得對。再多丟幾支冰螺栓進去吧。」

最後，他們非常順利地執行了一次迅速的攀登。艾利克斯到了山屋才知道他們的真正目的地。雖然岩壁上他大多是搭便車的角色，不過據伯吉斯兄弟的評估，艾利克斯在關鍵的幾段冰攀「有夠強」。那段他擔任先鋒帶領雙胞胎，實力過人的圖特則繫著繩子在前頭獨攀。同一時間，布夏察覺「其中有詐」，追著他們趕向大角柱，打算獨攀「切基奈—諾米內」上去，叫另外四人大吃一驚。他在黑暗中迷路了，結果獨自開闢了一條新路。天亮時，露宿於普特黑稜線（Peuterey Ridge）[5]上的伯吉斯雙胞胎、艾利克斯和圖特，驚訝地瞧見布夏出現在下方兩百公尺處。

「喂！你們幾個，」布夏朝他們喊，「我剛獨攀了一條新路線上大角柱。你們辦得到嗎？」

亞倫．伯吉斯若無其事地喊回去：「還沒爬完唷。趕緊上來再說吧。」

布夏到了那裡停也沒停，說著：「霞慕尼見啊。」就超過他們走了。接下來是一場誰先抵達稜線頂端的比拚。布夏和圖特爭搶第一，其他三人落在後面。伯吉斯兄弟最後離開露宿點，途中看到艾利克斯趴在他的冰斧上，明顯很吃力的樣子，氣喘吁吁，並不享

5 經過普特黑黑針峰（Aiguille Noire de Peuterey）、普特黑白針峰（Aiguille Blanche de Peuterey）、大角柱、庫梅耶白朗峰（Mont Blanc de Courmayeur），抵達白朗峰山頂的稜線。

受高海拔。根據艾利克斯的文章，他吃了一罐圖特給的壞掉鯖魚罐頭，正為此付出代價。關於往後的攀登，他學到兩個教訓：首先，避免吃任何可能餿了或難消化的東西；其次，在高海拔，競爭是致命大忌。你必須了解自己和自己的速度。他承認他在這場布夏強制舉行的比賽中落後於人。後來，只要他對自己的速度滿意，他再也沒擔心過落後與否。

現在艾利克斯氣力快耗盡了，不做點什麼不行。亞德里安．伯吉斯在背包裡東翻西翻，摸出了幾顆安非他命——如同賀曼．布爾（Hermann Buhl）在南迦帕巴峰的建議。藥丸緩緩使艾利克斯重新動了起來，但又過了一陣子他才能繼續走，所以亞德里安一路陪著他。他感覺好點後，他們飛快登上最後一段稜線，五人於普特黑稜線終點再度會合，前方就是最後的圓頂了。

到了這時，布夏對於大家瞞騙他已經釋懷，沉浸在創下新路徑獨攀的狂喜之中。一行人全都興高采烈，準備踏上最後越過白朗峰頂的路。令他們驚詫的是，一個獨攀的德國人突然從後面冒出來，面露微笑，問他們能不能幫他拍張照。一切都是相對的。超車的是當時的大登山家之一，赫爾穆特．基納（Helmut Kiene），他才剛剛完成了史上首次普特黑稜線獨攀，一項足以與他們在大角柱的成果媲美的事蹟。

那季的尾聲是與伯吉斯兄弟、尼克、羅德斯及眾人的女朋友一同前往義大利的一趟公路旅行。舊的小藍福特被換成了一輛大白Transit廂型車，夠載得下所有人。多洛米堤山脈（Dolomites）天氣不算完美，但艾利克斯和羅德斯去攀了馬莫拉達峰（Marmolada）南壁，以及鴞峰（Punta Civetta）的「阿斯提—蘇薩蒂」（*Aste-Susatti*）。假期結束於他們到威尼斯之後，他們的車在那裡拋錨，荷包基本上也見底了。女生們想辦法弄到免費食物的期間，伯吉斯兄弟成功把車修好。缺少的零件是停車場裡其他車子提供的。他們小心照料廂型車，想開回英法海峽，可惜車在半途再度故障，被勉強賣了點錢，正好夠買火車票回家。

11

小伙們回歸

The Boys Are Back

一九七六年夏天，艾利克斯正忙著構思他阿爾卑斯襲擊名單上的數個計畫。他最想摘下的大獎是大喬拉斯峰上的一個「最後難題」——沃克支稜（Walker Spur）右側、將山壁一分為二的一道垂直雪溝。如同艾利克斯在他的引言中指出的，那是數十年來，吸引了岳界巨星的一片山壁上的一個經典難題。克里斯・鮑寧頓、道格爾・哈斯頓、米克・柏克（Mick Burke）和畢佛・克拉克（Bev Clark）一九七二年冬天嘗試過攀登這條路線，使用類似當時喜馬拉雅登山隊採取的圍攻式策略。在他為《山岳》雜誌寫的〈冷得令人心安〉（Cold Enough for Comfort）一文裡，艾利克斯表達了對這些前輩的尊敬。但對他而言，最能展現敬意的辦法是向他們學習，然後完成他們的未竟之業。

冷得令人心安

若你碰巧曾在一九三二年七月一日午後尋找安德爾・赫克梅爾[1]的身影，不妨到從大喬拉斯峰北壁流下的廣袤冰川原上逛逛吧。當時那面山壁不曾有人登上，但赫克梅爾和他的同伴古斯塔夫・克羅納（Gustav Kroner）決心改變這一切。他們將賭注擺在中央雪溝（Central Couloir）[2]，然而在上攀三百英尺（約九十公尺）後便決定調頭，所以你應該能遇見撤退途中的他們倆。

他們的朋友漢斯・布雷姆（Hans Brehm）和列奧・黎特樂（Leo Rittler）運氣沒那麼好。他們以大致相同的方法面對山壁給的難題，不過選擇由溫珀尖（Pointe Whymper）下方的起始冰坡右手邊出發。他們慘遭抹滅。不久後，赫克梅爾和克羅納在又一次回撤途中找到了兩人的遺體。那次他們明智地放棄了攀登，也放棄了挑戰雪溝的整個計畫。

同一年，剛從馬特洪峰（Matterhorn）[3]下來的弗朗茲（Franz）及東尼・施密特（Toni Schmid）也來到大喬拉斯峰。天賦驚人的威洛・維岑巴赫（Willo Welzenbach）和與他同樣有才的搭檔路德維希・史坦奧爾（Ludwig Steinauer）亦一度登場。在實力如此強悍的人們看來，順著起始冰坡上山想必是很誘人的作法，再往上那些明顯可見的冰絲帶必然挑起了成功在望的想像。

他們全是經驗老道的冰攀好手。維岑巴赫在高地（Oberland）[4]等地區的卓越成就載於許多紀錄，而我認識的現代冰攀家之中，至少三人對夏莫峰北壁那條基於他的路線完成的「赫克梅爾—克羅納」（*Heckmair-Kroner*）嘖嘖稱奇。

然而，他們的挑戰皆無甚收穫。最終，人們登上了中央雪溝兩側的支稜，但雪溝本

1 德國登山家（一九〇六～二〇〇五），最知名的事蹟為艾格峰北壁首攀（見第二章）。此段及後二段提及的登山家皆為一九三〇年代活躍的德奧登山家，其中赫克梅爾、布雷姆、黎特樂、施密特兄弟皆來自慕尼黑。

2 即上段所述艾利克斯挑戰的雪溝。大喬拉斯峰共有六個山頭，文中會提到的是北壁靠左的最高三峰，由左至右大致上為：最高的沃克尖（Pointe Walker，底下為沃克支稜）、溫珀尖（底下為中央雪溝）、克羅茲尖（Pointe Croz，底下為克羅茲支稜）。

3 阿爾卑斯山脈最晚有人登頂的山峰，位於義大利與瑞士交界，四四七八公尺。

4 伯恩高地（Berner Oberland），即瑞士伯恩州南部的阿爾卑斯山區，以湖光山色聞名。此區知名大山包括艾格峰、少女峰（Jungfrau）、僧侶峰（Mönch）等。

身逐漸被視為死地。考慮到當時冰攀的曠日費時，除非集結一切天時地利，否則成功機會渺茫。

進入山壁此區可能遭遇什麼，一九六四年七月，瓦特．波納提（Walter Bonatti）[5]和米榭．佛雪（Michel Vaucher）[6]的溫珀尖首攀提供了鮮明的鑑戒。起初，他們依循布雷姆與黎特樂走過的路徑，但之後兩人上到溫珀尖的岩壁，作為第一天的露宿點。夜裡，他們被落石轟炸，繩索被石頭給砸斷了。儘管如此，隔天他們仍繼續前進，最後找到一根舊岩釘，或許標記著一九三一年的路線。當晚他們再度露宿，特別躲在一塊突出巨岩的庇護下。幸好如此，因為夜裡發生了一場驚天動地的岩崩。

波納提寫道：「我猛然驚醒。石頭在震動，彷彿地震似的。我感到一種可怕的墜落感……不對，是我們周圍的山在崩塌。我穿過黑暗往上看去，看見山坡開始迸出火焰，像火山爆發一樣。空氣中充滿震耳欲聾、持續不斷的恐怖巨響。轉眼之間，火焰向我們撲來，燒到我們身上，然後不可思議地通過了我們。透過火光，我看見大如火車廂的黑色岩塊砰砰砰地砸上山壁。」

「每一次撞擊都使新的一陣火花噴出，四周的一切都在粉碎解體。我聽見自己在吶喊，一邊努力緊貼岩石、把頭縮進肩膀裡，想徹底消失。然後我完全停止思考了，只是等著。一股爆風將我擠扁在山壁上，使我無法呼吸。轟隆聲不再那麼頻繁了，大石和火花持續朝冰河傾瀉而下。我整個人被石子和冰屑掩埋。一場冰雨，幾乎令人愉快，因為這說明了我還活著。但是佛雪呢？」

「念頭還沒完全成形，我已在呼喊佛雪的名字，此時他喚我的聲音也從下方傳來。山壁再度靜下來了，彷彿什麼都沒發生過似的，但一陣無法控制的顫抖攫住了我，久久不停，只逐漸褪進了睡眠裡。」

「天光亮起時，只見山壁已然變樣，幾乎被刨平。岩壁突出處被幾千噸的落石剷去，無數岩塊就灑在我們腳底的冰河上，將冰河染黑熨平，達好幾百公尺之遠。」

「前三條大冰隙和幾座冰塔完全無影無蹤了。」

類似事件不太容易吸引攀登客走訪此地。

然而器材的進步與冬季登山的蓬勃，將中央雪溝重新放回了地圖上。一九七二是個

5 義大利登山家（一九三〇～二〇一一）。

6 瑞士登山家（一九三六～二〇〇八）。

豐年。首先抵達的是英國攀登者克里斯．鮑寧頓和道格爾．哈斯頓，以及支援他們的米克．柏克和畢佛．克拉克。他們選擇了一條冰原與窄溝組成的路線，伸上沃克支稜西北側到達山頂。

「到了清晨，我們的睡袋已經潮濕，天氣沒有要好轉的樣子。在山壁努力了十二天，我們的動力也快耗盡了。前方只剩八百英尺（約二四〇公尺）——也許天氣好的話再拚個兩天——但要是風雪來了，我們不可能撐在這裡。硬冰上根本挖不出一個好的平台，而整面山壁就像一道粉狀飛雪的激流。」

同一時間，加藤保男（Yasuo Kato）率領的一支日本隊伍抵達，打算開闢一條直登溫珀尖的新路線。結果證實，這項工程過於艱鉅。他們遂將目光轉向中央雪溝的主要部分，經過三十七天的努力，成功打穿一條路，翻上沃克尖（Pointe Walker）和溫珀尖之間的山坳。隔年，來自法國的雅尼克．塞涅（Yannick Seigneur）、路易．歐度貝（Louis Audoubert）、馬克．加利（Marc Galy）與米榭．弗亞哈德（Michel Feuillarade）實現了溫珀尖直登路線首攀。他們經過預先準備，於一月中展開最後衝刺，共花費十六天完成攀登。他們利用一架直升機來儲備補給及離開山頂。

這麼一來，只剩下鮑寧頓和哈斯頓嘗試過的那條路線仍然屹立。那條路被形容為太冷、冷得顧不了攀登倫理。但那是條好路線，一條你依循而非建構的路線，你得趨向而非避開輕鬆方法的路線；某種古典路線，但化為現代語彙。最重要的是，那是條沒有盡頭，筆直而上的路。

因此，一九七六年正步入七月的一個夜晚，戈登．史密斯和我到了路線前緣，在冰河背隙系統底下的護城河裡四處刺探。哈斯頓找到了將冰螺栓弄進上方外傾冰壁的辦法，但現在正值法國的大好夏日，比起鑽研垂直上升，我們更想找個有衝勁的起頭方式。這意味著低爬升的迂迴盤旋，一趟亂糟糟的奇幻神話之旅，翻山越嶺，探索冬季的遺跡。（「我眼前看見的是一隻腳嗎？」哎唷，顯然他有讀經典文學[7]。）潛入貧乏的小水坑尋找亞果號的傑森（Jason the Argonaut）[8]，優雅縱過無底的藍獸、英勇闖上欲墜的白塔，一路始終伸長脖子，找尋神出鬼沒的輕鬆方法，找尋某個開關或神祕符號（打個比喻），能讓山坡降下一座魔法橋。結果山坡送下了一場雪崩，我們只得倉皇逃回快樂的

7 馬克白名台詞「我眼前看見的是一把刀嗎？」

8 希臘神話中尋找金羊毛的英雄。

家——「超好吃可麗餅舖」（Crêperie Extraordinaire），法國人真是太棒了。

隔天傍晚，再次大啖美味的蘭姆酒蛋捲、酒足飯飽之後，我們漫步上路，像初露頭角的庫克船長（Captain Cooks）[9]在白浪翻騰的海面，出發去捍衛英格蘭的榮耀、女王、國家，還有蘇格蘭民族黨（SNP）。驚人的是，我們有個計畫。我們要在夜色降臨前夕出動，用包抄的方法，繞到克羅茲尖（Pointe Croz）那一帶，騙過這討厭的冰河背隙。我們可以藉此伎倆，這一記巨型右勾拳，來個布雷姆與黎特樂風格的出其不意登場，然後再上上下下、更主要是橫向移動，悄悄溜過日本雪溝（Japanese Couloir）入口，抵達關鍵的那道狡詐小溝底部。

於是我們踩著從容的步子上了冰坡，來到伸向溫珀尖的破碎扶壁右側。旁邊就是一道碎石坡，自克羅茲尖的第一座塔後面淋下來。

四周寂靜一片……何時動手？

「現在就是最佳時機了啊，少年們。」

事實上並不是。

起初，落石看起來很悠閒，在平台上逗留等朋友，嘻嘻哈哈、嘰嘰喳喳，快樂地小跳，一切都以慢動作進行。我們揮出工具，屏息以待。然後混亂爆發：喧囂四起，嗚嗚呼嘯，咚一聲，有人大叫。我看見他驚恐地癱掛在繩上，被一顆頗大的磚頭敲中膝蓋，觸球出局。（「我腿好像斷了！」）隨後，他把自己扣進附近岩島的一根方便岩釘上療養，我則躲在別的地方，哀悼我傻傻借給他的冰螺栓將回不來。

沒有別的東西砸下來了。那條腿足夠麻木之後，我們兩人三腳帶著它繼續前進，以奇異的三拍子昂首闊步，或者更接近低頭潛行。波納提果然上去過：

「這條路線之所以蠱惑我，是因為這裡集結使一條路線迷人的所有特點。極難、極險，然而算是傳統的艱險，屬於北壁獨有的特性與氛圍。……這次它拗不過我的執著，允許我登上它那副凶險、陡峭易碎的冰構成的鎧甲，但老實說，我跟一頭巨獸嘴裡的獵物差不多。」

我們的感覺也有一點點類似。要知道，那些石頭可沒有火車廂那麼大。說起來，大約普通垃圾桶大小吧，但還真是名副其實的垃圾大雪崩，渣滓碎屑傾倒而下，橫飛亂

9 英國探險家及海軍上校（一七二八～一七七九）。亦有一家英國蘭姆酒品牌以他為名。

撞，而且全都好近好近。多近？三千呎中的九吋那麼近。令人不禁想起布雷姆和黎特樂。我們蜷縮在那些岩壁下，但戈登另一腳又被輕輕砸了一下。（「輕」是指沒把他的腿給砸掉——對一個蘇格蘭人來說這比斷頭還可怕！）我們停下了跛行。

同時，天氣的惡化令人擔憂。仍是黃昏時候，氣溫卻迅速流失。一塊特大號、普爾曼（Pullman）豪華列車級的巨石尖嘯著衝出日本雪溝，輾過沃克尖的山側。蘭姆酒蛋捲的效力開始消退。下起冰雹了。

於是我們放棄任務，調轉腳下的簡單節奏，遁入、潛行、奔向下一個想像中的藏身洞，直到總算回到破稜那裡。但接著我們得推船出海，承受夾道攻擊，摸黑垂降、連滾帶跌，兩側斜坡都泡在濕白泥裡。終於，我們已繫著吊帶懸於護城河上，我使了點小技讓戈登擋在我頭頂，只是以防萬一。此時爆出一陣震破耳膜的巨響，夜如白晝般大亮。只見整道柱稜從上到下都被掃射、轟炸、擊碎，火光爍爍，惡臭熏天，終極速度的花崗岩撞擊花崗岩的氣味。

我們無法相信自己的眼睛，滑進壕溝速速離去，像兩頭尋找熱氣的獵犬，渴望毛毯和啤酒，回到我們親切的法國朋友那裡——他真心相信我們這些瘋子每年夏天被放出來，就是為了來看他而已。風雨過去，天氣遲遲不見好轉，更多蘭姆酒可麗餅被吞下肚。之後便是返回霞慕尼，對路上遇見的每支Aschenbrenner冰斧[10]、每雙有龍蝦大螯的Grivel冰爪念念不忘。

三週壞天氣過去，計畫有些改變。泰瑞・金恩來了，戈登也從萊森（Leysin）回歸。這兩人將他們可觀的魅力對準克羅茲尖直登路線。我想爬德魯雪溝，於是和尼克・柯頓組成搭檔，他是隆塞區（Longsight）[11]出身的「貴族」兼地球上最邋裡邋遢的傢伙之一。出發後的某天，就在他得到天啟、攻克諾米內裂隙（Fissure Nominé）之後，他把我們的所有器材全掉下山了，只剩一支冰螺栓和兩三根Bugaboo[12]。（體會過一次損失十八個鉤環和十二個岩釘嗎？）那天夜裡，兩個「天啟之人」棲息在小德魯（Petit Dru）山頂，在東北風的利齒中凍得發僵，默默盯著星光下、此時塗滿白雪的喬拉斯北壁打量。世界末日的啟示漸漸消失，午夜左右我們就崩潰了。我們決定再回喬拉斯挑戰一次。

10 冰斧品牌。
11 曼徹斯特的一區。
12 Chouinard出品的一款岩釘。

我們的確去了，雖然差點沒去，因為我忘了帶頭燈；因此這次旅程要獻給好心借我頭燈的蛙仔（Froggy）和我修理他頭燈用掉的半捲膠帶。一九七六年八月六日晚上十點半，兩個小小少年來到了沃克支稜下。這次我們決定用一段短左切打敗冰河背隙。水仍在流，但山壁很靜，夜空很清。上支稜的第一段，我們走的是左邊的岩石替代路線——此刻沒有起始冰坡——跟隨這條路，一直到切進右邊扶壁的主要冰坡結束。然後是輕、輕輕往右移動，溜進冰河背隙上部和更上方的岩石之間，從那裡出到冰原上、緊張地躡手躡腳，像逆行於保齡球道的螞蟻，不敢發出半點聲響，以免把房子震垮。我們貼緊左側，徹底避免接近日本雪溝口，那裡太脆弱啦，太脆弱啦。一陣轟隆：我們心沉到谷底，嚇得僵在原地，但只是一架飛機從南方低飛而過。

凌晨兩點半，我們掛在冰螺栓上拖拖拉拉，整理裝備、繫好繩索、張望揣摩，因為上面看起來很陡。至少看得見的部分看起來很陡，也就是一顆頭燈照得到的距離。沒有月亮，雪溝裡漆黑一片。

接著是五段構成蘇格蘭大幻覺的繩距：高峭、隆起、嚴苛、引人入勝而且完全值得。穿過奔流的飛雪，被刺骨的寒風啃咬。只在休息時、不在行進中設確保。器材很少

——沒時間——棒呆啦。我們於曙光初現時鑽出來，到了分割兩條岩帶的冰原上。我們四周許多繩索在雪裡竄上竄下，像凍結的臍帶。我盤算著距離，但考慮著現金。我們救下幾個閃亮的鉤環，對一個小藍布袋重敲了幾下，可惜它的棺材又硬又韌，大概得花一小時才能弄出來，我們只好含淚揮別它。此地不宜久留，一塊垂直海面上絕妙、暴露、脆弱的五十度角平台，不是什麼打退堂鼓的好地方。

平台上方，固定繩索爬上一條貌似結實的寬闊淺溝。但我們渴望冰攀，而稍微偏左處，似乎可以連向頂上的冰溝。那看起來有點像本尼維斯山上的「布幕」，然而最初五十英尺（約十五公尺）左右其實是未凝固的粉雪，因此我們攀上右邊一堆陡峭、虛有其表的礫石。礫石很鬆，引來尼克破口大罵。他滑落近六十英尺的一段，砸在倒楣的副手頭頂。

「你抓緊就對了，我要直接爬上繩子。」

他真的爬了，到達繩距頂端，設了個確保站。接著是完完整整、妙趣橫生的一場好攀，在冰與岩的交界。終於我們翻越第二座壁壘，將一千英尺（約三百公尺）的震撼攀登拋在身後。然後繼續向前，登上寒冷的藍冰溝，冰溝逐漸擴展成第二片冰原。我們以冰爪前爪攀登（front-pointing）。路易．歐度貝明瞭：

「從這裡，就要展開那種特別的冰之舞曲了，一首饒富節奏的芭蕾，四個樂章，混合了野蠻原始的手勢與經典的動作。面對冰鏡的那人以前爪點出精確舞步，宛如排練中的首席舞者。這曲特別的芭蕾裡，單腳轉圈是禁止的。那人突顯的腿腹弧線和足踝力道，與他臉上兇猛、進攻的神色相稱。最佳的舞者，如同最佳的鬥牛士，總是只出擊一次。」

那是段漫長的路程。右方遙遙可見更多繩索，是龐大日本攻城戰的遺物。我們在那一帶和拉許納（Lachenal）與泰黑（Terray）[13]擦肩而過，但八成是能見度太低了吧，只聞說話聲，卻沒見半個人。

冰很硬，而我可憐的Chouinard冰爪們（上帝祝福它！）歷經三年使用，現在明確讓我的腳趾知道，它們已經完全沒有弧度了。看上去像三段繩距的冰攀延伸成了五段，我們拖著嘎嘎響的小腿，再次抵達岩石區。

最後的頂牆大約八百英尺（約二四〇公尺）。其中有條涇渭分明的溝壑系統，朝左上蜿蜒經過紅塔（Red Tower）後面，在距離山頂約兩段繩距處與沃克支稜相接。前四百英尺左右，溝上墊了一層薄冰。但器材吃不進去，所以我們一路走右壁前進。這溝壑很陰險。不實、不好攀、不出所料地疏鬆。但現在不是出差錯的時候，因為我們都累了。昨天早上九點起床好像已是遙遠的往事。北風中，岩石冷得逼人。上方陽光閃閃的山壁在向我們招手，然而我們行進緩慢，任何抵達溫暖的癡心妄想這會兒都退到山頂上去了。不可思議的是，我們整天都沒看見一顆落石，但尼克為了彌補此事，在頂上的岩石亂挖一氣。有幾處，副手暴露在惡劣的危險裡。我的腿被一塊石板砸中，為此哀嚎和咬牙切齒了一陣。尼克解決了如何回溝床的問題，辦法是摔下去。

「怎麼了？」

「沒事，掉下來而已。」

……終於，我們來到夢幻的峰頂下，還差一兩段繩距，急著想煮點熱飲。我們繼續往上攻，但接著經過兩個呼喚我們坐下的小平台，比另一側的濕雪舒適太

13 路易・拉許那（Louis Lachenal，一九二一～一九五五）和里歐內・泰黑（Lionel Terray，一九二一～一九六五），兩人皆為法國登山家，經常搭檔合作，包括一九四六年登上大喬拉斯峰北壁沃克支稜、隔年艾格峰北壁二攀等。他們都於五〇年代成為世界八千公尺高峰首攀者。

多，也方便太多了。於是我們坐下來，就差五分鐘而已，一邊享用乳酪火腿三明治，一邊牛飲咖啡。難得的時刻──天還沒黑我們就睡著了。

隔天早上我們很晚才醒來。天氣轉陰了，嚴冷更加難捱。爐子沒問題，有問題的是理論。二十分鐘只能做兩杯白開水加冰塊。我們啜著冰飲打瞌睡，直到底下傳來的呼喊將我們拉出昏睡。兩個日本人出現，一臉神清氣爽，雖然他們已經露宿四夜。他們是好幾週以來攀登沃克路線的第一隊。我們急忙嚼著鞋帶和手套，與他們賽跑到山頂。他們千里迢迢來爬這座山。沃克尖上像在過聖誕節一樣。

啊，差點忘了。

「從此，他們全都過著幸福快樂的日子。」

〈冷得令人心安〉是艾利克斯第一篇重要的登山書寫，在讀過的人之間蔚為話題。其中揉合歷史、戰友情誼、共同社群、幽默和輕描淡寫的風格，使文章迅速被認為是經典之作。一年後，艾利克斯和我正在前往阿富汗的路上。他已完成他的學徒修業，以優異的表現出師了。

12

去留之間

Should I Stay or Should I Go?

波蘭交流之行最後，米克．紀德斯、伯吉斯兄弟和我從海洋之眼返回華沙。扎瓦達邀請我們到他寬敞舒適的大宅共用晚餐，他和他優雅的才女妻子安娜一起住在那裡。那是我們預定回英國的前一晚，也是大家第一次認真討論隔年聯合遠征的計畫。

「我們可以提供裝備和交通，你們來準備抵達阿富汗後隊伍需要的美元，」安德烈說。

這事很好辦，看起來。一切都對我們有利；比起在英國安排任何行程，這樣一趟的花費低到不可思議。而波蘭人了解興都庫什、和喀布爾的機關關係良好，也知道哪些山峰可以作為目標。這幾週相處下來，我們已經成了朋友。我很喜歡扎瓦達。他屬於一族只存在於東歐的攀登梟雄，指揮著麾下將士，有辦法從政府那裡得到需要的一切，將他的遠征化為現實。有些人說他與共產黨太和樂融融了，但他駁斥這種意見。他就像波蘭的克里斯．鮑寧頓，只不過在東歐，遊戲規則相當不同。

「我向一個貪腐的政治集團尋求贊助，鮑寧頓從有權有勢的資本家手裡拿到遠征經費，這兩者有什麼差別嗎？」

波蘭人在自由上缺乏的，他們用西方人不熟悉的一種奢侈來彌補：一種面對自己國家壓抑的政治和經濟氛圍，在逆境中誕生的強烈友誼。我直覺理解到，波蘭登山家之間這種程度的情誼，是他們在世界最高山脈群成功的祕密。我告別了波蘭，打算明年原班人馬回來，朝東前進。

結果事情並沒那麼好辦。一九七七年夏，所有那年冬天一起去波蘭的人都沒空。其他人似乎覺得聯合遠征的事太不確定了。伯吉斯兄弟和米克加入了一場傳奇的旅程，與艾倫．勞斯、布萊恩．霍爾、拉伯．卡靈頓等一大群登山家赴南美一整年。故事有部分記述在《伯吉斯謊言書》（*The Burgess Book of Lies*）裡。彼得．博德曼要去喜馬拉雅的其他地方。我只好從頭開始計畫。

在我打電話詢問ＢＭＣ能否提供什麼協助之後，情況變得相當複雜。隔天，丹尼斯．格雷回電，告訴我規畫此行和挑選隊員是ＢＭＣ的工作，因為聯合遠征的構想是官方互訪期間提出來的。麥可・湯普森曾預告「丹尼斯・格雷大廈」十七樓將散發出濃濃官僚味，此刻突然感覺非常可信。我好像孤立無援了，沒找到隊員，也無望獲得官方支持，儘管我與扎瓦達與PZA對這趟旅程一直有討論和共識。

這時我已離開《山岳》雜誌，回到都敦河口的那座十七世紀農舍，也就是我寫論文沒寫完的湖區住處。那地方是我叔叔嬸嬸租下的，他們偶爾會從倫敦來訪，但多數時候都只有我住那裡，一面在郡議會擔任專案經理的工作。我現在已有一小筆積蓄，不可能就這樣放過去興都庫什的機會，因此我繼續和丹尼斯據理力爭。旅程誰來規畫我都無所謂，只要我在隊伍中就行了，但我必須請扎瓦達寫信給BMC。

那個時代，要從湖區的一間農舍聯絡波蘭得費一番工夫。打國際電話到波蘭至少得提前一天預約。當地接線生永遠是位有著BBC聲音的好心女士，她會把你的電話轉給國際接線生——永遠是位彷彿在BBC世界台報新聞的男士，宣布道：「來自倫敦的電話。」

「哈囉安德烈。怎麼樣了？PZA答應支援我們這趟了嗎？你有沒有寫信給丹尼斯・格雷？」

「有，有，PZA會贊助一趟十人的遠征：五個你們英國人，五個波蘭人。但我需要你們隊員的詳細資料，你們收到要交給波蘭大使館的表格了嗎？」

我收到了，但我還需要找到隊員，並且讓BMC點頭才行。我開始拖延。

「給我一個月。到時我就會搞定了。」

扎瓦達對實現這項計畫依然充滿熱情，希望我擔任聯絡人。但同一時間，BMC放出消息，公開徵求隊伍提案競逐這次機會。在我看來，這種作法完全是無法接受的官僚主義干涉，我以為比較可能發生在波蘭，而不是英國。將近四十年後的今天，我大概能理解BMC為何這樣處理。我在阿爾卑斯路線算是小有名氣，但從來沒去過高海拔大山。而我打算從中挑選隊員的里茲攀登社，素有籌畫能力一塌糊塗的風評。這是英國與東歐國家首次聯合挑戰蘇維埃集團外的山峰，BMC不想讓這場可能萬眾矚目的遠征失敗。

最後，旅程順著某種邏輯成行了，不過並非我們任何人想像的規畫。確實有另一支隊伍提出申請，但他們只有四個人，而計畫是英國和波蘭各五人。霍華・蘭開夏、彼得・侯登（Peter Holden）和麥坎・豪斯前一年去過興都庫什，非常想重回他們在曼達拉斯山谷看見的那些大牆。碰巧，那裡也是扎瓦達相中的目的地。他們的最後一名成員是泰瑞・金恩，優秀的登山家及蘇格蘭冬攀專家，先前曾經和艾利克斯一起攀登過——一九七五年夏，他們爬了大喬拉斯峰的「裏屍布」和大夏莫鋒北壁。有鑑於這件事最初是我的計畫，丹尼斯終於同意讓我加入，成為第五名隊員。此時扎瓦達和我已經在商量日期、資金和後勤了，因此我和侯登碰面討論，他是我們英國代表團的團長。

英國的隊員都實力不錯，儘管只有三個人有高海拔經驗。但計畫敲定的時候已經四月了。我繼續處理文書工作、與扎瓦達遠距離討論、寫各種乞討信。我們大家都有全職工作，但我的工時彈性、有時週末上班，因此平日也抽得出時間。喬利勳爵（Lord Chorley）同意當我們的保薦人，此外我們還得到克里斯・鮑寧頓的支持。實用的食物和配件開始一箱箱飛來我湖區的家，持續了一九七七年整個春天。麥坎・豪斯認識白馬（White Horse）和哈洛德（Harrods）[1]的人，於是不久後，成箱的威士忌和一個超大的高級食品禮籃也寄達了。

1 分別為英國威士忌品牌及老字號百貨公司。

波蘭隊員由扎瓦達領軍，是一支聽來十分驚人的強大團隊。他們每個人都參加過不只一次七千公尺以上的高山之行。馬雷克．科瓦切克是一九七五年來英交流的波蘭團員，皮奧特．雅辛斯基也是。他們登過帕米爾高原和興都庫什山脈的峰嶺。楊．沃夫（Jan Wolf）同樣去過帕米爾和興都庫什，此外他在阿爾卑斯的幾次大膽攀登也很出名。第五位成員是歐特克．克提卡；前一年，我曾和他一起在克拉科夫郊外的岩場攀岩。我還記得他鷹一般目光灼灼的臉，那張面龐下是顆精明卻體貼的心。當時，他已被認為是波蘭技術最精湛、最富有哲思的登山家之一。在後來的許多歲月和遠征中，歐特克是少數能說自己從未在登山途中失去任何一位夥伴的人。

里茲攀登社員開始成群結隊抵達。喜瑞特、鮑爾、亞德里安．加利克（Adrian Garlick）和其他一大票人來到湖區，嘴上說是來攀登的，但正好就是選中了那一堆遠征的免費「贓物」送來的期間。我不得不把威士忌和食物藏起來。有些人瞞過我的耳目找到了我叔叔的珍藏紅酒，拿來為晚餐的炸魚薯條增色。他們也嘲弄我的高海拔自負嘲弄得非常愉快。

我們出發幾週前，六月底的某一晚，電話響了。是麥坎．豪斯打來的。「我要跟你說個不好的消息。我不能去了。我老婆生病，我沒辦法出國。」

麥坎是我們幾個當中最有經驗的人，也是我規畫行程的主要幫手。眼看出發在即，波蘭簽證都已經發下來了，這在當時可不是三兩下能辦成的事。我馬上撥電話給道格・侯登（Doug Holden），我們去年曾在埃斯克代爾「向外探索」中心（Eskdale Outward Bound）[2]共事，度過一九七六的炎炎夏日。但他回絕了。他秋天預定要重返南極，時間配合不上。

隔天，艾利克斯的藍色福特廂型車停進了我家院子，我們先前約好一起攀登幾天。晚餐我煮了巨無霸份量的義大利麵，再隔天，艾利克斯展現出我所看過他最好的攀登身手，並且說起他的阿爾卑斯計畫。

「我跟尼克・柯頓和大夥有個計畫。我們要完成我們的三大路線——大喬拉斯峰的『戴梅松』（*Desmaison*）和『溫珀』，還有艾格峰的『哈林直登』（*Harlin Direct*，即前面提及的艾格峰直登路線）。啊，還有我們表上的另外幾條路線。」

2 向外探索（Outward Bound）為一九四一年成立於英國的探險教育機構，位於湖區埃斯克代爾的中心是他們開設的第二間學校。

一九七五年夏，艾利克斯和尼克、泰瑞、戈登定出了一張待挑戰的阿爾卑斯路線清單，他們打算完全徒手攀登這些路線，應用那個時代的年輕攀登家——尤以英美為主——具有的熱情和乾淨攀登倫理。他們不會採取所謂的「法式自由攀登」，即利用現場既有的岩釘，而是想實現完全不靠器材輔助的完攀。需要擔心的一點是，這種乾淨倫理已不再是盎格魯撒克遜人特有的執著。許多法國和歐洲攀登家，例如荷內・吉里尼、尚馬克・波旺（Jean-Marc Boivin）也在制定類似的清單、應用新的攀登倫理。許多人在競賽誰能最先登上這些路線。

從埃斯克岩（Esk Buttress）回來的路上、停在一家小酒館時，我決定試試說服艾利克斯改變計畫。我們還是缺一個隊員，而阿爾卑斯始終都在，新的清單再定就有。

「你確定你今年夏天想回阿爾卑斯嗎？」

艾利克斯坐在桌前，手裡拿著啤酒，從亂蓬蓬的鬈髮底下丟給我一個疑問的眼神。

「不然我要幹嘛？」

「想改爬興都庫什嗎？」

他的表情成了一幅拼圖，顯然腦袋裡轉過五花八門的感受及想法。他沉默片刻，然後說：「我們何時出發？」

「好樣的。差不多就是每年里茲的人往東出發的時候，還有三週。你最好回家把裝備盤點一下。」

我很驚訝經常懶懶散散的艾利克斯，在剩餘時間內為遠征做了多少事。他在冬季蘇格蘭和阿爾卑斯闖出的名號，相當有益於他和Rohan等裝備商打交道。我一點也不知道他有和他們合作測試及開發裝備。艾利克斯為英國代表團爭取到他們最新的吊帶褲和外套，那是他協助開發的專業服裝產品。這些衣服用的是一種溫暖的伸縮材質，後來證實非常適合阿富汗乾燥的高山和相對穩定的天氣[3]。

艾利克斯也有零售商朋友，其中最主要的是布萊恩・克羅伯，他在曼徹斯特經營青年旅舍協會（YHA）的商店。因此，當我打電話去給扎瓦達，說明最後關頭的人員異動時，也能跟他報告我們去的時候會帶一些最新款的冰螺栓和岩釘——布萊恩的心意，還有一些高山小屋牌（Mountain House）的冷凍乾燥高海拔餐包——新罕布夏州「東岳體育

3〔作者注〕一九七八年的強卡邦峰行，Rohan為我們所有人提供了金黃色的防水吊帶褲和防水大外套，結果顯示極其適用於那趟攀登一下烈日當頭、一下強風暴雪的不定天氣。

用品」(Eastern Mountain Sports)的心意[4]。

我們很匆促，而且處於不確定中。動身前幾天，艾利克斯和喜瑞特來到我家，協助我進行最後打包。我們將打包好的所有東西堆進艾利克斯車裡，南下開往他萊奇莫石楠原的老家。最後打到波蘭的電話中，扎瓦達告訴我他成功填完十來種一式三份的表格，把東歐和阿富汗的簽證搞定了。他問我好幾次的問題是：「你們會帶多少美元來？」

「很多——大約五千美元。」

「能不能帶更多？這麼多人，這樣不夠用。我們的計畫很難，而且旅程可能持續好幾個月。」

「我盡量。可是安德烈，我們就只是爬山的，能力有限啊。」

扎瓦達沒告訴我的是，我們搭火車穿越蘇聯的申請被俄羅斯拒絕了。他急著想湊到更多錢買機票，否則遠征可能得在最後一秒，整個搬到費用較低的帕米爾高原或高加索地區。我知道鮑寧頓過去曾經說動巴克萊銀行的事，因此很唐突地聯絡了他們。發現剩沒幾天就要出發、我們竟然還在募資，我們的保薦人和丹尼斯·格雷都打電話給我表示不滿。請問我在想什麼？怎麼會那麼天真，以為世上有銀行會臨時決定贊助一群不那麼知名的登山家？就算是冷戰期間難得的東西聯合遠征也一樣啊。

我打給所有隊員，跟大家說我們都得盡量掏錢了，用求的也好、用借的也罷，每個人能捐獻多少是多少。最後，我們又努力搜刮出了一千英鎊。

再不夠也沒轍了。

4〔作者注〕東岳的經理瑞克·威考克斯（Rick Wilcox）寄了一個超大的包裹給我們，裡面包括獨特的冷凍乾燥冰淇淋。瑞克希望我們付批發價給他，但我們實在挪不出經費，所以回到英國又過了幾個月，我才總算付了他半筆錢。幾年後，我為聖母峰冬季行向他採買了大量食物，終於讓他盡釋前嫌。冷凍乾燥食品在海拔較低的地方沒問題，但超過七千公尺就會把消化系統折騰慘了。它的好處是極輕。一九七七和七八年，我們和波蘭人露宿演變出了一套慣例儀式，總是茶或Tang速溶果汁開場，然後是羅宋湯加麵條或沖泡薯泥，再來一個裡頭放支湯匙的冷凍乾燥餐包，一人兩口再傳下去，直到吃光為止。最後一定會喝熱可可。咖啡是專為早上保留的。

13

是該改變了

Something Better Change

艾利克斯無時無刻不在聽音樂。他最愛的那台手提音響常跟著我們去岩場，此刻也正在前往阿富汗的路上。音響大部分時候由他掌控，不過倒也無妨，因為我們大家音樂品味都一樣。一九七七年是龐克的風雲之年，但我們也沉迷於其他新樂音：佛利伍麥克（Fleetwood Mac）、布萊恩・費瑞（Brian Ferry）、電光交響樂團（Electric Light Orchestra，簡稱ELO）——好像很難不喜歡他們全部。艾利克斯和我正準備在音樂助興下首次感受高海拔。他坐在基地營裡，腿上擺著手提音響，好讓大家都聽得見的樣子仍歷歷在目。

離開英國前的最後一晚，霍華・蘭開夏和我住在倫敦郊外的艾利克斯家。吉恩整晚都忙著招待我們，早上又載我們去利物浦街車站。一個鄰居則出動家裡的運馬拖車幫我們載行李，滿車都是我們的個人裝備和籌募而來的器材食品，包括兩箱最重要的、白馬贊助的蘇格蘭威士忌。

我們先前只聽過霍華的大名，不認識他本人。他有非凡的攀岩能力，已經在興都庫什創下幾條路線的首攀。我們加入託運行李的人龍，排在許多赴英工作要回家的波蘭人當中，看著他們開始跟站務員討價還價[1]。我們現在最不想要的就是付上一筆沉重的超額行李費。霍華深通此道，搶先一步行動，用兩台推車載著大部分行李輕輕滑到了行列另一頭，避開超額行李的隊伍。計畫奏效。我們幫著他跳上一列比我們的車班早二十分鐘出發的火車。

「哈威治（Harwich）見囉。」

泰瑞．金恩在車站加入我們，有個輕盈、打赤腳的金髮荷蘭女孩陪他來，看起來對周遭的吵嚷混亂很滿意的樣子。泰瑞和艾利克斯在蘇格蘭和阿爾卑斯一起登過山。第五位成員彼得．侯登因為工作上的責任，會直接到喀布爾與我們會合。剩下的行李還是超重，但我們設法拖時間混過去，跟英國國鐵的行李管制員吵嘴，吵到火車已經要開了。

他終於比了個手勢放我們過去。「趕快上車啦。臭學生。」

吉恩和泰瑞的女朋友憂傷地朝火車揮手，我們從車窗探出半個身子，目送月台往遠方溜走。我們跌跌撞撞穿過走道回座位，接下來一路到波蘭的火車，我們坐的車廂走道總堆著擋路的登山裝備。先到的霍華已經告訴碼頭挑夫，我們即將展開何等壯闊的冒險，他們自願幫忙我們把大包小包運上船。參與這趟冒險的小小一段，似乎就已足夠作為小費。我們從西德到柏林，於柏林進入東德。我第一次感受到了置身鐵幕後的滋味。比起相對開放的波蘭社會，這裡氛圍遠遠更像前線。所有護照都被再三檢查，士兵手持衝鋒槍在旁戒備，兇惡的德國牧羊犬將狗繩繃得緊緊的，嗅著火車底盤。

到華沙時，扎瓦達與幾位PZA的人一同來接我們，將我們安置在人們家裡暫住幾天，一面等其他波蘭隊員到齊。艾利克斯和我住在安德烈和安娜家，得到了皇室級的款待。扎瓦達家的公寓很豪華，遠超過我上次來波蘭借居過的其他人家。他們夫妻都一見艾利克斯就很喜歡他，他以優雅得體的舉止回敬。波蘭人和英國中產階級對於禮儀和禮貌有一種共通的品味，艾利克斯懂那種調調。

1〔作者注〕這是那個年代的另一件奇事。波蘭工人總是有辦法覓得門路來到英國。他們在英國由於技術嫻熟，而且願意工作極長時間而備受尊重。二〇一二倫敦奧運前，英國有個笑話，大意是：波蘭建築工人都在倫敦工作，這樣波蘭要怎麼準備他們共同主辦的二〇一二歐洲國家盃足球賽？答案是：他們晚上飛回波蘭，早上再飛回來。

我們沒什麼時間觀光。聚集在華沙PZA儲藏室的大量裝備及食物必須確認、逐項記錄於一張總表上，然後仔細裝入當時波蘭遠征隊常用的那種黃色硬紙大圓桶。幸虧阿富汗很少下雨，因為這些桶子一弄濕就會解體。除了扎瓦達和歐特克．克提卡，此行的波蘭隊員還有楊．沃夫、皮奧特．雅辛斯基、馬雷克．科瓦切克三人，以及一位隊醫羅伯特．亞尼克（Robert Janik）。

一九七五年波蘭代表團來威爾斯那次，我和皮奧特及馬雷克一起攀登過。我們著手處理遠征的工作，眾人都相處愉快。桶子總數已經破百，我們開始覺得，十一人的隊伍根本用不著這麼多東西。接著我們發現，還有一支約十人的健行團及其他登山家也要同行。其中包括艾利克斯．利沃夫（Alex Lwow）和克里茨多夫．維利斯基（Krzysztof Wielicki），正要非法去攀幾座峰。又過了許多年，我才明白遠征時常被利用來為黑市交易作掩護。

棘手的是資金。我們經費不足，無法如波蘭人所希望的，全隊搭機到喀布爾。目前的計畫是乘火車穿越蘇聯。我們將帶來的美金半數交給了PZA的財務。我懷疑那些錢被拿到黑市兌換，以大幅增加換得的茲羅提，用來添購最後一批食物和買火車票。

但有個大問題：我們沒有過境蘇聯的許可。這條路徑即使在情勢最好的時期，也不對西方人開放，此刻更因為國安因素，提升到嚴禁的地步。為了準備入侵阿富汗，數量龐大的蘇聯軍備正以火車載送，運往我們預計前往的邊境地帶。波蘭人得把我們偷渡進去才行——不是裝在黃桶子裡，而是靠點詭計。扎瓦達決定冒此風險，預訂了火車票。誰會發現這麼大群波蘭攀登健行客裡頭夾雜了四個西歐人？當然，扎瓦達少不了動用一點關係，也得在護照上的「艾利克斯．麥金泰爾維奇」、「泰瑞．金恩斯基」這類名字惹來狐疑的眼光時塞點賄賂。

從莫斯科啟程搭火車六天，我們將於今稱薩馬拉（Samara）的庫比雪夫（Kuybyshev）渡過窩瓦河，然後沿鹹海和裏海之間的地帶下行至布哈拉（Bokhara），最後抵達烏茲別克的帖爾米茲（Termez）。我們將在那裡渡過阿姆河——古希臘人所說的烏滸水（Oxus）。

莫斯科讓我們所有人開了眼界。那是座彷彿被自己的軍隊占領的城市，如同今日的許多中國大城。我們有一兩天可以閒逛，不受一般西方人所受的限制。扎瓦達等人靠交涉和賄賂打通管道、確保後續旅程能順利進行的同時，泰瑞、霍華、艾利克斯和我走遍了大街小巷。

莫斯科很美，但壓迫之跡顯而易見。我在日記裡寫道，莫斯科「集結了大城市的所有缺點，優點卻一個也無……骯髒、汗臭、昂貴、快速、混亂。人們又推又撞，完全不顧慮擋到他們路的人。」一隊隊ZIL軍用卡車疾駛而過，四角掛著蘇聯旗，由摩托車護送。無標識、窗戶塗黑的卡車在靜僻小巷巡邏。有次，我們看見幾個持槍的士兵從其中一輛跳出來，撞開某家的房門。但我們沒敢繼續看，像街上其他人一樣，裝作什麼也沒發生，加快腳步走了。公園裡的醉漢數量令我們震驚。這些男人似乎比倫敦公園裡的醉漢更衣衫襤褸。

和莫斯科相比，華沙顯得著實吸引人。我開始理解為何波蘭人談起俄國人時，態度如此鄙夷。扎瓦達帶我去看紅場（Red Square）。他告訴我他有次被逮捕，因為他在大庭廣眾下發表的一些反俄言論而遭到盤問。

「他們不斷問我重複的問題，一直問到凌晨三點。我一再告訴他們，我父親大戰時和俄國人並肩作戰，而我祖父革命時是為俄羅斯打仗的。但我沒說他效力的其實是白俄羅斯！」

我們站在紅場中央。這裡的主要看點是列寧墓前壯觀的衛兵交接，士兵踢著誇張的大步緩緩移動換崗。扎瓦達問我：「你有沒有發現這裡少了什麼？」

我左右張望。巨幅的鐮刀錘子旗在克里姆林宮令人生畏的雄偉牆頭飄搖。幾名導遊領著一隊西方觀光客走向聖瓦西里主教座堂（Saint Basil's Cathedral）。我猜了幾樣無聊事：哈洛德百貨？熱狗攤？廣告？

「不是、不是啦，那些不重要。」他激動起來。「你在這裡有看到任何美麗的女孩嗎？像波蘭？一個也沒有，俄國共產黨把她們都殺光了，或利用她們來達到自己的目的。」我看著他，心想他在開玩笑吧。扎瓦達生氣且正經，把他的小演說音量提得更高。幾個穿仿皮夾克的男人開始瞥向我們。我向他建議我們先回其他人那裡。

最有趣的一刻發生在莫斯科地鐵裡。我們去看了車站著名的社會主義裝飾藝術，看起來既富麗堂皇也有點浮誇。站在月台上的時候，有一男一女提議用他們的牛仔褲，跟我們換西方牛仔褲和十美元。第二逗趣的是扎瓦達的另一次小演說。他發現必須把我們珍貴的蘇格蘭威士忌提供兩瓶給貨運站長，才能確保有輛鐵路貨車載我們的全部裝備。

「讓這些俄國人喝波蘭伏特加都浪費死了，把蘇格蘭威士忌給他們根本是犯罪。」但沒辦法。

掛著貨車廂和三十節客車廂，我們的載客火車朝東出發。我們仍全然不知旅行在一條禁止西方人的路徑上是多危險的事。波蘭人只警告我們別跟任何俄國人交談，對於所有問題一概回答「нормально」，意思是「好」或「沒問題」。

到帖爾米茲之前，我們還有六天五夜可以練習這句話。碩大的火車寬敞又舒適。我們四個人分一間臥鋪包廂，每天都有人來鋪床。各節車廂走到底皆有個大大的俄式茶壺（samovar），供旅客免費享用紅茶。

火車駛出莫斯科無盡貨運站的同時，所有走道和包廂的喇叭，開始源源不絕地播送紅軍合唱團（Red Army Choir）演唱的響亮軍樂。出莫斯科郊區過了一兩小時，扎瓦達來包廂找我們。泰瑞、霍華、艾利克斯和我正圍繞帶來遠征的卡式音響玩牌，音響爆出齊柏林飛船（Led Zeppelin），以對抗紅軍合唱團。

「艾利克斯，你之前給我看的那支新工具在哪呀？你那支翼龍（Terrordactyl）冰錘？」

艾利克斯起身，往背包裡翻翻找找，拉出那支設計嶄新（也折磨指節）的工具，他最寶貝的行頭之一。他遞給安德烈，後者拿在手上掂了掂。

「嗯，謝謝，這支就夠了。」

語畢，安德烈走到包廂喇叭下，舉起錘子送出一擊。然後他沿著走道一間一間走進其他包廂，把我們這節車廂的每台喇叭打爛。我們驚詫地坐在那裡，聽羅伯特·普蘭特（Robert Plant，齊柏林飛船主唱）的歌聲隨著每一擊愈來愈占上風[2]。安德烈完成工作，走回我們這邊，將冰錘遞還給艾利克斯。

「謝謝。」他說著，送給我們一個文雅而諷刺的笑。「在波蘭，我們不允許這種軍國主義和壞品味。」

接下來六天，我們陷入例行的玩牌、喝茶、聊天、閱讀、睡覺。只有一天抵擋不住誘惑，翻出一瓶伏特加大家分著喝。火車在庫比雪夫過了窩瓦河，繼續向前蛇行，鑽過蒼翠的低矮丘陵。有些場景固定出現在大部分的停靠站：推推車的小販走下月台，向打

2〔作者注〕我四十歲生日那天，在布洛頓磨坊（Broughton Mills）的鐵匠酒吧（Blacksmith's Arms）巧遇羅伯特·普蘭特，與他乾了一杯。那裡是艾利克斯最喜歡的小酒館之一。那天是週六，這位已單飛的搖滾巨星剛看完巴羅足球俱樂部（Barrow AFC）的主場比賽，和一小群隨行者走進店內、坐到我們那桌。他對蘿絲和我說，抱歉打斷了我們玩篋牌（crib）。要不是我那時太敬畏，也許會記得告訴他這段樂團大戰的事。

開的車窗兜售飲料食物；此外，月台其中一頭似乎總會有群吉普賽人駐紮。我始終不確定他們是住在那裡，還是在等下一班車。他們會派小孩來乞討糖或香菸，或任何莫斯科來的火車上可能有的奢侈品[3]。

兩天後，我們清晨醒來，窗外是哈薩克白色貧瘠的風景，均勻一致地往四面八方延伸，平坦得無懈可擊。到了裏海之南，景色逐漸換成更富饒的烏茲別克平原。每隔一小時左右，我們便會避進一條側線，讓對向火車通過，載著小麥等農作物奔往遙遠的莫斯科。它們令我想起加拿大的大型貨運火車，但長度甚至更長，又因為俄羅斯的軌距較寬而更加巨碩。有時多達八節引擎呼嘯而過，之後才開始是貨車廂。列車中間也有引擎，車尾還有一組，一邊駛過一邊搖撼我們的車窗。許多火車裝飾著列寧和無所不在的鐮刀錘子圖案。我們有時也會經過等在側線、讓路給我們的貨運火車。那些火車的方向總看得出來——農作物要往西、卡車和曳引機要往東。另有一兩次，載著坦克和大砲的火車經過我們，天曉得要去哪。

到了布哈拉，扎瓦達直接搭飛機去喀布爾，處理書面手續、申請許可。楊．沃夫和「醫生」羅伯特暫時接管隊伍。火車穿越烏茲別克的最後一天，歐特克出現在我們的包廂，臉上帶著笑，舔著嘴唇。

「艾利克斯，」他說，「想不想試試班達卡呀？」

「好啊。」艾利克斯說。「那是吃熱的還冷的？」

「不是吃的啦，是一座山。你看到一定會想來一大塊。看這些照片。」他遞給我們一人一張黑白照片，呈現一面壯麗的三角形山壁，有些近似艾格峰，但巨大許多。歐特克從這段開場白，說起我們離開波蘭前他就在醞釀的計畫，打算組織一支脫離遠征團的小隊伍。

歐特克尊敬扎瓦達，但不喜歡大隊人馬遠征的思維。我們目前為止依循的扎瓦達計

3〔作者注〕回程時，我們有次在難得營業的餐車菜單上發現有魚子醬。我問侍者能不能跟他們買魚子醬。他回答：「Только за доллары.」據我的理解是「美元」的意思。我帶了一個空的大蜂蜜罐回來，他幫我裝了滿到瓶口的黑魚子，總共收五美元。我把魚子醬送給叔叔嬸嬸作禮物，他們在日內瓦的行館是阿爾卑斯天候不佳時方便的解渴棧。我嬸嬸是俄國人，對這份禮物讚不絕口。她後來告訴我，那至少值五百美元，是最上等的魚子醬。這小小彌補了他們祕藏的好酒和珍饈被一些里茲的人找到的損失，例如那罐讓喜瑞特賠上攀登生涯的龍蝦。

畫，是進入瓦罕走廊，到達半途的曼達拉斯山谷，從那裡出發攀登幾座山峰。這是我們和喀布爾的書信往來中，阿富汗人暫時同意的行程——當然要等收到賄賂才能正式確定。但整座山谷裡僅有一個明顯誘人的目標，即曼達拉斯峰本身的北壁。那是這座海拔六千四百公尺的大山上一片考驗技術、一千五百公尺高的山壁。

歐特克屬意另一個目標，他想挑戰興都庫什中部最高的班達卡峰（六八五〇公尺）那尚未有人登上、落差兩千三百公尺的東北壁。我們得在進入瓦罕走廊前脫離主要隊伍，朝西南方的卡菲爾斯坦（Kafiristan）移動。我記得道格．史考特登頂過這座山。去年，有支經驗豐富的波蘭隊伍試過首攀東北壁，但並未成功。歐特克的主意聽起來好極了；分成幾個小隊，可以避免眾人搶登曼達拉斯山谷裡的主要目標。若十個人都要登同一面北壁，我們可能不得不採取圍攻式的策略。我猜扎瓦達也許就是打算這麼做[4]。

「很好，那就說定了。楊．沃夫也想去，所以我們會有兩個繩隊。這件事先別傳出去，等我見到安德烈、和他談妥再說。」

七月十四日，火車隆隆駛進了終點站帖爾米茲，烏茲別克南部的一個小城。這裡的氣候與豐饒農作像似聖費南多谷（San Fernando Valley）[5]。精心照顧的果園、小麥田與一排排蜜瓜相間，瓜果繁盛得細藤快撐不住了。甚至偶爾還能看見葡萄園。我們將行李搬下火車，堆在月台，感覺四周恬靜祥和，可惜沒持續多久。

一個紅軍上尉正率領四名揹著衝鋒槍的士兵，沿月台走來，查看所有旅客的證件。他一到我們這裡，情況就複雜起來，而且不太友善。這裡怎麼會冒出四個英國佬？

醫生和楊試著說服俄國人，告訴他們這些突然出現的英國代表不是間諜。歐特克也過來幫忙解釋，他的非凡冷靜和鍥而不捨似乎使火藥味淡了一點。

「我們只是需要停留幾天。我們要去阿富汗爬山，國際遠征，對波蘭人民共和國很重要。」他停了一下。「抱歉，你們一定都聽莫斯科說過了。一定都安排好了，因為我們來的路上一點問題也沒有。」在蘇聯，擁有對的證件永遠大於一切，但要是辦不到這點，次好的選擇就是完全沒證件。

4〔作者注〕曼達拉斯小隊的攀登極其成功。泰瑞和扎瓦達一組、皮奧特和馬雷克一組，四人順利實現了曼達拉斯峰北壁首攀。北壁從頭到尾難度都很高，扎瓦達和泰瑞那組一直是由泰瑞領攀。剩下的遠征隊員完攀了附近山頭的幾條主要路線。

5 洛杉磯都會區的谷地。

從俄國人的角度看，讓任何西方人進帖爾米茲想必都像威脅。我們不可能沒發現入侵阿富汗的軍事準備正在展開。來這裡幾分鐘，我們看見的軍備就比穿越蘇聯的整趟旅程中看見的還多。T－72坦克的長龍轟隆開過車站，駛向河邊的大車棚。城裡到處都是武裝士兵，緊張的氣氛瀰漫[6]。

出乎意料，上尉和歐特克說完話，變得比較放鬆了。他叫歐特克每天回來看看我們的鐵路貨車到了沒有。到時他再告訴我們接下來會怎麼樣。

我們被安置於一家小旅館裡，類似在家軟禁。那是條宜人、充滿陽光、種植棕櫚的街，對面有座綠樹成蔭的大公園，公園有列寧和史達林的銅像。我們可以外出散步、通行自如。唯一被嚴正警告的一次，是因為缺乏居家禮儀。我們把洗好的內褲晾在面對大街的陽台上。幾分鐘不到，一團烏茲別克女士代表出現在樓下的街上，每位都穿著幾乎一模一樣的裙子，以繽紛的頭巾遮住頭髮。她們朝著陽台痛斥我們。我們很快便搞懂意思，把那些不妥的衣物收走了。

然而，情勢籠罩在不確定中。泰瑞和霍華絕望得快瘋了，預期會發生最糟的狀況。連歐特克都對事態不樂觀。我也多少感受到相同的灰暗情緒，一種失敗在即的感覺。這下我們或許連阿富汗都到不了。只有艾利克斯一個人仍舊冷靜泰然。有兩天時間，我們英國人努力靠優格酒和撲克牌自娛，波蘭人則設法與被派來處理這樁難堪事的俄國軍官交涉、平息此事。

我們將他暱稱為狗屁夫斯基上尉。對狗屁夫斯基上尉而言，要務是把損害控制在最小範圍。把我們遣送回家或扔進監獄，可能會引發一小波國際事件。畢竟我們是所謂「緩和」(détente)[7]時期的第一支聯合遠征隊。扎瓦達事前思考過這個難題，知道俄國人只有一個選擇：盡速把我們丟到阿姆河另一頭的阿富汗去。

6〔作者注〕一九七九年十二月二十七日，蘇聯自北方入侵阿富汗。最初的兵力包括一千八百輛坦克、八萬名士兵和兩千輛裝甲運兵車。如同先前每次阿富汗爆發戰爭時，跨部族的聯合抵抗勢力激烈反抗——雖然蘇聯官方號稱是阿富汗政府邀請他們進入國門維護安全。蘇聯與聖戰者（mujahedeen）之間的戰事持續延燒至一九八九年二月，才隨著紅軍完全撤出而落幕。獲得美國軍援的聖戰者們包括含奧薩瑪．賓拉登（Osama Bin Laden）在內的各方「自由鬥士」。回到英國後，我聯絡了英國外交部，告知我們在帖爾米茲所見的一切細節。他們表示感謝，但告訴我：「你說的都是我們已知的事。」對西方而言，好消息是，大部分駐紮在東歐的坦克和各種部隊此時皆撤離、被派往阿富汗了。

7 指六〇年代末期至七〇年代末期，美蘇冷戰漸趨和緩的時期，又譯低盪時期。

隔天一大早，我們被告知一小時後就要離開這裡，前往阿富汗。我們收拾好行李，全部擠上一台卡車，被卡車載去搭船。現在的大問題是，我們所有的裝備和交易用的波蘭貨品都還在鐵路貨車上，此刻尚未抵達帖爾米茲車站。難道塞給莫斯科貨運站長的威士忌不夠多嗎？我們幾個英國人低著頭、藏起相機，和歐特克及醫生一起被送到了烏滸水對岸的馬札里沙里夫市（Mazar-i-Sharif），其他波蘭隊員則留下來等待裝備。

我們搭一艘貌似駁船的機動船舶渡河，能看見沿岸碼頭的規模多麼龐大，那顯然不是為平時河運所建。蘇聯這側每隔數百公尺便有一座機槍砲塔，俯瞰灌溉良好的田地，但有何必要呢？這裡的人民會遭受什麼攻擊嗎？我意識到，那些砲塔是為了防止人們出逃而設的。我愚蠢地想拍張照。同一瞬間，有人大喊，一個持槍士兵一把搶走我的相機。「фотографии запрещаются! Вы потеряли Вас камера! 不准拍照。你的相機被沒收了。」

歐特克出現，與那位士兵在稍遠處平靜地談了很長時間。我坐在甲板上，覺得自己是個徹頭徹尾的白癡。我擔心違反了禁止拍照的明確規定，我將會面對更嚴重的後果。令我驚訝的是，十分鐘後，歐特克走過來，遞還給我那台相機。

「把相機放到背包深處藏好。你知道嗎？我們有句話形容跟這些俄國士兵打交道：好玩又恐怖，好像在搞母老虎。」

船熟練地溯流而上，逐漸靠向北阿富汗無邊無際的沙漠。海關只有一張桌子，坐著一位肥肥的阿富汗軍官和幾個制服破舊的小兵。他們幫我們的護照蓋章前，試著兜售大塊的大麻磚給我們。我們搭卡車到馬札里沙里夫，意思是「高貴者之墓」，得自於此地一座著名的藍色清真寺——阿里陵墓（Shrine of Ali），外牆以神聖的青金石裝飾。所有女人都身穿全套的布卡罩袍（burka），每個男人都戴著顏色與自己地位相符的頭巾。

我們在一家旅館落腳，建築配置像傳統的商隊驛站（caravanserai），即中世紀絲路商人的汽車旅館，分布於他們從中國與印度前往西方的路上。旅館有片廣大的方形中庭，供隨處可見的塔塔（Tata）卡車停泊，中庭四面圍著三層樓客房。長長的駱駝商隊蹚過市街，前往城市邊緣或更遠。他們是許多不同部落的遊牧民族，騎著滿載貨品、安閒踏步的牲口，排成老長的縱隊旅行。全身烏黑查多里（*Chadori*）罩袍的女人抓緊坐在貨物上的嬰孩，隨商隊穿行於拉賈斯坦（Rajasthan）[8]、伊朗、中亞之間的亙古沙漠[9]。後來幾天，我們坐在卡車後頭向東行的時候，經過許多模樣像蝙蝠伏地的黑帳篷，總是駐紮在離道路正好夠遠的地方。

我們在馬札里沙里夫待了將近一週。白天或者玩牌，或者在塵土飛揚的街上遊逛，每隔半小時就停下來買顆蜜瓜吃，或鑽進某間茶屋（chai house）躲避猛暑。我站在清真寺外，看那層層相扣的設計和豪奢的青金石鋪面看呆了。有些人相信，這座陵墓屬於阿里（Ali ibn Abi Talib），先知穆罕默德的堂弟兼女婿。不遠處的巴爾赫鎮（Balkh）[10]，有亞歷山大的偉大城市之一——巴克特利亞（Bactrian）[11]古城遺跡，昔日為瑣羅亞斯德教（Zoroastrianism，又稱祆教、拜火教）的中心。我們不能去走訪，因為行李和其他隊員隨時可能從帖爾米茲抵達。

經過幾天，我們開始疲於應付暑氣和焦慮。泰瑞總結道，阿富汗是個「食物只有兩種——沙威瑪（kebab）或沙威瑪加飯，歌只有一種的國家。」但沙威瑪美味極了，手抓飯（pilaf）飄著馥郁幽微的辛香。歌或許聽來都一樣，但至少有兩個主題。有時歌頌對一位美麗女子的愛，有時祈求獲得阿拉之愛。夜裡，我們把床墊搬到屋頂上，睡在清涼的夜風裡。馬拉車輕快跑過旅館，鈴鐺敲出祕密串通好的合奏，直到凌晨還在叮叮噹噹。

一週過去，行李仍未從帖爾米茲來到。扎瓦達把泰瑞和我召去喀布爾，幫忙處理新的文書工作。歐特克已透過電話，向扎瓦達解釋了班達卡計畫的優點，但現在我也有機會幫腔。

「這樣做最好了，安吉。這樣你的遠征隊會登上更多山頭呀。」

安德烈猶豫一番，同意了這種看法。彼得．侯登已從英國飛來喀布爾，坐在雞街一家嬉皮風的餐廳裡，邊吃東西喝啤酒，邊聽我們講解目前處境和一路上的遭遇。走回旅館途中，我們發現路邊有輛英國牌照的卡車，車身刻了醒目但沾滿塵埃的「卡萊爾鎮基什特瓦遠征隊」（Carlisle Kishtwar Expedition）[12]。我在灰塵厚厚的後車窗上留下「巴羅靴子

8〔作者注〕俄國侵略、塔利班時代、新國家與「邊界」的形成和現代化的急促腳步，已經使這些遊牧民族幾乎從地表上消失了。

9 印度西北角的大邦，與巴基斯坦接壤，塔爾沙漠（Thar，又稱印度大沙漠）主要所在區域。

10 巴爾赫鎮與馬札里沙里夫市（巴爾赫省首府、阿富汗第四大城）相隔約二十公里。

11 中亞古文明及古地名，指阿姆河以南、興都庫什山脈以北的區域，曾被亞歷山大大帝征服，中國古稱「大夏」。

12 基什特瓦為喀什米爾的一個區域，包含喜馬拉雅山系的一小部分，即「基什特瓦喜馬拉雅山脈」（Kishtwar Himalaya，最高峰六五七四公尺）。

黨最強好嗎」。[13][14]許久以後，我偶然結識他們其中一位隊員，卡萊爾的傢伙們才終於解開懸疑多年的神祕塗鴉之謎。

我們就許可的事纏了阿富汗官員兩天。他們表示班達卡峰沒得談。我們講定曼達拉斯山谷需要的賄賂。事情解決，但班達卡的計畫看來泡湯了。「這很正常。」安德烈說。只有一個目的地，他幾乎鬆了口氣的樣子。

馬札里沙里夫的隊員傳來消息：行李終於抵達，他們現在要往東邊的費札巴德出發。我們北上到昆都士（Kunduz），為了省錢，搭的是巴士。扎瓦達想租輛吉普車，那天是波蘭國慶日，所以也許值得揮霍一下；可惜我們的強勢貨幣存量已經岌岌可危。

於是我們又從昆都士搭車去費札巴德，坐了二十小時的車，與當地人家、僧侶、穆拉（mullah，對伊斯蘭教士或高貴者之尊稱）、推銷員、放假的軍人一起坐在卡車後面[15]。他們似乎包括阿富汗各族裔：烏茲別克族（Uzbek）、土庫曼族（Turkmen）、普什圖族（Pashtun）、哈札拉族（Hazara）。大部分都長得很好看。孩童——尤其是少女——穿著色彩鮮豔的衣服，令人目不暇給，就像大家越過卡車吃力的引擎聲嚷著的各種語言和飛快故事，來不及全部聽清。我們一起分享食物，並在卡車飆過河上數百英尺高的單線道時，用玩笑驅散恐怖。駕駛座噴出滾滾的大麻雲霧。

在費札巴德的一家商隊驛站，遠征隊第一次全員到齊。所有行囊都被拆開來清點一遍，然後分配給各攀登隊或健行隊。歐特克鐵了心要繼續他的班達卡峰計畫。我們驚訝地發現，在我們的當地聯絡官安瓦（Anwar）協助下，要做張假許可簡直輕而易舉。附近某家店有一台大木箱相機。我們替喀布爾發下來的許可拍了張照，「曼達拉斯」四個字用白紙蓋掉。印出一張新許可後，安瓦在批准攀登目的地那裡寫下「班達卡峰」。看起

13 巴羅鎮和卡萊爾鎮皆屬於英國湖區所在的坎布里亞郡，卡鎮在湖區之北，巴鎮在湖區之南。「靴子黨」（boot boys）：六、七〇年代英國許多結黨的年輕人好著軍靴或工作靴，據說打架踢人方便，亦為當時勞工階級次文化的一部分。

14〔作者注〕一九七〇年代，部分球隊支持者的暴力行為，在英國造成了所謂「足球流氓」（football hooliganism）的深刻問題。幫派分子主要是去球場打架，而不是去看球的。當時巴羅和卡萊爾兩地有才華的攀登者之間，也存在激烈的競爭意識。幾乎每週都會有某一陣營的人，在湖區的峭壁開創新的高難度、高水準路線。

15〔作者注〕一九九〇年代，塔利班勢力擴張的鼎盛時期，費札巴德是少數完全未受破壞的城市，也是馬蘇德（Massud）及北方聯盟（Northern Alliance）展開反擊的根據地。

來跟真的一樣。

有幾個黃桶子的貨物是要拿來阿富汗賣的，我們藉此換到了更多當地貨幣。但最後關頭，地方長官要我們付一大筆賄賂才肯放行。長官是個大塊頭，看起來很隨和，但安瓦跟我們說這人是出了名的奸詐貪財。我們被他吃得死死的。我們的美元夠付曼達拉斯的部分，但不夠再加上班達卡峰。情勢看來很不利於我們的小分隊。若是這樣，班達卡四人組只好跟大家一起走了，扎瓦達再度露出幾乎鬆口氣的模樣。談判正陷入僵局，歐特克突然出現在門口。

「快點！我們還有一個小時。我跟一支西班牙隊伍談好，讓我們四個搭他們的車，他們也要去那座山脈。」長官不太清楚怎麼回事，只見我匆匆告辭出去。扎瓦達繼續和他商量曼達拉斯的價碼。歐特克和我慌忙跑過塵土飛揚的街，回到商隊驛站，加入艾利克斯和楊的行列，把我們的裝備搬上西班牙隊的卡車[16]。我們上路了。

16〔作者注〕西班牙隊已經付完賄賂，雇了兩輛車。我們後來發現，他們給每車的價錢是同樣雇了兩輛車的扎瓦達敲定總價之三倍。西班牙人很高興我們分攤其中一車費用的四分之一。

14

吻青蛙
Kiss That Frog

卡車緩緩朝瓦罕走廊的方向開，爬過粗獷的山路；每隔一段時候，便會繞進肥沃的谷地兜一圈。我們在一戶農家的屋頂過夜，隔天清早再度啟程。顛簸幾小時後，山麓和雲濤上出現了第一座白雪覆蓋的宏偉山巔。下午近晚，車子涉越山脈流下來的一條主河系的細辮，駛向哲巴克的塔吉克村莊。

有些曼達拉斯小隊的成員認為，將遠征隊拆成兩半，破壞了隊裡的信任感。我們全隊不再是同進退，結果可能部分隊員成功、某部分隊員失敗。參加哪邊比較有勝算？我並不在意這種問題，但我們和其他隊員分別時，氣氛很僵硬及情緒化。他們的車繼續沿那條崎嶇小路深入瓦罕走廊，之後的行程剩我們四個了。我在手札上抄下一些那晚我和其他人分享的想法。

「遠道而來的真正目的於焉展開。我很篤定我們會成功。懷疑過去了，就像快樂和孤單，一旦進入這裡便不再相關。上了山，情緒應該只呼應周圍的環境，和生存所需的少數幾樣東西。『我們辦得到。』楊說。艾利克斯笑了笑。歐特克的心思似乎飄遠了，但說道：『我們是支好隊伍。』」

幸運的是，載我們的西班牙遠征隊，正好要前往離班達卡不遠的一座山。我們和他們成了朋友，尤其和他們的聯絡官道伍．哲巴克（Daoud Zebak）先生。哲巴克是他的家鄉，他協助我們與村長溝通，讓我們能憑「喀布爾發的許可」去攀登班達卡峰。看得出來，他們沒被那張紙騙倒。

雇了驢子馱行李，我們兩隊人踏上一條古老的商道。古道從巴達赫尚（Badakhshan）與瓦罕河谷地區，通向往巴基斯坦的多拉山口（Dorah Pass）和卡菲爾斯坦。我們興致高昂，為了省錢外加訓練，每人都揹了大約二十五公斤的重裝。每天在沙漠的乾燥燠熱中走完八小時路，大家都垂著肩膀，累得不想交談。

入山的路上，道伍先生跟我們相處的時間比和西班牙人還多。他說他是蘇維埃的支持者，想聽聽在社會主義波蘭，人們過著什麼樣的生活。他知道俄國人要來了，說著他期待的一幅未來景象：阿富汗將有道路、醫院、供所有小孩就讀的學校，再也沒有貪腐。過了戰火紛飛的四十年，今日的阿富汗幾乎還沒實現他任何一個願望。道伍先生也是西洋棋大師，我們大家都跟他玩了幾盤，但楊和歐特克棋藝特別好，至少不會場場慘敗。他們越過棋盤，奉勸他小心俄國。不過他還是懷抱希望，相信共產主義會拯救阿富汗。

爬上山谷愈高處，所見村落愈貧窮。每晚，我們會紮營在村長指定的地點，並且成為村人的晚間消遣。他們紛紛來看這幫千里迢迢上山尋寶的怪傢伙。小孩尤其喜歡圍在艾利克斯旁邊，隨陌生的搖滾樂聲歡呼起舞。滾石樂團（Rolling Stones）、何許人（Who）、齊柏林飛船。第四天起，橫過遠方蘇維埃領土的帕米爾高原開始看不見，我們逐漸深入山谷的包圍。

第五天結束時，我們來到一片叫班迪罕的高山牧地及隘口。山羊等動物此時還在較低的牧地，尚未移來這裡。繼續向前，便會進入傳說中的卡菲爾斯坦——異教徒的國度[1]。

1 卡菲爾斯坦（Kafiristan）在阿拉伯語中意思是「異教徒的土地」。此區傳統居民為宗教、文化、相貌皆與鄰近伊斯蘭族群不同的努里斯坦人（Nuristani），因此又被伊斯蘭鄰居稱為「Kafir」，即不信者或異教徒。

但右邊有條巨大的冰川，末端融水滔滔，上游朝西方伸去。高聳在群山之間，一縷雲正離開班達卡峰頂，優雅飄過天際。「我們終於看見那座山了。」我在手札裡寫。「佇立於一天路程外，褪去它悶熱的雲衫，彷彿一個鏡前的女子，同樣誘人與令人畏懼。我能理解為何當地人稱它『阿拉之拳』（the knuckle of Allah）。當它擊向你，那將如上帝之怒般無可抵禦。山壁不會拒絕，只怕也不會憐憫。主要問題在我們內心。倒不是因為怕死，死只是時光流轉、雲朵揭開、抵抗不再。」

次日一早，我們爬過疏鬆的冰磧到冰川上，於海拔約一萬四千英尺（約四千三百公尺）處搭建了基地營。我們得於二十五天內完成攀登，回到哲巴克，在那裡與其他隊員會合，一起踏上歸途。巍峨的東北壁在不遠處拔地而起，離冰川僅約莫一英里。我們用三天時間作高度適應，攀上主壁左邊的一條陡路，抵達海拔兩萬英尺（約六千一百公尺）的一處山坳。那是我們預定下山路線的一段，我們將食物和瓦斯留在那裡，翻過山坳到卡菲爾斯坦，再花一天繞山回來。

時間過了一週，我們隊員也少了一個——楊・沃夫被歐特克逐出隊伍。那趟高度適應中，他開始嚴重咳嗽，後來沒好轉，反而惡化了。楊不想走，歐特克只好狠心趕他。

艾利克斯和我坐在稍遠的地方，假裝不置可否，但我們知道歐特克是對的。楊面帶淚水離開，徒步去瓦罕河谷更上游，加入其他波蘭隊之一。我們說希望他抵達時身體也好點了。他走去那裡起碼得花兩週[2]。

有三天，我們僅僅坐在基地營看著山壁。真實的山就在眼前，不只是歐特克著迷的照片。我們都難以接受眼前的景象。這片八千英尺（約二千四百公尺）的山壁彷彿重力作用和陸地拔高的戰場。白天，即使隔著一段距離，也能聽見落石砸下的碰撞。山壁本身很複雜：開頭三千英尺是相間的雪溝和多色朽岩帶，然後一千英尺的垂直岩壁陡升至半山腰，再來又是兩千英尺的冰岩混合地形，接上一條險峻的入口，通往最後兩千英尺的

2〔作者注〕楊後來確實康復了。他經歷了一趟精采的單人徒步之旅，到達曼達拉斯基地營。發現基地營其他人皆已上山，他又繼續往前走，獨自完攀了諾沙克峰。後來幾年，我時不時會遇見他，直到一九九二年他死於塔特拉山。他的妻子「小螞蟻」（Mrowka）不幸捲入了一九八六年的K2悲劇。她往峰頂出發，走到相當的高度，但速度太慢了，從峰頂下來的艾倫．勞斯說服她回頭。他們兩人都於後續的下撤中遇難，當時山上的人只有庫特．狄姆伯格（Kurt Diemberger）和威利．包爾（Willi Bauer）生還。吉姆．庫倫（Jim Curran）的《K2：勝利與悲劇》（*K2: Triumph and Tragedy*）敘述了此故事。

山頂雪原。雪原被兩座巨雪簷看守著，就在我們預定路線的正上方。我管它們叫「青蛙眼」。

「那要是青蛙眨眼怎麼辦？」歐特克問。

那是個很難熟睡的地方。艾利克斯往常的冷靜也開始摻雜含糊不明的情緒。歐特克試圖閱讀風景，彷彿那是他心裡的一本書。我擔心我們隨時會一致同意，這計畫危險到無藥可救，轉身打道回府。

起攀前一天，事情差點真的演變至此。歐特克一度非常動搖。考慮到要承擔的風險——他不夠認識我們倆，甚至這方面我們也不夠認識彼此。若不能互相信任，此行的風險將無法控制。我們都覺得艾利克斯幾乎處於驚惶之中。他白天大部分時間都窩在帳篷裡聽音樂，一邊搖頭晃腦。他對我說過很多次他對落石的恐懼。我試著一笑置之。

「別擔心啦小子，我們比平常多閃幾次就沒事了。」

他不怎麼領情。我無意間聽見他向歐特克表達對我精神狀態的擔憂。但那時候，我已摒除一切懷疑。爬這片山壁是剩下唯一具體的東西。我沒有不願放開的過去，也沒有希冀追逐的未來，只有此時此刻。在我面前唯有一個與山互動、參與某種不凡的機會。

在帳篷外，我和歐特克談了談，消除彼此的疑慮，重新確定想挑戰山壁的決心。然後我們一起進帳篷找艾利克斯，沒再多說什麼，三人把憂慮拋諸腦後，開始討論實際的基本工作。我們打包好隔天上路的裝備，又做了些最後調整——多的一支冰螺栓換成四枚電池，一片Kendal薄荷糕換成兩條Mars巧克力。我們確認了茶包、可可、牛奶、瓦斯罐的總數，檢查爐子，傳著傳著分完幾把令人安心的岩釘。

落石聲漸弱，幾乎與天光的消逝成比例。我鑽進全然寧靜的一個鐘頭裡，坐在營地上方，品嚐這可貴的一刻、頭頂的星幕、腳下幾葉載著乘客的透亮帳篷，和悄然綿延的黑巒之海。

▲ ▲ ▲

第一日：下午三點前後，我們開始慢慢進入山壁。說「進入」是因為開頭的雪溝頗像某種地獄之門，開向一個幽暗、恐怖、危機四伏的國度。一英里之上，山壁前傾在我們頭頂，不斷扔下岩與冰的碎塊。攻擊總是偏了一百英尺，在我們左邊被染黑的雪原上炸開，好像暗示山只是在玩，想嚇唬嚇唬這些膽敢上山的人們。身為這座地獄來的多線道高速公路上唯一的行人，我們縮起手腳、緊靠右側圍籬尋求掩護。偶爾止步，注視汽車大的岩塊在雪上刨出巨大的坑，然後幾乎滑稽地——像過重的特技表演家——翻起直挺挺的觔斗，連翻到一千英尺下的冰川為止。

黃昏時，我們來到雪溝頂端的窄口。山現在睡了，我們沿左邊較安全的雪坡迅速上行。我們開著頭燈，行進到九點，在一道寬平台上露宿——整趟旅程中最好的一次露宿。吃了一頓冷凍乾燥燉菜和不知多少杯羅宋湯與茶，我們對今日進度感到滿足。

▲ ▲ ▲

第二日：這裡的岩石活像擺太久的易碎大理石蛋糕，無疑是我們所有人攀登過最危險的路線。我強迫自己加倍小心，但有些我們警告彼此別碰的大石會在突然之間崩成粉末。今天我們攀的十段繩距，每段都是走過就回不了頭。其中一段接近頂端處，整條二十英尺（約六公尺）的石稜就在艾利克斯腳底忽地分解，碎屑在下方的岩壁撒成了扇。所幸歐特克替他確保的繩子這時拉得很緊。艾利克斯回到壁面，完成剩餘的路段。最後兩段繩距由我領攀，用冰攀裝備往上爬，踢著前爪，將冰斧砍進比底下的大理石蛋糕還糟的紅黃海綿乳脂鬆糕。

終於，我們來到中央外傾山壁下。我們把艾利克斯留在那兒，清出一塊落腳處，移步向左，趁著天還亮，為之後兩段繩距安上繩索。下午的寒氣中，山壁再度靜默。歐特克爬上一道坡，可以通往我們在基地營端詳過的大煙囪。這片柱狀山壁上還有不少其他煙囪地形，但這道看起來最直接也最安全。再來一段繩距換我擔任先鋒。起初狹窄的溝槽逐漸加寬，直到我抵達一座垂直峽谷——這麼形容最貼切——的河床。最後面是一道V字型的煙囪地形，即峽谷和山交會之處。看起來有難度，但能爬。我們將兩條繩留在原處，以便一早就能上去。我們返回艾利克斯那邊，可以往上逃的消息讓他大為振奮。我們躺進三人露宿袋，在碎石覆蓋的斜平台上度過不舒適的一晚。感覺好像躺在某種陡峭得匪夷所思的海灘上，毛巾一直從背後滑走。我們位在海拔一萬九千英尺（約五千八百公尺）左右，已上攀三分之一。至少可以期待隔天的岩石比今天可靠。

▲ ▲ ▲

第三日：破曉時，我們在啪嗒啪嗒聲中醒來，聲響來自上方的石頭。太陽已在融解霜雪，撒下這些砂礫的五彩紙花。啪嗒小雨很快變成了如注石流，像倒進卡車的鋪路石，只不過下方並無卡車等候，只有三個脆弱的人類抬頭望著。我對歐特克提議，在情況更嚴重前趕緊離開，但他這段時間對山的觀察比我更仔細。

「不，我們等到下午再走。」

我和他爭論，甚至脾氣都上來了。「我們不能花半天坐在這裡，山壁大半都還沒攀哪！這樣太蠢了。」艾利克斯保持沉默，不表示立場。歐特克堅持他的決定，開始耐心等待他知道會發生的事。然後那真的開始了。

就在我們露宿點上方幾百英尺，中央圓形劇場再次成了條銀河高速公路。我們困在一條小行星帶中，呆若木雞地看著幾噸幾噸的石頭每分鐘從身邊劃過。最大的岩塊有其招牌音效，像斯圖卡轟炸機（Stuka bomber）咆哮著衝向攻擊目標，猶如被拋出天堂的天使。我們匆匆移向一個較安全、但窄得多的平台，在遠些的地方靜觀事態發展。艾利克斯說他寧可置身潮水退光的黑池（Blackpool）[3]海灘上。歐特克數了我們的岩釘，發現即使有下撤的選項，岩釘也不夠。

我們選定的那條現在掛著繩索的路線，也同樣遭受宇宙碎片轟炸。我們的煙囪儼然一台迴旋加速器。大大小小的粒子被加速、加速，然後射向無底深淵。我們整個早上都在祈禱太陽會記得這是片東北壁，一旦太陽過了東的那部分，應該就能回到北壁的設定了。果真如此。那是下午一點前後。

我得到開啟這一天最爛的一種工作：用猶瑪（jamar）爬上昨晚留下的繩索[4]。我想起約翰·哈林（John Harlin）[5]。第一條繩子仍可以用，看來絲毫無損。這附近一定有守護天使庇佑。我已攀到第二條繩中途，手碰到的一塊岩壁突然崩散，似乎就這麼憑空蒸

3 英格蘭西北的海濱度假勝地。

4〔作者注〕猶瑪是一種機械攀繩裝置，可以沿著繩子往上滑，但承重時不會往下滑動。使用兩個猶瑪，一組連結腰部吊帶，一組連結繩梯（etriers），即一種有多個環圈供腳踏的長繩，便可用類似青蛙的動作攀上繩索——踏到繩梯上、移動上方猶瑪、坐到吊帶上、移動下方猶瑪，踏到繩梯上、移動上方猶瑪……等等。對，很無聊沒錯。

5〔作者注〕約翰·哈林是位有代表性的美國登山家，他的宏願是開闢一條由艾格北壁中央直登峰頂的新路線。完成的路線比一九三八年的原始路線難上許多。他們一九六六年以圍攻方式挑戰該路線，哈林在山壁高處用猶瑪攀繩時，因為繩索斷裂而墜落身亡。結束班達卡峰後不久，艾利克斯便完成了該路線的阿爾卑斯式首攀。

發了。但只是似乎而已，書本大小的碎塊傾倒而下，估計有圖書館的一整座書架那麼多，滾滾落向正要開始攀爬第一條繩的歐特克。碎塊掠過他頭頂，憤怒的波蘭文朝我飄上來。

「抱歉！抱歉！抱歉！」我向他保證會小心一點。後來艾利克斯告訴我，他以為會看到我的屍體躺在那堆碎石中。

兩條繩子都奇蹟似地完好如初。那是我們唯二的先鋒攀登繩，要是少了或斷了其中一條，很多事都辦不成。除此之外，我們只有一條靜力繩（static line）——不適合先鋒攀登，但可以讓艾利克斯用猶瑪爬上來。他似乎很樂意讓我們負責攀登。到了峽谷，歐特克卸下背包，開始登上大煙囪，大部分是採橋式攀法（bridging），撐開手腳抵住兩側。穿雙重靴看起來很笨拙，但又很壯觀。後來討論，我們都同意那段技術難度較高——大概英國的「5b」(5.10a）級吧——但我們沒在認真算。過了一百二十英尺（約四十公尺），歐特克現在穩定冷靜地沿外傾的裂縫上移。我的神經緊張漸漸恢復，看來在他高強的功力下，困難和危險又能應付了。他停在一塊懸空的大岩下，那是塊卡在煙囪裡、汽車尺寸的超大楔石。稍停片刻叫我們當心後，他在我們頭頂上很高的地方作了個優雅的單腳轉圈，翻到大岩上。突然一聲驚呼，半塊岩石伴隨巨響猛砸而下，差掉砸中我們。那個瞬間，歐特克奇蹟般地跳到了完好的半截岩石上。艾利克斯和我愕然對看，眼冒金星、滿鼻子煙硝味。接著我爬上那段繩距，同樣沒揹背包。山此刻完全靜止了。天使已全數墜落。抵達大楔石頂，我隨即一把一把將兩個沉重的背包拖上來。歐特克從上方叫我把背包留給艾利克斯。我解釋這樣比較快，不然艾利克斯要用猶瑪來回三趟。他聽懂了，又把背包從楔石頂拉到二十英尺（約六公尺）之上他所在的確保站[6]。

我到達確保站，繼續帶路向上，這時天色開始暗了。鼓鼓山石間的一道窄煙囪盡頭，剩下可以用手擠塞攀登的岩隙，隙裡填滿冰雪。我險些從最後的突岩摔落，可喜沒有，因為我爬了四十英尺高，都無處可設支點。這裡有條四十五度的石坡往右。彷彿透過瞄準窗，我能看見最後一點餘暉出現在上面幾百英尺處。

頭燈左右灑著光，我們倉皇爬上那條出口匝道，逃離迴旋加速器的砲口。我們鑽出坡道，上到一座天文館——星子鋪滿頭頂的夜空。我們已經闖過這片山壁的主要難關。

6 兩段繩距之間可站立的小地方，先鋒會在此處設置牢固的支點並掛上繩索，之後便可利用此繩爬上爬下。

如同在這裡的每一晚，我們再度小心翼翼翻著背包、以免弄掉任何東西，掏出睡袋擺在立起的石塊後面，煮起羅宋湯和麵條，然後躺進睡袋、試著窩得舒服一點。

▲▲▲

第四日：在清澈的曙光中睜開眼，我領悟了為何夜裡風這麼強。我左肩邊上就是個四千英尺深的世界破口，正輕輕送出一股冰風。我們上方，三千英尺的新山壁靜靜等著，像支金色甜筒在朝曦裡烘烤。

攀登很愉快，向上的路混合了石板、短石壁和融化的冰原。有幾段，我們沒繫繩地一起胡亂攀爬，以便行進得快一點。就這樣，我們上升了兩千英尺，近傍晚時決定早早歇腳，露宿在一塊舒服又安全的平台上。該是時候把前三天短缺的食物和睡眠補回來了。我們又拿出三人露宿袋一起共用。

▲▲▲

第五日：天氣依然完美，但山壁進入更陡、更需要技術的地形。早餐時，我用布條纏起手指，包住最深的劃傷。艾利克斯再度殿後，用猶瑪攀繩；我和歐特克一人帶三段繩距，然後再交換。如此重複之間，山漸漸落到腳下。我們高踞在周圍的群山頂上。興都庫什的山脊彷彿無限綿延，列隊邁向東端的兩座主山——諾沙克峰和蒂里奇米爾峰（Tirich Mir），在直線距離八十英里外（約一三〇公里）。

最後的冰原和那對可怕的峰頂雪簷仍在視線外。此時我們攀爬的較小冰原頂端是片兩百英尺（約六十公尺）的山壁，就隱身於山壁背面。太陽晃到了另一頭，手底的岩石明顯愈來愈冷。我們從背包拿出羽絨外套。這天我領攀的最後三段路結束於山壁一半高處。歐特克精采地從右邊翻上突出的岩簷。暮光中，我們來到斜達六十五度的峰頂冰原，鑿出一塊可容三人安全坐著的平面。我們開始一貫的儀式：傳著鍋子，舀兩匙沖泡薯泥和乳酪吃，再傳給下一個人。滿足又驚奇於我們二一五〇〇英尺（約六千五百公尺）高的空中小長椅。可惜歐特克破壞氣氛。

「你們有看到那邊的帕米爾高原嗎？看最左邊的那座大山，去年兩個俄國人爬一面大山壁爬了三天，結果過不了山頂的雪簷，只好撤退。」

「那可真是太好啦，我們已經討論過這側下不去了不是嗎？」

▲ ▲ ▲

第六日：天在東邊的山嶽後方緩慢亮起，徐徐增加速度和威力，捲動一道粉彩的光譜。太陽劃破天際線的時候，我們已經快吃完粥了。

峰頂冰原類似大喬拉斯峰的「裹屍布」，陡峭但簡單直接，只除了一處岩階，我以前爪搔著通過。上方傾出的「青蛙眼」起初看來動也不動，但八段繩距後，我們開始穿過青蛙兩眼中間的鼻樑。有個不妙的臨時驚喜。從基地營看，我們以為青蛙眼是山頂最高的雪簷。但事實上，它們擋住了一座最後雪簷，此刻正俯在我們頭頂上。我想起歐特克前晚的話，但三人都沒說什麼。

冰現在更硬，成了冬季高山冰壁上熟悉的那種碳鋼，而且更陡了。歐特克和我爭論著該怎麼著手，這時艾利克斯也到了確保站。歐特克認為左邊也許可行，我覺得右邊值得一試。艾利克斯把自己扣進冰螺栓，露出微笑，望著上方說道：「該我出馬啦。」

艾利克斯醒了。我們這會兒來到他的地盤了。

「你好像傳說中的猴子，」歐特克說，「還是撲克牌裡的鬼牌。」

艾利克斯拿起我們的冰螺栓，仔細排序，掛進他吊帶兩側的鉤環。他深呼吸了四次，像累積蒸氣的火車頭般長吁，然後將冰斧鑿進冰壁上一個完美的位置。他只用一支冰螺栓作支點，攀完幾乎一整條繩的距離，才在硬冰上砍出窄窄的落腳處，把我們一前一後弄上來。

現在我們離雪簷底部只剩二十英尺（約六公尺），看起來根本過不去。艾利克斯拿起收回的那支冰螺栓，再度出發。他咧嘴嘻笑的模樣確實有點像隻猴子。他踮著腳尖登上近乎垂直的冰壁，前爪幾乎沒在冰面留下痕跡。出乎意料，他在雪簷基底發現了一個凹洞，於是爬進去休息。凝望頭上那片向前伸出近二十英尺、前景黯淡的冰，他注意到有條深入雪簷的切口，斜斜通往右上，盡頭是一角深藍色的天。

艾利克斯朝底下的我們大喊這個消息，開始扭擠出休息處、朝簷部移動。三十英尺後，他從一個洞口望向他憂心忡忡的同伴。我們在他眼裡就像垂直鏡面上的兩隻紅袍小蚋。然後艾利克斯翻身背對我們，揮出他的翼龍冰錘，輕鬆砍進了上方的硬冰。有一陣子，他的屁股騰在空中，然後他一個迴旋上翻，消失在視線外。一聲歡呼傳來。

我最後一個爬上來，攤開手腳躺在寬廣的峰頂平原。眼前終於是新的地平線，新的山脈翻騰向西與南。

「搞什麼鬼，」我說，「這上面跟本尼維斯山頂一樣平啊。」

歐特克和艾利克斯已經退到離邊緣三十英尺遠，冰斧深扎，安全地休息。我蹣跚走向他們，垂著手臂，但精神在翱翔。

「你表情好像看見天堂了一樣。」

「我看天堂頂多就是這樣了呀，小子。」

我們在山頂待了太久，煮飲料、看班達卡峰巨大的影子朝蒂里奇米爾峰伸去。現在與其面對南稜崩塌的「懺悔者」冰林地形（penitentes），我們知道在山頂露宿、隔天一早下去比較聰明。那晚的嚴寒令我醒著發抖了一夜，但黎明帶來絢爛的暖陽，和一個完整的下山日。

▲ ▲ ▲

第七日：下午將盡時，我們抵達兩萬英尺的那處山坳，取出預藏的食物和瓦斯。我們多煮了碗羅宋湯麵，慶祝又一晚置身山中。一夜好眠後，清早開始了攀登的第八天，從南側下山，然後幾次艱難地渡過谷裡湍急的冰川河水。

艾利克斯掉進了一叢荊棘。回到那條古商道時，我停下等他。幾近全黑之中，我們踉踉蹌蹌沿路上行，抵達初次看見班達卡峰的隘口，然後拐彎，穿過班迪罕平坦稀疏的草原。我們來到此時有人住著的那些簡陋泥屋前，幾條狗狂吠不已，想衝出來咬我們。聚落居民用一連串聽不懂的問題招呼我們。其中一位女牧人給了我們烤餅吃，用乾燥山羊糞的炭火直烤的。我們拿出睡墊，鑽進睡袋。我慢慢嚼著最後幾口美味的麵餅，想著要是有更多東西吃就好了。不多久，狗兒便安靜下來，我的腦裡也熄燈了。

15

起伏之王[1]

Sultans of Swing

兩天後，我們已從基地營收回所有裝備，再度回到班迪罕。我們似乎在平安回家的路上了，直到一小時前為止。

「他們要殺了我們嗎？」

艾利克斯半坐半癱在我們的圓頂小帳篷裡。他看起來很疲憊，但好奇多過害怕。不確定感使我五內翻騰。歐特克攤著四肢，昏睡在他旁邊油膩膩的睡袋上。三個戴頭巾的男人蹲在幾步外的塵土中，周圍的湯包袋和沙丁魚空罐標記著我們文明的疆界。其中一人帶著步槍。

「我不知道他們要怎樣。看起來五五開。這幾個年輕的好像真的很不爽。」

1 險峻海峽樂團（Dire Straits）的一首歌曲，取自某爵士樂團名，指「搖擺樂的蘇丹王」，亦可理解為「起伏轉折的主宰者」。

我想起一個故事，說有三個英國登山者走陸路去喜馬拉雅，到了阿富汗巴米揚省（Bamyan）的班阿米爾湖（Band-e Amir）[2]附近，於路邊停下歇息。他們鋪好睡袋，三個人並肩躺下，沉沉睡去。隔天早上，中間的人醒來，不解左右的朋友怎麼在夜裡互換了位置。接著困惑變成驚恐。他發覺事實上，只有他們的頭顱換邊了。這屬於歷年登山奇譚中比較血腥的整人玩笑，但至少剩下那位老兄還能回家，把這件事說給人聽。我們所在之處比班阿米爾湖偏僻多了。

下到班迪罕後，歐特克和我又跑了最後一趟回基地營，留下艾利克斯看顧裝備。爬上冰川的路相當漫長累人，唯一的慰藉，是看著那面我們攀過的巨大山壁逐漸聳入天際的愉悅。基地營完全沒被動過，仍是原來的樣子。看見帳篷還在令我們雀躍歡呼。我們原本預期它可能被偷了。

打開食物桶，我們撈出一罐麵包、沙丁魚和巧克力。我小時候，波士頓的WMEX電台有個DJ老說沙丁魚巧克力三明治多美味，說得天花亂墜。我人生第一次做了一個來吃吃看，也是最後一次。我們喝了咖啡，我裝好一袋食物，要帶回去給艾利克斯。歐特克留下來拔營，打包準備請挑夫搬運的物資，他們預計明早抵達。

結果我走到摸黑迷路，但那是另一個故事了。主要劇情發生在基地營那裡，歐特克這會兒正一個人忙著交涉。提案是用兩頂帳篷、剩餘的食物、我們的繩索交換一塊拳頭大的青金石，即我們先前見過，貼滿馬札里沙里夫清真寺的典雅藍色準寶石。那真是令人難忘的奇珍，才從巴達赫尚的礦坑新掘出來，提香（Titian）和維梅爾（Vermeer）珍視的湛青顏料之源、鑲在法老面具上的神聖之石。在歐特克看來，這筆交易很划算。我懷疑那是幾個月前於華沙商量好的計策的一部分。在一九七〇年代的社會主義國家，人們便是靠這種辦法維持職業登山生活的。

但歐特克陷入了一場危險的遊戲。阿富汗人沒有要讓他留下青金石的意思。我們完全不知道交易的事，只見歐特克歡天喜地回到班迪罕。三個挑夫在附近不遠卸下重裝，還有三人依然全身貨物，一溜煙奔向那些破陋的石屋，帶著交易的果實逃之夭夭了。為慶祝小隊團聚，我們煮了湯配罐頭，吃著波蘭麵包，還有更多沙丁魚和巧克力。

正放鬆的時候，有個普什圖人朝我們走來。他的臉彷彿疤痕累累的狗，髒夾克上繡

2 興都庫什山區的湖鏈，為阿富汗知名景點。

著三道應該是權威象徵的條紋。一個戴頭巾的手下拿著自製步槍在旁護衛。

「石頭交出來。」他用普什圖語說，一手比了個動作，另一手指指他的條紋。

「什麼石頭？」歐特克一臉無辜，以英語答。艾利克斯和我茫然地看著他們，人群開始聚集在我們周圍。我們對發生的事一頭霧水，然而和波蘭人相處的兩個月來，我們已經習慣對各種意外狀況見怪不怪。果然，意外馬上就來了。

「那塊石頭。」普什圖人說，伸手去抓歐特克的外套。我們的朋友臉色乍變，意識到事跡敗露，但他可不打算乖乖束手就擒。我們見識到一個斯拉夫人怒抗東方牧民的一幕。

「喔，這個嗎？」歐特克說著，從口袋掏出那塊美麗的石子。他將寶石高舉，讓所有人都看得見，輕輕在空中拋了幾拋。然後他飛速俐落一把握起石頭，全力擲向冰川湧出的狂暴激流。彷彿要強調此事多麼無可挽回，青金石打中水面上的一顆冰川礫石，爆裂成四濺的湛藍碎片。石片消失在不透明的河水中。我們僅存的希望也徹底破滅。

急流的咆哮被群眾的哀嚎蓋過。有些年輕或犯傻的人試圖跳進河裡，搶救失落的珍寶。我衝到河邊把一個小孩拖上岸，阻止他被沖走。條紋男用手指劃過自己的喉嚨，有步槍的幾人隨即轉身，奔向小屋群。我看見有些女人開始將孩童趕進屋中。我們溜回帳篷，等待後續，艾利克斯好奇我們會不會死。

「如果有幾個外國異教徒跑來，把我們村莊的財寶扔進一條怒湍，我們大概會很不爽吧。」他說得沒錯，這就是歐特克幹的好事。他們兩個不久便睡著了。我簡直不敢相信他們能這麼無所謂，但我也知道，極度疲勞是很有效的麻醉劑。或許這種時刻睡著才好，但我強迫自己保持警戒。

這時候，我看見一群戴頭巾、較年邁的蓄鬚男人越過稀疏的牧草地走來。他們選定帳篷旁的一道矮冰磧坐下，共有六人，圍成一圈。愈聽他們說話，我愈明白我們的命運掌握在這些人手中。他們正召開一場審判。我們的審判。

我走出帳篷，畢恭畢敬地坐到比長者稍低、聽得見他們對話的地方。有些時候，你只要閉上眼睛，試著捕捉語調的幽微之處，即使陌生的語言也能聽懂。這就屬於那種時刻。多數人似乎主張我們有罪，違逆阿拉和他們一族，因為我們把神聖高貴的青金石摧毀。

有兩人好像抱持不同看法，其中一位尤其強烈。他們分得出「英國人」(Inglesi)和

「波蘭人」（Poleski）的差別，並且說波蘭人不知道自己不能保留石頭。他們都同意外國人不能帶走青金石，但他們認為同胞有錯在先，不該跟秉持誠意的外國人作這樁交易。最年輕的一人駁斥這種觀點，說我們不屬於這裡，我們是異教徒，帶來的財寶本來就隨他們拿取。

六人中最老的那位，我猜可能是在場唯一的穆拉，比了個手勢要我過去。他指指我擱在帳篷外的靴子和冰斧，我於是把東西帶到他們圍坐的圈子。他透過比劃和一些共通字眼告訴我，他看見我們爬「阿拉之拳」，然後他解釋，他年輕時曾往那座山朝聖，為了尋找上帝的話語。

他指著我們下來的山坳，即山側約兩萬英尺高的一個點。雖然能聽懂的詞彙非常有限，但我確實理解他在說什麼。他用腳在沙土上滑動，解釋他踩不住滑溜的雪面、凍得半死，並頗滑稽地朝我的臉吹氣，說明他面對多大的狂風暴雪。對我們來說，要登上那處山坳並不困難，但這位穆拉曾經赤手空拳，設法攀登班達卡峰。

「用這些，」我說著，遞給他冰斧和靴子，「你當時就能爬上去了。」他讚賞地點頭。他接過斧和靴，仔細查看，問了它們的價值，然後一面還給我，一面呵呵笑著，作了個「我太老了」的手勢。

我被遣走了。他們粗啞地低聲爭辯，繼續討論了十分鐘左右。隨後他們起身，不發一語，晃著破布袍，飄回等待的村人那裡去。滿臉傷的條紋男又回來了，再次以手比劃喉嚨，發出怒吠。太陽落到了地平線下，餘燼短暫閃爍在最高的雪巔上。艾利克斯和歐特克仍然不省人事。我將剩下的遠征隊桶子拉到帳篷口，幾乎沒力氣鑽進我的睡袋。聽著黑暗與河水的狂吼，我滑進無意識中，最後的念頭是我們的人生已來到盡頭。

早晨過半，我們終於被熱醒，逃到帳篷外。又是美麗晴朗的一天。一群牧羊人站在附近，趕小馬和驢子的人也開始出現。日子回到常軌，我們很快已在討價還價，想省單日一擔差十分錢的挑運費。

昨天的一個長者向我們走來。他讓我瞭解，穆拉下了一道對我們有利的教令（fatwa）。我們是上帝派來考驗祂的子民的。阿拉的意志允許我們攀登班達卡峰，然而村人試圖欺騙我們的舉動太貪婪，他們學到了教訓。歐特克大勝。

「那個人想怎樣？我們不能再花錢了，我們一定得萬分小心。」

「你說得對，歐特克，我們實在要小心點。」

我們即將結束攀登，開啟歸程，翻過重重山嶺、穿過許多滿是塵土的道路，經由俄羅斯返回波蘭。我們跋涉出山谷的期間正逢齋戒月，也就是得早起，熬過漫長飢餓的白天。撇開此事，一路倒是風平浪靜，除了最後一天臨近傍晚時候。我們離哲巴克還有一小時路。我停在一條奔騰河流前，等待排成一列的小馬，艾利克斯和歐特克涉水。終於換我時，我不慎偏離渡河路線，發現自己快被水流捲走了。艾利克斯和阿富汗馬伕們坐在對岸，在離我不到一百碼的地方大笑，直到艾利克斯發現我真的有危險。

「阿富汗幣都在他身上。」他告訴養小馬的人。事實上，我們剩餘的錢全都在我身上。有三人接力串到河上，往上游前進了二十碼，露出無牙的溫暖笑容指示我移向他們那裡。

我們遇見阿富汗上校的那個下午稍晚，遠征隊的卡車陸續到了哲巴克。我們在喀布爾待了五天。又耽擱一週後，連俄羅斯人也同情起我們，再次歡迎我們進入老蘇聯，搭上他們的火車[3]。畢竟我們都有買回程票。

多虧在波茲南的買麵包歷險記，我比其他人晚一天抵達利物浦街車站。吉恩和艾利克斯接我回去，我留在他們家吃晚餐。我們的阿富汗故事有些令吉恩捧腹，有些她只是搖頭問：「你們幹嘛做這種事？」次日早晨，我跳上往湖區的北上列車。艾利克斯告訴我他要馬上出發去阿爾卑斯。別的登山者攀完班達卡或許會暫時放鬆，但對艾利克斯而言，那只是個基礎，正可作為台階，完成他在艾格峰未竟的事業。倫敦的天空剛開始出現秋季的雨雲，他體能狀態良好，不想在此時落入懶散。

返抵英國的第一天，艾利克斯聯絡了許多人。他從霞慕尼回來的朋友口中聽說了幾項豐功偉業，包括才兩週前，戈登．史密斯和托賓．索倫森（Tobin Sorenson）完成的大喬拉斯峰「古梭路線」（*Gousseault Route*，即「戴梅松路線」）二攀[4]。約略同時，羅傑．巴克斯特瓊斯和尼克．柯頓實現了溫珀支稜的首次自由攀登[5]。這表示，艾利克斯被拉去

3〔作者注〕我們回到帖爾米茲時，一個年輕的俄國守衛揮著半自動機槍，從我外套的一個內袋抽出一本美國詩集，面帶威脅地瞪我。我笑了笑，點點頭，右手順著腰側劃了一下。他懂這個動作，趁其他人還沒注意，迅速將書滑進了自己的外套口袋。

4〔作者注〕幾年前，人們發現史密斯和索倫森事實上並未重複「古梭路線」，而是開闢了較偏右、更直接的一條新路線。詳細故事見《攀登》（*Climb*），二〇〇九年五月號。

5〔作者注〕他們攀上的是溫珀支稜直登路線，即「友誼直登」（*Directe de L'Amitie*），為該路線二攀。

阿富汗的期間，他清單上的三條路線已有兩條被捷足先登了。只剩下艾格峰上的「哈林直登」。

尼克和戈登不能去——戈登在大喬拉斯峰受了凍傷——但年輕大膽、來自美國的托賓·索倫森還在霞慕尼，很有興趣再攀幾條路線。艾利克斯直奔霞慕尼，和索倫森一起於十月初到了格林德瓦（Grindelwald）。索倫森寫道：「你很難向瑞士人尋求鼓勵，看到想挑戰他們高山的小鬼，他們只會皺眉。」有十天期間，他們無所事事，等著好天氣。十月十二日醒來，他們發現雲層散開了，山壁被冰雪塗滿。

▲ ▲ ▲

「哈林直登」此前只有三組人馬登頂，都是採取圍攻式策略，運用固定繩等等。此時冰況近乎完美，代表無論補給充足程度或路段難度，大部分攀登皆能極快速進行。他們兩人的技術和過去訓練水準相近。索倫森剛度過一個充實的夏天。除了「戴梅松路線」的輝煌事蹟，他還登了幾條重要的新冰攀路線，每條都是和不同夥伴聯手，包括德魯雪溝直登。（這種走法不左繞，而是自困難的中路進入雪溝上半部。）

索倫森在《美國高山雜誌》（*American Alpine Journal*）中的記述，讓人多少能感受那次攀登的風格。他反思道：「爬一條先前人們花三、四週攀登的路線，卻只帶五天份的食物和一把岩釘，似乎是很奇怪的作法。然而，我們比任何人都清楚只能這樣辦。」艾利克斯和他的同道中人正在迫使登山的步調改變。攀艾格峰時，他向戈登借了一條單繩（single rope），直徑僅八公釐，長達六十五公尺。至少在那個年代，這麼細或長的攀登繩很不尋常。但話說回來，他才剛用同樣細長的波蘭繩子登完一座山。

路線難度很高，但他們兩人輕鬆快速地攻克了。攀登第二天，一位瑞士嚮導從少女峰鐵路（Jungfrau railway）艾格北壁站（Eigerwand）到北壁之間的觀景窗跑出來，叫他們不要爬了：「你們只有兩個人，不可能爬得上去。」他們沒理他，費最小的力氣、輪流開路，在十月十七日下午登上了山頂。之後艾利克斯便回家休息。

我打電話問他艾格峰如何，他只說：「就像班達卡，只是白天比較冷，而且比較安全。波蘭有消息嗎？明年計畫怎麼樣？」

兩個月前，我們在華沙火車站和歐特克道別時，說好要去爬加舒布魯四號峰（Gasherbrum IV，簡稱G4）[6]。

「歐特克昨天打來。他試過G4，但我們晚了一步，G4已經被預定走了[7]。好消息是，他有新方案。強卡邦峰南壁。你覺得呢？那座山不少人爬過了，有三次完攀，不過我們最好趕快決定目標。」

「山壁是什麼樣子？」艾利克斯問。

「沒概念。歐特克說看起來棒透了，一條岩冰混合的大山脊，像沃克支稜上面緊接著酋長岩（El Capitan），而且全部從兩萬英尺（約六千一百公尺）開始。」

「好像很有趣。我週末去找你。可以跟你借套西裝，穿去BMC面試嗎？」

艾利克斯應徵了BMC全國總召的空缺。道格爾．哈斯頓過世後，彼得．博德曼剛接下瑞士萊森的國際登山學校校長一職。面試下週舉行。問題是，我也有應徵那份工作。

「你覺得我會有兩套西裝嗎？這樣我們要在走廊上現場換裝欸。」

我對要不要爭取那份工作猶疑不決。我住在埃斯克代爾河谷、如詩如畫的小村布特（Boot），也非常滿意郡議會專案經理的工作。湖區似乎遠勝曼徹斯特。我已經養成習慣，晚上多半會去跑步或攀登，週末全部時間都在攀登。然而全國總召的待遇很好，每年有段假期可以參加遠征，而且無論誰得到那個職位，必然會對攀登仕途有幫助。

「好啊，你來吧。我們還可以一起練習面試。」

那個週末我們去攀登、打電話給歐特克敲定強卡邦峰的事。我還真的有兩套西裝，都是我叔叔給的舊衣。艾利克斯拿了一件對他來說實在太大的雙排扣西裝，但他穿起來搶眼極了，某種時髦雅緻和無法無天的綜合。

面試那天，我們短短打了個照面。他排在我下一個。與丹尼斯．格雷和鮑伯．佩特格魯（Bob Pettigrew）面談途中，我想通我並不想離開湖區，他們大概能看出我的態度。隔天艾利克斯打來，因為得到那份工作而欣喜若狂，這對我倆都是個好結果。他現在有固定收入和放假登山的時間了。

6 位在巴基斯坦，屬於喀喇崑崙山脈（Karakoram），為共十座加舒布魯峰群之一，七九二五公尺。

7〔作者注〕一九八五年夏，歐特克與羅伯特．蕭爾（Robert Schauer）攀登了人稱「閃耀之壁」（Shining Wall）的G4西壁。他們歷經九天登上那條極度困難的混攀路線，至今仍未有第二組人成功。就在抵達山頂前，他們遭遇一場嚴重的暴風雪，撐過幾乎無以維生的數日。他們被迫移動到北稜，奇蹟似地從持續的暴風雪中驚險生還。雖然他們並未登頂，但不少人認為，那是大喜馬拉雅登山史上最精湛的一場攀登，至今無人超越。

16

別誤會
Don't Get Me Wrong

英國登山協會總部並非如湯普森那篇〈再次和大夥們上路〉所言，高居丹尼斯·格雷大廈十七樓。事實上，他們只有幾間昏暗陳舊的辦公室，位於曼徹斯特大學一棟六層樓建築的最底層。為數不多的窗戶正對停車場，好運的話，你可以看見竊賊在對你的車下手，及時阻止他們得逞。附近車水馬龍的街道、毫無特色的水泥建築，使那地方在心理上簡直無法離山更遠了。艾利克斯只要有辦法就不會待在那裡。

我們抵達德里，要繼續往強卡邦峰去的時候，艾利克斯才新官上任幾個月而已。歐特克對艾利克斯的新工作很好奇，或許以為他會在我們與印度官方的漫長交涉中，扮演更活躍的角色。泰瑞·金恩和我一早起來就出發，去破解官僚體系的層層關卡，以便取得需要的許可。艾利克斯則躺在一張行軍床上，消磨悶熱難當的中午，拍打妨礙他閱讀的蚊子。那台到哪都跟著他的卡式音響正播放克莉西·辛德（Chrissie Hynde）和冒牌貨樂團（Pretenders）的歌曲[1]。要不是有金頂電池（Duracell）贊助，只怕我們得在無聲中旅行了。

「艾利克斯，所以全國總召到底是做什麼的呀？」

艾利克斯幾乎動也沒動，沉思半晌，給了歐特克一個他慣有的古靈精怪笑容。

「跟在這裡不太一樣哪，歐特克。在曼徹斯特我有辦公室，有個祕書，還有一堆人可以指派工作。這裡大家都已經忙翻了，我找不到人指派工作呀。」

艾利克斯於BMC工作的時期，大部分住在瑪莉亞．考菲家的分租房間裡；讀過她書的人也許很難想像她還有這麼個角色。艾利克斯當了她近兩年的房客，在他人生剩下那幾年，瑪莉亞對他影響很大。瑪莉亞在《脆弱邊緣》一書中動人地訴說了她的伴侶喬．塔斯克死後——與彼得．博德曼同時於聖母峰失蹤——她所經歷的傷痛。撮合瑪莉亞與喬的不是別人，就是艾利克斯。

瑪莉亞和艾利克斯碰面，是由於一通提姆．路易斯的電話。肯．威爾森賣掉《山岳》後，路易斯接下了雜誌編輯之位。路易斯知道瑪莉亞家裡有幾個房間出租，打電話問她還有沒有空房。

「他人很好，」提姆告訴她，「也很聰明。他剛在曼徹斯特得到一份工作。你應該會喜歡他，他叫髒艾利。」「他來到我家，我覺得這個人真的很棒。」多年後，瑪莉亞說。「我很喜歡他的活力、他的厚臉皮，還有那頭捲捲的頭髮。於是他搬進一間房間，馬上就證明他不是浪得虛名。」

瑪莉亞記得某次艾利克斯跑去旅行，隔天她打開他房門，打算稍微清理一下，赫然發現一個「老鼠窩」映入眼簾。「我把髒衣服撿起來集中，愈堆愈大堆，心想乾脆把床單被子也拿去洗好了。我掀開被子，看見床上丟著一碗吃一半的玉米片，上面滿滿一層黴。」

我和瑪莉亞坐在一間酒館小酌，聽她回顧往事。她說起幫艾利克斯管理房間的那段日子，深色眼珠隨回憶閃閃發光，烏黑直髮在她笑時一晃一晃。「我家成了艾利克斯許多朋友的基地營。不知多少次，我早上在樓下廚房，突然看到一群爬山的人睡眼惺忪走進來。」她停下來啜了口紅酒。「多年後，我巧遇艾利克斯在曼徹斯特的一個朋友，尼

1 一九七八年成軍的英美樂團，克莉西·辛德為主唱兼吉他手。〈Don't Get Me Wrong〉是他們後來的一首歌。

克・康奈利（Nicky Connelly）。他告訴我以前他多喜歡住艾利克斯家，因為早上有免費的豐盛早餐吃。他完全忘記那是我煮的了。」

家裡的狂歡派對不少。瑪莉亞剛開始於曼徹斯特教書，但仍過著學生風格的生活，因此艾利克斯並不格格不入。「艾利克斯和我成了真正的朋友。我想那是因為他從他媽媽那裡學到怎麼跟女性相處。他能和喜歡的女性朋友開誠布公、聊各種話題。他懂得尊重別人的想法，雖然未必能尊重別人敏感之處。」

瑪莉亞接著說：「他真的很貼心，他會給我建議，幾乎像我弟弟一樣。當我真的需要和人談談，他會收起鋒芒，認真聽我說。然後他律師的那一面會跑出來，開始問我很尖銳的問題：『妳跟那個人在一起真的快樂嗎？』」

瑪莉亞受不了的一點，是艾利克斯的好辯。當他處於爭論的心情，無論誰說了什麼，他都會採取相反觀點。那得自於他的法學訓練，他能看到事情的各種面向。拜此之賜，他有辦法在任何辯論中不落下風，而這項技能對ＢＭＣ的工作極其關鍵。不管他怎麼對歐特克胡扯，艾利克斯在ＢＭＣ時一點也不懶。事實上，他可勤奮了。他在英國登山運動來到轉捩點、政治人物盤算著破壞其基本自由的時期，在那個位置上展現了過人的才幹及創意。

艾利克斯的任期在過去的糾纏中展開。上工第一天，他在里茲大學的過往便找上門來。丹尼斯．格雷拆開一封里茲攀登社新社長寄來的信。他們想申請成為ＢＭＣ會員。「艾利克斯，看看這個。」他說。「你來處理再適合不過了。回信給他們，歡迎他們加入吧。」

艾利克斯有名的年度財務報告不過是三年前的事，一年前他才卸任副社長。但攀登社已經有套新的運作策略，和以前天差地遠。里茲大學對攀登社幹部下了最後通牒，要他們改革財務混亂、不作書面紀錄、儲藏室空空如也的傳統。幹部必須向學生會證明里茲攀登社依然值得撥款補助，繼續作為學校支持及承認的正當社團。過去每年，我們都會經歷這種折磨，但新的幹部顯然認為社團必須改頭換面。

他們不但把從前我們在《里茲誌》中表達的反ＢＭＣ立場拋得乾乾淨淨，還急切想成為繳費的正式會員。別人可能覺得這是恥辱的一刻，但艾利克斯不會。他回信給新社長，寫道現在里茲大學攀登社已經接管ＢＭＣ了，所以他非常樂意接受他們的支票。

儘管如此，決定加入ＢＭＣ，對艾利克斯自己的形象是很冒險的行動。他自願承擔風險，因為這將代表他已躋身職業登山家之列。他無意在ＢＭＣ長期發展。他知道博德曼離開的部分理由，是自己登山家的形象和登山官方發言人的角色無法兼顧。但對他們兩人來說，這份工作都是重要的跳板。

一九七八年三月號《攀登者與漫步者》（*Climber and Rambler*）器材專區的一篇嘲諷模仿，大致傳達了攀登社群對艾利克斯得到職位一事的懷疑。一張題為「升格專業」的艾利克斯照片下，雜誌如此調侃：「此非ＢＭＣ推薦的傳統風格，而是稍貴一點的新款『專業』。攀岩能力未見提升，但爬大山之路可望繼續順遂……是否從今而後，次等的仿效者會相繼變身專業，想獲得明星地位呢？」

「次等的仿效者」的趣話，令人好奇究竟要做什麼，才會被看成正牌的阿爾卑斯式攀登王者——況且他已經具有明星地位了。他的工作也和岳界地位無甚關聯。ＢＭＣ的職權範圍正大幅擴張，對政府和攀登社群的影響力亦隨之增加。艾利克斯身為「里茲黑手黨」的一員——丹尼斯．格雷如此稱呼所有與里茲攀登界有掛勾的人——能使ＢＭＣ更得年輕、無政府傾向的登山族群信賴。任命他時，無疑也考慮了這一點。

「當然，」丹尼斯說。「艾利克斯加入ＢＭＣ之前，我就認識他，因為他也是里茲攀登圈子的人。有趣的是，後來那裡出的不少登山家，延續了當年艾利克斯和你們其他人開創的攀登風格。這一代的艾爾．鮑爾（Al Powell）、坎登．庫爾（Kenton Cool）、里奇．克羅斯（Rich Cross）、瓊．布雷西（Jon Bracey），都是里大畢業的。」

博德曼也為BMC提高了公信力，但他或許風評和人脈太好，以至於背景較低微的潑辣新生代攀登高手不太受他感召。艾利克斯的龐克無政府調調和這群人很合拍。他的個性和行事風格與博德曼形成兩極。根據丹尼斯的說法，博德曼「處事圓融，除非被挑釁，否則通常都很沉靜。艾利克斯則是活潑強勢、好辯，而且詭計多端。」

一九七八年，至少就職員及個人會員數而言，BMC的勢力無法與今日相比。許多攀登者仍排斥成立一個全國登山協會的想法。在這些人心中，攀登並非「運動」。攀登是種冒險、一種無政府色彩的生活方式。成立一個官僚組織來照顧攀登需求根本自相矛盾——不只個人，一些老字號的攀登社團也表達了這種看法，包括里茲大學攀登社。攀登社群的人通常都頗敢於發言，有時觀點會缺乏灰色地帶。決定BMC各項方針的內部爭鬥可謂駭人聽聞。

對BMC最友善的看法是，它是必要之惡，但在較了解情況的攀登者眼中，它需要存在的理由日益清晰。當時的工黨政府有幾個政治人物力挺BMC，特別是英國首任體育部長丹尼斯・豪爾（Denis Howell）。他熱衷支持各類運動的管轄機構，認為這是管理及發展體育活動的重要利器。一九三〇年代的徒步者運動（ramblers' movement）[2]留下了更開放的鄉野，然而七〇年代，許多天然岩場仍屬於私人土地，開放程度有限，有些甚至禁止進入。有鑑於此，BMC設立了地區委員會，由通常來自當地攀登社團的辛勤志工組成，負責與地主或其他管理單位協商，讓人們更能利用這些地方。

此外，諸如鳥類和植物保育等環境問題上，攀登大眾也缺乏必要教育。必須找到一個平衡點，兼顧攀登團體和其他團體的利益。攀登界很少人意識到這些議題，而設法提出平衡的觀點說服各社團，即艾利克斯的重要任務之一。無論地方或國家層級，政府並不賞識某些攀登者什麼峭壁都能爬的態度。這件事尤其惹毛在艾利克斯任內上台的柴契爾政府。攀登者一律須投保的強制救援險，則是另一顆BMC成功閃避多年的子彈。

然而，艾利克斯那時期最重大的議題，是BMC於訓練和教育方面的角色。對於探險在教育中的作用，行家之間已激辯了十年。多數人認同青少年到山裡挑戰自己是件好事，但攀登界主張那必須發自內心的「探險之泉」，不能是學校規定的活動。攀登族群自然而然感到，登不登山是個人選擇，愛冒險的青年大可參加坊間社團。最重要的是，攀登的技藝是在反覆失敗中習得的。唯有透過犯錯和發生意外，一個人才能理解攀登固有的危險。時任《美國高山雜誌》編輯的艾德・卡特（Ad Carter）曾對美國攀登家傑克・塔寇有過著名的提醒：「好的判斷力基本上是判斷錯誤但沒死的結果。」這些都是學會行事更負責、安全必經的環節。這類想法得到肯・威爾森為首的人們大力推廣，但卻忽略了一點，即攀登總要有個開始的契機。有趣的是，艾利克斯開始攀登的契機就來自學校。

BMC的方針最終須由正式會員於年會上裁決。大方向由專業幹部們擬定。BMC有針對訓練、通行權等等的專家委員會，幹部們須將方針文書提交給他們審核。BMC的管理結構龐大繁冗，但也很民主。當年，會員主要由攀登社團組成，他們的代表亦為選舉產生的幹部。不難想見，大部分社團提倡的是該區或該地關心的議題。一項重大方針可能得花上好幾年才能通過。各社團必須回去諮詢成員意見，辦起來相當費時。政治

2 爭取徒步者權利、主要是鄉間土地通行權的運動，一九三五年成立為英國徒步者協會（Ramblers Association），一九四九年終於促成開啟英國國家公園、國家步道發展的《國家公園與鄉間通行權法案》（National Parks and Access to the Countryside Act）。

傾向較重的社團代表——不少人有濃厚的社會主義背景——扮演著工會代表的角色，對抗ＢＭＣ自創且有薪的專業幹部群。許多來自各方、能言善道的聲音反對任何約束「登山自由」的制度。要堅持顧全大局的立場，艾利克斯的辯才不可或缺。

攀登界內部爭吵不休的同時，一股反攀登輿論開始鋪天蓋地而來。深植於ＢＭＣ和老一輩社團——包括英國山岳會——結構中的菁英主義和無政府主義作風，被認為已經與時代和社會脫節。這類態度的開端為一九七一年發生在凱恩戈姆山（Cairngorms）[3]的一場悲劇，六名孩童於學校的冬季登山旅行中不幸凍死。「這種悲劇根本不該發生，」媒體疾呼。沒人不贊同。攀登族群主張，孩童之所以身陷危險，還不是因為教育界想將並非人人適合的探險納入課綱。控制「山岳領導員訓練委員會」（Mountain Leader Training Board，簡稱ＭＬＴＢ）[4]的並非ＢＭＣ，而是這些教育界人士。

爭論持續延燒數年，經常淪為鬧劇。上議院的一位議員認為「只有少數幾個像鮑寧頓的登山家有辦法在蘇格蘭山上活著過一晚。」要求冬季封山的文章開始出現。今日英國，相同的議題又再度上演，只是ＢＭＣ如今較為壯大。當時的小報就像現在一樣，往往訴諸「一般看法」來攻擊任何他們不懂的活動。所謂一般看法通常是他們為自己方便發明的東西，多半是講冒險百害而無一益、選擇冒險的個人不容於社會、危害他人云云。

凱恩戈姆山難相關的負面報導之後，大眾不僅責怪教師，也責怪想要攀登的人。為了回應公眾關切，政府推動建立制度，確保帶領孩童上山的教師具備資格。BMC的領袖人物，包括主席、管理委員會、資深幹部，感覺到吹過白廳（Whitehall）的風向在變，發現他們陷入了兩難之境。他們知道主流體育及教育界的價值觀與登山家及冒險攀登家大相逕庭。然而若BMC失去代表攀登界坐上政府立法桌的地位，他們恐怕只有任人宰割的份。下場可能是封山、強制保險、任何人想攀登皆須考取資格認證。因此，BMC的角色是替攀登族群爭權益，同時又不顯得太過偏激或菁英主義。

艾利克斯上任時，人們正沸沸揚揚吵著資格這種東西有沒有意義，山岳雜誌通篇都是。有些人認為一種「文憑心態」正在危害冒險精神。那場爭議平息後長大的世代大概

3 凱恩戈姆山是蘇格蘭東部高地的山脈，最高峰一三〇九公尺，為全英國僅次於本尼維斯山的高峰。

4 管理山區活動領導者培訓、認證等事務的機構，一九六四年由BMC與英國體育組織總會（Central Council for Physical Recreation）共同創立。

很難理解這有什麼好吵的[5]。「那是英國攀登史上最激烈的爭議。」丹尼斯．格雷說。「凱恩戈姆山難說服了許多登山家，主流體育界有必要進一步參與和管制登山訓練活動。」

BMC成立了一個專家小組，由約翰．杭特勳爵（Lord John Hunt）擔任主席，格雷做他的祕書，以詳細評估此事，提出建議作法。「現在回顧，我們有點太天真了。沒有比干涉別人的生計和地位更容易引起反彈的事了。」若說杭特是個強大的靠山，反對他報告結論的人們則有傑克．隆蘭爵士（Sir Jack Longland）帶頭，格雷描述後者「超級頑強抵抗」。MLTB主席隆蘭面對一場不信任投票，BMC則被體育協會（Sports Council）收回部分補助，威脅要讓他們破產。「不久後，英國山岳會提議要幫我們仲裁。雙方都立即接受了。」

艾利克斯非但迅速掌握了所有議題，更掌握到政治手段和外交手腕兼具的必要。他奉命寫一篇支持BMC的事件始末，交給負責仲裁的「山岳訓練裁決會」。最後，裁決會建議教育界人士經營的委員會和BMC底下的委員會合併。BMC可以自行制定所有山岳訓練的方針，同時其他專業者——比如山岳中心的管理人——也將繼續扮演要角。

這一切對艾利克斯而言都是新鮮刺激的工作。他有機會發揮法律系畢業的專長，處理政治眉角以及擬定方針，並運用他身為攀登家的公信力，應對攀登大眾之中嘈雜的怨聲和蟄伏的官僚主義。在他看來，大多數登山者「短期內根本不在乎。但若我們輸了，會對長期發展不利。」

艾利克斯是個強悍的辯士。他相信，面對想將「安全」規範進所有活動的企圖，BMC的角色對攀登之存亡至關重要。他會定期回家探望母親吉恩，報告工作近況。對於艾利克斯能有所施展、顯然樂在他的工作，吉恩非常引以為傲。他和小妹莉比也一直感情很好。莉比完全繼承了吉恩的聰穎和毅力，而且像艾利克斯一樣意志堅定[6]。

艾利克斯對於聰明、好強的女性通常頗有好感，把對自己母親的敬愛延伸到他視為

5〔作者注〕夏季及冬季山岳領導員認證現已被普遍接受、認為是有益的制度，其他一些資格認證，例如單繩距攀岩認證（Single Pitch Award），則是BMC訓練委員會被迫推行的。MLTB威脅不然他們就自己創一個，且有些大學已在試圖將獨立於BMC以外的類似認證制度，註冊為國家職業資格（NVQ）。跟另一些運動相比，攀登在BMC掌舵下算是抵達了平靜安和的海域。雖然艾利克斯之後的年代，各種攀登認證——從登山指導員認證到隸屬於國際山岳聯盟（UIAA）的全方位嚮導——或多或少成了一道垂直的職業階梯。今日，在反對風險、認證主導的教育體制下，滿城風雨的場面已經不再。不過僅限於沒有意外發生的時期。

朋友的女性身上，包括瑪莉亞．考菲和BMC祕書麗塔．哈蘭。他非常敬佩麗塔。麗塔是BMC管理團隊的中流砥柱，她的有條不紊和常識令艾利克斯想起吉恩。他會將工作交派給麗塔，以便騰出更多時間去攀登。

他和瑪莉亞．考菲的關係完全是另一回事。他們逐漸熟識後，開始在攀登圈子裡有了一些共同友人。某次，瑪莉亞當時的男友出國工作好一陣子，艾利克斯認定瑪莉亞一個人夠久了，必須撮合她和別的對象。於是他打電話給好友柯林．布魯克斯，找他來家裡。「柯林來的時候，艾利克斯一點也不拐彎抹角，感覺很像『喏，這就是柯林，你們認識一下就解決啦。』他看待感情真的很現實，至少跟我相處是這樣。」瑪莉亞覺得那是艾利克斯性格重要的一部分。如果他感覺到某人不快樂，他照顧別人的那一面會浮出來，設法把局面改善。瑪莉亞曾經同時面對幾段關係，經歷特別低潮的時期，最後艾利克斯認定這樣不行。

他對她說：「把他們都甩了，再認識新的人吧。」他心裡的人選是喬．塔斯克。於是某個週末，他開車載著瑪莉亞去威爾斯，參加艾爾．哈里斯（Al Harris）家的一場派對。他知道喬也會去。「當我和喬真的走到了一起，」瑪莉亞說，「艾利克斯就跟往常一樣直白。他說：『妳要知道每次喬去爬山，都有十分之一的機率他回不來。意思就是妳跟他在一起愈久，他死的機率就愈高。』那番話真的令我開始思考，因為我並沒有和真正的喜馬拉雅登山家交往過。我開始問其他人，像關妮絲，她們在伴侶遠行時都是怎麼度過的。」

瑪莉亞第一次體會到被留下的女人所面對的不確定和不安全感，是一九七九年喬去干城章嘉峰的時候。艾利克斯和關妮絲正在談分手。瑪莉亞記得有天晚上，艾利克斯喝醉了，向她提議要不要展開一段戀情，不過要依照他的想法，而且僅限短期。他說他們可以在喬回來前共度一小段時光。

瑪莉亞回憶：「艾利克斯說，既然妳男人不在身邊，我又沒女友，我們在一起不是很好嗎？這樣妳還可以開我的車，我的車比妳的好一點。他真的就是這樣說的。我坐在桌前笑到停不下來。」

她告訴艾利克斯她覺得不可行，尤其因為她現在已經和喬在一起。喬從干城章嘉峰

6〔作者注〕莉比後來成為出色的商業人士和騎師。最近幾年，她已能自由選擇愛好的工作。艾利克斯若是知道他妹妹的成功，一定會為她無比驕傲。

回來後，瑪莉亞記得她載他回曼徹斯特，「只是東扯西扯」地跟他聊了所有新鮮事，也說到艾利克斯的舉動，以為那是另一件能逗笑喬的趣談。結果完全相反。

「他氣死了。好幾個月之後，艾利克斯和莎拉來找我們吃飯，喬馬上就出門了，一句話都不肯跟艾利克斯說。後來一直到他們過世，他們的關係都很僵。」

17 給我個痛快
Don't Take Me Alive

歐特克有一系列想爬的山壁，班達卡不過是第一座。確定無法赴巴基斯坦，攀登喀喇崑崙山脈（Karakoram）的加舒布魯四號峰之後，我們便仰賴他物色新的目標。強卡邦是他申請的第二座印度山峰，他的首選——楠達德維山（Nanda Devi）[1]東北壁，已被我們的朋友泰瑞・金恩申請走了。印度登山基金會（Indian Mountaineering Foundation）建議他改成強卡邦峰。

強卡邦的名字討喜地耳熟。鮑寧頓領軍的英印聯合遠征隊於一九七四年首攀了這座山。一九七五年，喬・塔斯克在附近的都納吉里峰攀登時，瞥見強卡邦西壁壯麗的挑戰。隔年，他與博德曼以精采的膠囊式（capsule-style）[2]方法攀上了這面山壁。那是件浩

1 位於印度加瓦爾喜馬拉雅山區，七八一六公尺，僅次於干城章嘉峰的印度第二高峰。Nanda Devi意為喜悅女神。

大的工程，他們幾次因天候惡劣被迫下撤，最後終於順利登頂。他們的成功也證明了意志堅決、技藝高超的兩人小隊可能以大岩壁（big-wall）[3]攀登方法，登上極高海拔的巨峰。以阿爾卑斯式挑戰南扶壁，會再將標竿抬高個一兩格。

我負責為我們的英波強卡邦南扶壁之行尋覓贊助和資金。英國這邊其他的準備工作也泰半落到了我頭上。艾利克斯BMC的事務忙得驚人，我至少晚上總是有空。這一年，我討論的對象從安德烈換成了歐特克。我們的班達卡攀登在波蘭產生了效應，歐特克不只作為登山家，作為阿爾卑斯式旅程規畫者的本領也終於被完全承認。我們這趟的主要贊助者不是波蘭山岳協會。他們很樂意借器材給我們，不過歐特克另找了他那區的俱樂部和扎科帕內（Zakopane）鎮議會商量。扎科帕內是波蘭塔特拉山的首善小城，那年恰逢他們併入波蘭的四百週年紀念，為了一些不很明白的理由，我們的國際遠征被認為是再好不過的慶祝方式。

歷經去年遠征不得不東摳西省的窘況，我希望這次為強卡邦峰募資募得成功一點。但想取得私人贊助裝備和食物，首先須拿到聖母峰基金會（MEF）和BMC的補助；有了這兩枚認證標章，才能開啟其他贊助的機會。我們個人只有少少資金可貢獻。波蘭沒有火車到印度，我們必須籌夠錢買機票。

艾利克斯聲稱由我來向MEF報告，我們的申請比較容易通過，因為我有合身的西裝、家裡有電話，而且我工作不可能像他那麼拚命。

「好嘛約翰，你去年辦過一次了，你比較有經驗啊。」

我知道艾利克斯只是花言巧語，但他下一句令我無話可說。

「而且身為全國總召，我負責管理BMC撥款，這些撥款是MEF補助的計畫附帶的一部份。」

顯然，這裡有利益衝突的問題。然而，我跟他一樣，白天工作忙得要命。我看過強卡邦峰的側面照，但我沒時間多查什麼資料。強卡邦峰是世上最美的山岳之一，西、北、南面是幾近垂直的山壁，只有首攀路線的東稜以及西南稜，提供了較容易的替代選

2 一種阿爾卑斯式攀登的變化形態，途中會使用固定繩，但全憑己力搬運和架設。通常會先將營地設置在路段起點，每天出發架設固定繩，架好後再將營地及繩索物資一次搬到上方，然後再架固定繩、遷移營地……重複數次後，到峰頂的最後一段路以阿爾卑斯式完成。

3 「大岩壁」指一天內無法完成、須在壁上過夜的攀岩類型，通常是近乎垂直、極少裂隙的巨大岩壁。

項。我還知道前一年，有來自湖區的堅強隊伍曾經挑戰失敗。以上就是我對強卡邦峰的全部所知。我打定主意，私掠者那句老話「去了就有機會」便足矣。反正我們的經歷應該就夠爭取到一筆不錯的補助了。

我寫了申請書給MEF。五月某天，我已來到倫敦，正在前往海德公園與亞伯特紀念亭對面的皇家地理學會參加審查會的路上。我沒參加過，也沒人警告我要認真準備。從肯辛頓岔口（Kensington Gore）走去，那棟建築具有某種雄偉帝國氣派，來自一個探險意味著民族榮光的年代。鄰近亞伯特音樂廳、維多利亞與亞伯特博物館的豐碩收藏，皇家地理學會坐落在倫敦保留了大英帝國神氣架子的一區。

維多利亞女王從她海德公園的寶座投來空洞的眼神，盯著我走進雕花鐵門。我向門衛說明來此的理由，得到一個短促的點頭。我猜他送進門的達官顯貴比一般攀登者每月吃的熱晚餐還多[4]。有人告訴我，這裡的走廊可聞過去無數知名探險隊的鬼魂腳步迴盪，我在廊上走著走著，忽覺肅然起敬。維多利亞時代的英雄畫像零散掛著，表情堅定卓越，但還有別的什麼。在我自己這個時代以類似狀態旅行過，我在他們臉上發現一種瘋癲、盜竊和貪渴未知的混雜。被大衛．李文斯頓（David Livingstone）[5]、法蘭西斯．榮赫鵬爵士（Sir Francis Younghusband）[6]、布魯斯總督（General Bruce）[7]等響亮的名字包圍，誰能不感敬佩甚至震懾呢？

簡直像敬意的表現，我上樓梯時絆了一跤。我太專注於感受周圍的一切了。將倫敦的喧囂擱在僅僅五十碼外，來到大英探險史的輝煌中，我為時已晚地發覺我的訴求太散漫、或許注定失敗。我得讓他們印象深刻才行。走廊上，另外幾個年輕男人抓著排列整齊的厚卷宗，腿上堆著捲得漂漂亮亮的地圖。我什麼都沒帶。我腦裡閃過學生時代考試前忘了讀書的惡夢。

這是我第一次來MEF。去年我們的英波興都庫什遠征是彼得・侯登來提案的，他

4 英式英文俚語，「比……吃過的熱晚餐還多」指經驗豐富。

5 蘇格蘭醫師及傳教士（一八一三～一八七三）。以在非洲的探險聞名。

6 英國軍官（一八六三～一九四二）。以在遠東和中亞的探險聞名，曾帶領英印軍成功進入西藏拉薩，也是史上頭幾支聖母峰探險隊的催生者。

7 英國殖民地統治及外交官員（一八一一～一八六三）。曾出任牙買加、英屬北美、加拿大、印度總督，他知名的還有曾經下令焚毀圓明園，為一八六〇年英法聯軍中被殺的英軍報復。

是參加這類審查會的老手。關於MEF，我只知道他們很可敬，幾乎摸不透。我對我們要去的山約莫也只知道這麼多。當年，艾利克斯和我很為我們的瀟灑自豪，乃至於一直覺得那種態度天經地義。都還沒去，幹嘛擔心那麼多？三十五年後看，那樣的態度恐怕太天真，甚至缺乏尊重了。我完全不曉得負責審查的有哪些人、會問什麼問題。我心想：「反正盡量真誠、有禮貌，好好回答問題，我們就會拿到一筆豐厚的補助了。一兩小時後我就會在回湖區的火車上了。」

結果我只料中可敬這一點。我走進房間，一群可以組支戰前聖母峰遠征隊的審查委員從光滑的長木桌抬起頭。我不知道他們誰是誰，但其中應該不少是我的兒時偶像。我認識的面孔只有道格．史考特和鮑伯．佩特格魯，即委員中僅有的兩位沒盛裝慶祝過一九二一年西藏遠征的人。我突然意識到我真正需要的是唬爛能力，而不是誠懇或禮貌。

面談開頭進行得挺順利。我沒把我們的名字和目的地講錯，從口袋裡摸出了一張我計算各項開銷的小破紙；總額不多，因為艾利克斯不習慣花錢。我們只能假定在波蘭黑市將募得的美元英鎊兌換後，錢會夠買機票。然而，我們還得付入山費、雇用挑夫、購買基地營的伙食。我們打算在飛機上把所有能弄到手的多餘物資賣掉，多換點印度盧布，再於印度黑市兌換更多強勢貨幣，這樣手頭會再充裕一點。我們就是這樣發揮美元最大效益的。我覺得淺顯易懂，但審查委員們的嚴厲表情忽然和牆上掛的那些可敬探險家畫像十分相融。我的故事對沒參加過波蘭遠征團的人來說好像很難接受，也就是在場除了我以外的所有人。這些作法都太不英式了。

然後情況甚至更棘手了。「你們的路線會怎麼走？」道格．史考特問，一面將一張黑白照片滑過桌子送向我。我撿起照片，看見一座貌似德魯峰，但高度近兩倍的山頭。「哇靠，還真陡。」我暗想，試圖表現得毫不震驚的樣子。

我借來一支筆，從接近底部的某個點開始畫一條線漫行向上，有點像不會算數的三歲小孩在玩連連看。我邊畫邊裝作分心的樣子，假裝在聽桌尾一位德高望重的先生問我德里之後的交通問題。他言下之意是路程非常遙遠、非常不便，那和我想像中車頂架裝得太滿的計程車畫面兜不起來。時間夠我完成我的鬼畫符，隨意地滑回去給道格了。他對我選的路線那麼佩服嗎？剩下的時間他都沒說話。

最後，我加油添醋地總結了我們的能力、突破輕量攀登疆界的必要，以及在這全球危機的年代維繫東西關係何其重要。我微笑作結，心想這總能說服他們了吧。我的努力獲得幾個理解的頷首和幾聲鼓勵的悶哼。面談結束。我半鞠個躬，道格送我到走廊。

「選得好啊，年輕人，」道格稍微放低音量道，「你選了那面山壁上唯一必死無疑的路。」

我差點愣在原地，被我自己的無能嚇傻了。我試著探他的口風，想知道我是不是把事情搞砸了。他只是笑笑，轉身走回房裡。一小團備齊地圖與文書的專業攀登人士擦過我走進去，受到MEF審查委員親切熱情的招呼。我夾著尾巴往車站移動。

當時我不知道，但我們將會拿到足以令旅程成功的補助——還真的一點也沒多。我也不知道，隔年我還會在MEF出更大的糗。那個時期，我們想要的就只是一個機會。為大山籌畫半天實在沒什麼意義。可能出錯的事太多太多。重要的是先去再說。

「如果我們真能辦到，那會是徹底的奇蹟。」一九七八年七月二十七日，我們離開米隆（Millom）[8]的那天，我在日記裡這麼寫道。「我們是支堅強的團隊，在挑戰顯而易見而且接近不可能的目標……細節沒那麼重要，重點是我們去了。」

就這樣，緩和時期的第二次遠征開始，雖說隨著東西方之間的緊張升溫，「緩和」的行銷價值多少有點流失。新聞謠傳蘇俄正計畫侵略阿富汗，不過我們已經第一手知道了。我的好友彼得・克拉克和他當時的妻子茱莉答應載我去克拉科夫。我會在那兒和歐特克碰頭，處理波蘭的文書工作。然後我們倆便先飛往印度解決繁文縟節，其他隊員預計晚我們十天到。艾利克斯會利用BMC每年給他的兩個月遠征假。我和郡議會的合約正好到期，所以除了攀登什麼也不必想。

我成功說服彼得和茱莉，要開啟他們那年到鐵幕背後的夏季假期，沒有什麼方法比載我去波蘭更棒了。我們把遠征隊搜羅到的免費好東西——食物、裝備、威士忌——能塞多少是多少，統統擠進彼得的愛快羅密歐（Alfa Romeo）。後座被物資袋子團團包圍的一個小方格勉強夠坐下一人。接下來的旅途，我們三個輪流開車兩小時、坐副駕駛座兩小時、後座兩小時。我並不像他們一樣擔心過東德和波蘭海關會遇上困難。遠征總預算三千五百美元鈔票全都在我錢包。坐在後座胡思亂想，我想著賄賂不知要花去多少。

我們總共開了四天車，從米隆到克拉科夫。進入東德時，我們在邊境檢查樂透裡運氣很好。排在破舊的貨車和衛星汽車（Trabant）[9]後面焦慮地等了八小時，隔輛檢查的海

8 坎布里亞郡、都敦河口北岸的小鎮。

9 東德最常見的汽車款式系列。

關人員最終草草一揮，示意我們通過。對向過來的每輛車都被徹底搜索。他們的邏輯是沒人會跑來東德開店鋪。我們沿鵝卵石公路向前駛去，那是希特勒三〇年代重建計畫所興建，一九三九年德國國防軍（Wehrmacht）入侵波蘭也走過的道路。

到了波蘭邊境，我們又白等了五小時，才聽一個活潑的守衛說我們拿的是「特別簽證」，根本不必排隊等候。扎科帕內寄給我們、我們連同護照交給倫敦波蘭使館的那些文件裡，想必包含這項特殊請求。就這樣，我和彼得夫妻於晚間抵達波蘭，整車物資完好如初，一件也沒被沒收，一毛賄賂也沒付。

一小時車程後，我們彎進一條通往要塞小城卓里（Zory）的山路，想找點東西吃，順便找地方過夜。狹長的鵝卵石街道上一片漆黑，幾乎看不出有人的跡象，直到我們經過一棟大會堂，原來那裡正在辦婚宴。酣醉快樂的賓客們一發現門口有三個英國人，便拍著我們的背把我們邀進去，拉到主桌去坐。人們為我們端來菜肴和好多伏特加。幾位年長男士說起波蘭和英國的特殊情誼。他們有些曾在英國工作，有個人說他曾是自由波蘭空軍[10]的技師。那真是回到波蘭的美妙歡迎。

隔天，我們驅車往東南，穿過綿延起伏的農地，於中午時開進卡托維茲（Katowice）

地獄般的風景。高大的煙囪噴出濃煙，煉鋼廠、製造工廠、辦公大廈彷彿無盡蔓延[11]。車上卡式音響播出的平克．佛洛伊德（Pink Floyd）《動物》（*Animals*）專輯似乎非常應景[12]。

那天晚上，歐特克在克拉科夫與我們會合。我前幾次私藏的茲羅提已經用光了，於是指派彼得去和中央廣場上、聖母聖殿（Saint Mary's Basilica）外的一個皮夾克男兌換英鎊[13]。我說既然他們之後還要在波蘭繼續遊覽，總得學學怎麼在黑市換錢，才能細水長流。事實是我擔不起被特別警察抓到的風險。

歐特克來了以後，我們到一間有吉普賽提琴曲伴奏的酒窖餐廳吃了頓飯。我們議定了多少美金要換成茲羅提，多少要留到印度，於那裡的強勢貨幣黑市兌換。波蘭的黑市

10 二戰期間在法國和英國結成的流亡波蘭空軍。

11 〔作者注〕這些高聳的煙囪和工廠，為許多波蘭攀登家提供了困難但待遇優渥的高空作業職位。他們來到卡托維茲尋找更好的薪水，以及加入新星亞捷．庫庫奇卡領銜的攀登圈子。

12 Pink Floyd是英國七、八〇年代重量級搖滾樂團，作品概念性濃厚，不少專輯封面亦相當知名。《Animals》發行於一九七七年，發想自喬治．歐威爾名著《動物農莊》（*Animal Farm*），封面為一隻充氣豬飄在工廠煙囪之間。

行情有官方匯率十倍。我在印度成功換得比銀行匯率高兩成左右的價格，但交易風險要高得多。好消息是，波蘭航空公司LOT願意以極優惠的票價，載我們整隊到孟買。

次日我們便開車南下，到扎科帕內和這次強卡邦行的其他波蘭隊員碰面。克里茨多夫·祖列克有著與喬·布朗相似的短小精悍體格，曾在十一小時內跑上七千公尺的諾沙克峰又跑回。他不聽話的黑髮和艾利克斯有點像，個性直來直往，不偽裝也不求引人注意，是個令人一見就喜歡的人物。我們的隊醫萊赫·庫雪斯基（Lech Korniszewski）靈活機敏，舉手投足散發莊重之氣。萊赫擁有喜馬拉雅登山家的實力，並且如同扎瓦達，出身波蘭上層階級。他是位備受尊敬的名醫，後來在醫學上的研究獲得國際肯定。

作為建城四百年大慶的一部分，扎科帕內鎮議會精緻的廳堂裡舉辦了熱熱鬧鬧的市民招待會。坐等致詞和上菜的時候，萊赫手捧一個大壺出現，問我們：「要不要來點柳橙汁呢？」我們預料會有段漫長乾燥的致詞，已經先於當地咖啡店墊了點啤酒，真是太傻了啊。萊赫露出會意的笑，替我們把杯子斟滿。這柳橙汁喝起來有百分之五十是烈酒。晚會最後，伏特加空瓶和致詞的數量也差不多了。我用我非常有限的波蘭文發表了一段感謝，逗得鎮長和鎮議員很樂。所幸我們有幾天在塔特拉爬山的日子可以用來恢復。

歐特克和我飛向孟買——波蘭唯一有飛機可達的印度城市。我們隔天搭上往德里的慢車，買的是二等車廂。八月的雨季悶熱使一切重得透不過氣。此外我們也餓得發慌。歐特克適應某地細菌和環境的辦法，包括抵達的最初三十六小時完全不進食。我們到了新德里的波蘭大使館才吃上兩天以來真正的第一餐。我們原本打算像去年於喀布爾一樣，住在波蘭大使館，但如今東西方之間的緊張加劇，氣氛沒那麼友善了。我搬進康諾特廣場（Connaught Square）旁的一家廉價旅館。

歐特克在大使館等待我們的裝備；裝備從波蘭陸運到印度，由「馬卡魯峰的車」載

13〔作者注〕一九七六年，結束冬季交流之旅後，我們搭上從華沙經克拉科夫的班機。降落時，飛機在冰上打滑，從跑道闖進一片結凍的牛隻牧場。我看出窗戶，眼神正好和一隻抬起頭的牛對著，牠一副「怎麼又來了」的無奈樣。我們進入航廈，被交代務必留在候機室等待通知。那裡有個販售飲食的點心吧，但只收茲羅提。所有茲羅提皆須於進入國際候機區前兌換成外幣，我們在華沙機場就把錢換完了。在那個點心吧，我們看見有群男人用茲羅提買了一堆啤酒和三明治。他們的對話夾雜波蘭文、威爾斯文和英文。伯吉斯兄弟和他們聊了起來，沒多久，我們都在暢飲啤酒了。他們是一支波蘭威爾斯橄欖球隊。問起怎麼會有那麼多茲羅提，他們說他們總會留一點應急，以免飛機誤點或墜機。學到了。

來。卡車延遲四日終於抵達那天，我人正好在大使館，看到了不該看的東西。卡車上的封條已拆開，我們的裝備被搬下來，空位堆進各種要繼續載往尼泊爾的貨物。

「這樣很正常。」歐特克說明。「我們的司機有沿途所有國家的封條。」透過這些使團進出口的機會顯然沒有極限。感謝馬卡魯峰的車，我們的裝備都很好，沒有海關保證金要付。照理說等其他隊員一到，應該就能往加瓦爾地區出發了。但我們和印度登山基金會（簡稱ＩＭＦ）就強卡邦攀登許可的交涉陷入僵局。波蘭人使的小謀小詐，跟十年前ＣＩＡ在楠達德維設間諜站的滔天騙局根本沒得比。我們好像被捲進了過去陰謀的遺緒，冒險還沒開始就要結束了。

次日，我到新德里車站接艾利克斯、克里茨多夫和萊赫。艾利克斯劈頭就問：「我們哪時出發？」

「可能不必出發了。很複雜。總之先去旅館吧。」

越過人力車的嘈雜蹓躂和德里街頭的震天車聲，我問艾利克斯他可曾聽過一九六五和六六年的美國楠達德維遠征。他沒聽過。

「那是用來掩飾ＣＩＡ祕密行動的幌子。他們真正的目的，是設一座核動力監聽裝置，用來偵測中國的原子彈試爆結果。但因為天候不佳，一九六五年的遠征被迫中止。他們離開前，把監聽裝置拴在山壁的一個平台上。第二年回來時，他們發現裝置連個影兒都沒了，被雪崩沖進恆河上游了。這件事剛在印度傳開。好像有個六五年的遠征隊員覺得良心不安，投書給西雅圖的報紙。恆河可能有核幅射的事引發軒然大波。印度當局已經禁止任何遠征隊進入楠達德維聖殿（Nanda Devi Sanctuary）[14]。歐特克對ＩＭＦ職員氣炸了。」

「原來如此。」艾利克斯說。「這樣我懂昨天飛機上那俄國人的意思了，他跟我說：『你搭的這型飛機叫「伊留申」（Ilyushin），你要是以為現在去印度能爬山，那叫「不可能」[15]。』我說：『那就奇怪了，我敢肯定我們已經起飛了（off the ground，亦指順利起步）。』但他沒聽懂我的笑點。真的那麼嚴重嗎？」

14 指楠達德維周圍壯觀的圈谷，是被當地人視為聖地的一塊區域。十九世紀英國探險家開始以sanctuary稱之，後來一九六〇年代，英國登山者開始探索亦被視為聖地的安娜普納南側圈谷時，沿用了此一稱呼。（感謝林友民先生告知。）

15 原文：It is an Ilyushin you are flying, and an illusion if you think you will climb in India now.

「很嚴重，但泰瑞和我有個主意。」

泰瑞・金恩和他的攀登夥伴保羅・史密斯（Paul "Matey" Smith）也面臨相同的困境。他們原已獲准攀登楠達德維東北壁的一條新路線，但就跟我們一樣，他們要到那裡必然得經過楠達德維聖殿。泰瑞和我想出了一條計策。我們先前造訪印度國會大廈（Sansad Bhavan）附近一間又悶又擠的小辦公室，和IMF主管藍姆先生（Ram）談過，沒取得任何進展。他是個斯文的小個頭男人，有點柔弱怯懦。一如歐特克，泰瑞對這個給了我們許可又收回的制度，沒半點耐心或同情。那些因素根本不甘我們的事，這樣對我們太不公平了。我們就此大作文章。

「我們誠心誠意來登山，你們錢都拿了，現在竟然不給我們許可。我們絕對會把這件事告訴英國山岳會、BMC、所有報章雜誌，保證從此不再有半個英國登山客來印度。如此如此，這般這般。」我們滔滔痛批。那位可憐的先生只是點頭，重複說著：「*Accha*（印地語：說得對），但你們還可以去爬德維斯坦峰（Devistan）呀。」那在我們聽來跟去黑池海灘差不多吸引人。

泰瑞忽然徹底失控了。他伸手抓住IMF祕書的衣領，將他舉離地面，罵了幾句髒話之後扔回座椅上，然後氣沖沖轉身就走。泰瑞的腳步在樓梯井迴響的同時，疊滿辦公室的黃紙山似乎隨時有崩塌的危險。呆坐片刻之後，我出聲說：

「抱歉，金恩先生太激動了。你知道的，他是史特拉福皇家莎士比亞劇團[16]的演員。演員嘛，脾氣總是比較火爆。」我不算完全扯謊。泰瑞有在教舞台格鬥，他合作的劇團也包括皇家莎士比亞。

藍姆先生顯然對這項新情報很感興趣。「喔？你說演員？」這位祕書臉上露出了不必再聽激昂陳詞的曙光。他拿起旁邊一疊便條紙，寫下一個名字和一串電話。「你明天去內政部找辛格先生（Singh）。他最喜歡英國演員了，也許他可以幫忙。」

▲ ▲ ▲

就這樣，我們重複搬演這套劇情曲折的黑臉白臉戲。幾乎一週之久，我們每天早上都會乘上人力車，到各種辦公室去見政府官僚，層級逐漸愈來愈高。我們總會被介紹去

16 Royal Shakespeare Company，英國最權威的莎劇劇團，以莎翁出生地史特拉福（Stratford-upon-Avon）為根據地。

找另一個人，於午後的蒸騰熱氣中來到下一扇門前苦等，直到被告知明早再來。隨著我們在辦公大樓間持續上升至更寬敞的辦公室，泰瑞的演員名聲也漸漸傳開。他大有可能獲選主演皇家莎士比亞劇團下一檔的《哈姆雷特》，他的演技堪抵任何「命運暴虐的毒箭」[17]。所以，我向艾利克斯和其他隊員解釋，我們三天後要到最頂層的總理辦公室赴約。

因此某日清早，泰瑞和我來到莫拉吉．德賽（Morarji Desai）的官邸門外，走進大門旁、通向安靜庭園的辦公室。接待人員請我們坐下，我們照辦，預期會像往常一樣有段好等。未料幾分鐘後，就有個穿時髦無領白西裝、儀態高貴的高個子男人走了出來。他是總理的私人祕書。

「兩位早。金恩先生，我們今天就不必欣賞業餘演技了。我們已經決定讓你們去做你們來做的事，省得惹出更多麻煩。你們兩隊之後，楠達德維聖殿短期內不會再對任何隊伍開放。等你們回英國，儘管這麼告訴你們的報章雜誌。」

我們誠懇而溫順地表示感激，知道被識破了。我們踏出辦公室，拿著章印熱騰騰的兩張許可，涼爽的山風現在只有幾天之遙了。我們趕回去通知其他隊員獲釋的好消息。

那天下午，一個修長身材、二十來歲的印度上尉自在地走進我們在德里北端的營地，向我們自我介紹。

「嗨，各位，我叫ＫＴ・加格利亞（K.T. Gadgria），是你們這趟的聯絡官。」結果，ＫＴ是我們大家有幸遇過最棒的聯絡官之一，也是我們遠征成功的重要一環。當晚，他帶克里茨多夫和我去參觀老德里的排燈節（Diwali）。隔天早晨，他和我最後一次回到ＩＭＦ，提交我們的最終計畫。我向一直默默受苦的藍姆先生道別，送他一點英國巧克力聊表謝意。「*Dhanyabhad*（印地語：謝謝）。真高興你們能去爬你們的山了。*Thik thik*（印地語：正是如此）。」這意外的結局和離別禮似乎令他很開心。

我們搭上夜行列車，前往聖城哈里瓦（Haridwar），恆河流進平原之處。早上走出車站，艾利克斯、克里茨多夫和我雇了輛計程車，直奔喜馬拉雅山麓的喬希馬特（Joshimath）。我們要先去採買食物燃料、組織挑夫隊。歐特克與醫生帶行李搭卡車，隨後再跟上我們。

17 哈姆雷特「to be or not to be」同段的名台詞。

▲▲▲

我們的資金這時已很緊繃，但在德里虛耗的日子影響不算嚴重。我們都沒有必須趕回家的日期，但不久便發現延宕的雨季使山區路況大亂。計程車小隊來到喬希馬特外七十公里，被延伸四百公尺的土石流擋住。路要一週才能修好。我們爭論是否要等另兩人來，最後決定繼續前進，徒步越過土石流區再雇一輛車——從對面走來的人這會兒正接手我們的空車。後來我們才發現這給歐特克和醫生留下多大的麻煩。他們晚一天抵達道路不通處，但每次要通過受阻的路段換一輛車，都必須同時看顧外加搬運三百公斤的裝備糧食。又過了兩天和兩處土石流，我們終於來到喬希馬特。行李隊晚我們兩天到，直接駛向更前方的小村拉塔（Lata）。卡車經過時，歐特克從貨斗起身對我們怒喊，表達被艾利克斯和我拋棄的不滿。

喬希馬特的天氣猶如夏末的霞慕尼。雪線降到了霧靄茫茫的村莊上方幾百英尺，覆蓋針葉林。採買完米、麵粉、豆泥和要給挑夫的比迪菸（bidis），我們的主食已夠在基地營維持四五週。我們將東西搬上一輛開往柏德里納（Badrinath）的巴士，沿著山路坐車兩小時，到拉塔加入歐特克和萊特。往聖殿的步道便是從那座村子起始。山谷裡，低於一萬英尺的任何地方都聽得見恆河急奔的灰水，低沉的隆隆響徹我們等待雨停的日夜。

我們在村子下的路邊紮營了三天。九月五日清晨，一輪微弱的太陽露臉，開始驅散河霧。村中挑夫陸續出現，率領眾人的是我們新聘的總管（sirdar）薛爾．辛格（Sher Singh），兩年前和喬與彼得合作過。我們一面匆忙打包，一面共同將物資分配給挑夫、指示他們上路。即使只有六天的路，我們意識到許多人只是受雇來揹其他人的食物。歐特克想了個省錢的辦法，租了一群綿羊隨隊伍到瑞希岡加河谷（Rishi Ganga）高處的牧場。最壯的羊能馱五公斤，羊隻比日薪約五美元的挑夫便宜得多。資金短絀也代表我們每人都得揹二十五公斤以上的重裝。

艾利克斯和我走在前面，預定先到爬升六千英尺（約一千八百公尺）左右的下一個營地等挑夫抵達。通過村莊時，一個乾癟老婦招手要我們走近她的房屋。小陽台上坐著兩個十來歲的少女。「強卡邦？強卡邦？」她變換音調說了好幾次，聽起來有點像「青稞酒，還是邦（chang or bang）？」令我驚訝的是，艾利克斯點頭答道：「都要，謝謝。」然後消失在山羊舍的黑洞口，只丟下一句：「我晚點追上你們。」詳細故事他始終沒告訴我，但青稞酒想必很濃。他那晚明顯還在頭痛，雖說從拉塔村爬到稜線上拉達喀拉克（Lata Kharak）的無情陡上，可能讓他更慘了。

下午稍晚，我們清點的時候，發現東西少了兩桶。兩個少年挑夫還沒抵達我們落腳的高山草原，時間已近黃昏。其中一人的哥哥自告奮勇去找他們。我清空我的Kelty背包架，抓了幾個頭燈，和他一起回頭走下杜鵑林間泥濘濕滑的陡路。我們下降了近兩千英尺才遇見他們。其中一個男孩看來快走不動了。他重感冒，卻還是選了六十公斤的雙份貨物。艾利克斯正好這時出現，我們把那袋東西拆開，大家分著揹，在頭燈光線中回到我們紮營的那片青草茂盛的山稜。拉塔朋友們歡呼著，迎接三個少年抵達營地吃晚餐。隔天他們都狀態很好，能繼續前進了。

第二日上午，我們愉快地穿越高聳的稜線時，開始起霧了。不到一小時便下起滂沱大雨。再一小時後，雨變成了雪。當天的路程多半在海拔一萬三千英尺（約四千公尺）上下，最後於一萬四千英尺處通過達朗希隘口（Dharansi Pass），再陡降八千英尺（約二千四百公尺），到達瑞希岡加河口。挑夫們走這段走得相當淒慘。高度、寒冷、雙份貨物、雙倍路程湊在同一天，結果是落後的人午夜才抵達德布魯格塔（Debrugheta）[18]。隔天早上，挑夫們罷工抗議。

KT和謝爾一上午都在和他們談判。我們盡量閃遠一點。幸運的是，太陽升到了封閉的谷地上方，很快暖化了氣氛，曬乾衣服、帳篷、毛毯，使挑夫們想起他們的女神楠達就在三天腳程外，等著替人們實現願望。我們同意接下來兩天都只走一段，每人多發一份比迪菸。好在綿羊不抽菸也沒罷工。挑夫們提前吃了午餐，中午時，我們已在著名的瑞希峽谷（Rishi Gorge）入口一帶的南山壁上迂迴爬升。

我們順利渡河，但過了下個營地拉瑪尼（Ramani），遇上一個預料之外的問題。峽谷的山壁愈來愈陡，綿羊不肯走了。我們雇回幾個原定此時折返的挑夫，並將自己揹的重量加到四十公斤。接著我們爬上險峭的山坡，切過一九三四年比爾．提爾曼率先探險的大石板，在恆河怒吼的深淵上方搖搖欲墜。我突然想到加爾各答遠在兩千英里外，但只要摔個一千英尺，就能被一路送過去了。

兩天後，我們抵達一片長滿纖巧花草、散布花崗岩塊的草原，正對楠達德維壯觀的

18〔作者注〕挑雙份貨物可拿到兩倍薪水，走雙倍路程則不會有額外報酬，但會有多的一日食物和比迪菸配給可以帶回家。

東北壁。有條冰川溪飛馳而過，隔開我們的營地與對面的楠達德維冰川。我們把工錢付給心滿意足的挑夫們，他們火速啟程回家了。桶子裡的物資被倒出來曬乾，草原變得更加五顏六色。有一桶麵粉和豆泥先前就不知去向，只是我們已經夠煩了、懶得管。但現在，我們發現一桶更重要的物資不見了，裡面裝的是大部分繩索和好幾樣裝備。午後霧靄降入山谷的同時，我們來到這片美麗桃源的興奮煙消雲散。

隔天清早，我們瞄見三個人影遠遠朝營地奔來，立刻發覺一人背上有個桶子。結果就是我們少的那桶繩索和裝備，是第一晚我們幫過的兩個少年和哥哥，替我們帶回來了。我們放鬆笑了，為他們泡茶、煮飯，多付給每個人一天工資。沒必要追究桶子怎麼會被留在前面。然後他們踏著飛快的步子開始回程，雖然白天已過一半，也許還是來得及一天趕三段路。

接下來三天，我們休息及檢查裝備。我們把艾利克斯設計、Troll免費製造的一款未測試吊床掛在附近一塊大岩上。即使在這裡，要爬進爬出似乎也很費勁。我們激辯每盎司值不值得帶、該上山多少天。規畫這樣一趟行程必須掌握微妙的平衡，因為東西帶愈多，所需時間愈久，為此又得帶更多。對於需要一週以上的路線，所謂「輕量攀登」

說真的名不符實。負重三十五公斤可沒輕到哪裡去。

第二天，我往強卡邦冰川走上去，初次端詳那面山壁。我們都各自進行了這趟澄清思緒的小旅行。山峰靜靜立於冰川頂端，花崗針尖優雅地直指天頂。我透過輕便望遠鏡，觀察可能的路線。有條顯而易見的路徑斜斜向左，即我在皇家地理學會的照片上畫過的那條。我立刻明白道格的意思。路線貌似很破碎，盡頭的左山稜又離主峰頂太遠。但從這個距離看，山壁中央簡直空白一片。那張道格留給我的照片上，艾利克斯發現有道煙囪地形系統，從頂牆（headwall）[19]一半高處開始，一路通向峰頂稜線。那條看起來可行。煙囪起點附近，還有一條往右的細線，延伸到山壁上半中央。我隱約覺得走右邊最好，但不到那裡無法確認。

我們在刮傷小腿的冰磧間蹣跚跋涉了兩天，抵達山壁勘查和作高度適應訓練。我們知道一九七六年敗退的湖區隊伍，走的是更偏右的石板地帶，因此沒浪費時間研究路線，決定就從扶壁腳下出發。我們要走完全獨立的路線。歐特克以無瑕的風格領攀了潮

19 指山壁上部明顯變得較筆直，與底下山坡涇渭分明的部分。

濕、外傾的起始岩壁，然後我們順著一道陡峭雪溝，繼續登上冰岩混合的四段繩距。當晚，我們將剩餘裝備留在山腳，借滿月的光衝下冰川。

有兩天時間，我們大肆猛吃和胡思亂想，只絕對不想上山可能遭遇什麼恐怖的事。雨和雪下下停停。入夜後，零星的不安侵擾我們的夢。七級以上的狂風會無預警從山嶺呼嘯而下。我躺在睡袋裡，因恐懼和消化不良而無法成眠。明天就要起攀了。

18

總有太陽
Always the Sun

十月六日，我們沿冰川艱苦走了一天，部分裝備由萊赫揹，日暮時分抵達山腳安頓。我感到說不出地自在，我們終於徹底與世隔絕。冰透的星光照著強卡邦峰，照得山壁熠熠閃爍。天亮時，我們分成兩組上路：歐特克和我、克里茨多夫和艾利克斯。第一天我們抽到短籤，負責搬運。先前爬的五段繩距加上新的七段，我們都得來回兩趟，因為一人要搬兩個背包。吃完東西，窩進小坑就寢，已過午夜了。

早晨醒來，右邊有座美麗的二面粉紅花崗岩通往上方。輪到我們這組擔任先鋒。清理第一段繩距時，我弄掉了一塊石頭，砸到五十英尺（約十五公尺）下克里茨多夫的肩膀，才繼續落向冰川。他痛得呼號。我忙喊抱歉。現在他不可能拉得動背包，因此我又降級去攀繩組了。那天我們只爬了六段繩距，而且晚上十點才睡。我愁雲慘霧，想著我今天可能造成的可怕後果。能有多少次大家都逃過一劫，沒被掉落的大石砸死？我再度向克里茨多夫道歉。他還好。歐特克要我冷靜下來，專心想明日的攀登就好。

▲ ▲ ▲

第四日：我們逐漸習慣每天的例行流程。當先鋒最好，也最刺激。拖背包只有痛苦、費力和不確定，總是不知道先鋒二人組有沒有選對路。每日中午前後，雲會開始成形，在下午過半時降下細雪，使動作不易、繩索結冰。繩子被凍硬，幾乎無法整理，而且用猶瑪上攀非常恐怖。但每個早晨都有一望無際的藍天，太陽從圍繞楠達德維聖殿的混沌諸峰後升起。艾利克斯和我整理著裝備，因為不必凍僵手指而心懷感激。我們有輝煌的幾小時能舒適攀登，直到午風吹來雲朵，雪花開始飄落。

艾利克斯領了幾段陡峭的混攀，到達起始扶壁頂，我接手帶兩段困難的繩距，攀上扶壁上方的石板。花崗岩堅實得難以置信，器材只能吃進很淺。艾利克斯拿錘子敲兩下就撤除了我的一個確保點。我總共用了三根岩釘，第三根他徒手拔掉了。我們警告另一組，用猶瑪攀繩時千萬別大力跳。那晚我們睡了五小時，後來直到抵達峰頂都沒再睡那麼好。

▲ ▲ ▲

第五日：我們階段式地轉醒，睜開一隻眼，然後第二隻。我用拇指撬開睡袋帽兜上冰涼的小洞。那是我在結凍夜海中的呼吸孔，只容許一點空氣流進來，盡量把零下七度的霜阻擋在外。晨光向我們招手。彷彿知道是時候羽化的幼蟲，我們在睡袋裡翻來扭去，窸窸窣窣動了起來，撈出靴子、手套、水壺、衣服和所有堆進睡袋深處弄乾的東西。透過我的繭逐漸擴大的洞口，隱約可見厚冰覆蓋的巨大山壁，像座摩天樓，聳立在三千英尺（約九百公尺）之上。一切都凍得結結實實。隨著陽光漸強，山壁由粉紅轉為雪白，光線溜下壁面朝我們移動。該出發了。

歐特克從石板頂端切進頂牆，越過懸岩後，有條唯一的寬裂隙指引了道路，彷彿開啟垂直石門的巨型鑰匙孔。我上到確保站，在克里茨多夫旁邊快樂地瞎蹦。

「這是我爬過最棒的路線了，」我大笑。

「是嗎？但現在說太早了吧？」

我接著下降去搬第二趟。時間一如往日地流逝，我們重複例行流程，不要出錯，把絕望時刻拋諸腦後。波蘭組攀完四段繩距之後，開始下起大雪，使事情變得很棘手。艾利克斯和我費盡辛苦，帶著裝他們裝備的兩個紫色背包，用猶瑪爬上結冰的繩索。傍晚天色中，他們在一片外傾岩壁下等候，看來很適合當露宿點。今晚是我們這趟第一次要用吊床露宿在山壁上。我們又爬下兩條繩長去拿剩下的行李，然後打開頭燈，用猶瑪回來。

雪片像飛蛾般在光束中飛舞。猶瑪在凍繩上失去摩擦力，我往下墜，嚇得心快跳了出來。我感覺失重下滑了十英尺，直到啪地一震，夾鉗再度咬住繩索。這種狀況發生了幾次，每次都比前次更令人擔憂[1]。終於，我回到露宿點，把卸下的背包固定於橫繞外傾岩壁的繩子上。我踏著繩梯[2]，開始煮艾利克斯和我的水。歐特克和克里茨多夫已經消失在他們豆莢似的吊床裡。雪堆積在外帳，一齊簌簌滑下。

「這裡的固定點穩嗎？」我緊張地問比較近的豆莢。

「這邊石頭很怪，沒有好的裂隙。」是歐特克，從他的小窩裡發話。

「你真好，聽你這麼說我放心多了。」

底下很遠的地方，艾利克斯的頭燈微光在紛飛的雪中搖晃，像遙遠的貨運列車，一面切換鐵軌一面駛來。三小時後的午夜，我已煮完馬鈴薯粉湯，泡起熱可可，把最後一杯飲料遞給吊床裡的艾利克斯。冷得渾身發疼，我在頭頂上、石層重疊破碎處找到一條喇叭形窄隙，塞進一個「好朋友」（Friend），掛上我的吊床。沒有能敲進岩釘的地方。這還是我第一次用「好朋友」，這道具看起來太神奇了[3]。我花了三十分鐘設置吊床、掛上外帳，然後小心地將我遮風避寒求生的全部希望——睡墊、旅行包、備用衣物——從背包搬進獨木舟似的小船。努力鑽進去之後，吊床感覺安全又溫暖，由空心的間隔管撐開。之後幾晚，這些管子有時會在組裝時掉落，乒乒乓乓滾下山壁。波蘭文或英文的咒

1（作者注）我們用猶瑪攀繩時，總會在上方猶瑪之上打一個普魯士繩結（prusik knot），以防其中一個猶瑪脫落。這種早期作法的好處是可以輕鬆拆開，繞過主繩上打結的地方。行進到路線愈高處，打結的點會變得愈多，因為必須將繩子磨損的部分剪掉，剩餘兩段再綁在一起。

2（作者注）繩梯是通常附有三、四個環圈的長繩，人可以踏在環圈上。它是人工攀登（aid climbing）使用的一種器材，架設好後爬到最高一階，便可再往更高處前進。

3（作者注）這種聰明的新保護工具由雷・賈丁（Ray Jardine）設計，野鄉公司（Wild Country）的馬克・瓦倫斯（Mark Vallance）推出，是一種以彈簧和凸輪構成的活動岩楔，可用於平行甚至喇叭形的岩隙中。

罵會告訴我們失手的是哪位吊床居民。幸運的是，我們沒掉別的東西。如果掉的是靴子、爐子、冰爪，可就出大事了。

▲ ▲ ▲

第六日：我們像畸形的鸛從巢裡冒出來。我胃痛，睡得很差，但克里茨多夫比我更慘。艾利克斯和我帶頭登上一道煙囪地形，我們都同意這是最順理成章的路線。艾利克斯領攀了一段極陡的冰壁，蘇格蘭的V或VI級，爬進一個破碎的岩洞。歐特克擔心地朝上面大喊，有一些板狀落冰，圓鋸片般衝過猶瑪繩四周。艾利克斯敲一根釘子時，冰鎚的尖端突然碎裂反彈，像顆子彈飛向他的臉，差點打中眼睛。他很走運。我到達確保站，跟他一起抬頭打量突出山壁、阻擋我們的那道棕色碎岩。這裡過不去。我想起大約一週前用望遠鏡看見的那條裂隙的細線，於是越過沒有支點的碎片，搖搖晃晃往右移動，出到一面山壁上，完美的花崗岩壁恰好有足夠抓握的窟窿。

橫移三十英尺（約九公尺）後，我來到那條裂隙。我們沿著裂隙上攀了三百英尺，直到岩壁幾近垂直，裂隙消失於混亂的石層重疊中。下一段繩距是關鍵。

真心希望腳上笨重的雙重靴能換成攀岩鞋。我硬是爬上了最前面一百英尺，混合「E1（特嚴一）」級左右的自由攀登，和使用「頓悟岩釘」（RURP）、岩隙釘（crack tack）、天鉤（skyhook）的人工攀登[4]。我墜落了三次，兩次被同一支打結固定的小岩釘拉住。其他岩釘被扯下來，在我停住時紛紛滑到我腿上。到了更高許多，想徒手攀上很難的一片凹壁時，我氣力用盡，又大墜了最後一次。有根敲進一個晶洞一英寸的角形小岩釘，不知怎麼沒脫落，拉住了我。

「約翰，你一定得萬分小心。」

歐特克的口頭禪從下方傳來，大家聚在那裡注視我的雜耍秀。我的一條繩梯在空中打轉，往五千英尺下的漸暗冰川蜿蜒游走。它受夠了。昏暗之中，艾利克斯將我降下來。我受到了懲罰，前臂淌血，指節的傷深可見骨。還好小平台上雪夠多，足以煮晚餐。我們心情愉快，將整鍋食物和熱茶在吊床之間傳來傳去，然後才關上世界和輕落的雪。

4（作者注）頓悟岩釘和岩隙釘是一種特小型的攀岩輔助器材，由優勝美地及科羅拉多黑峽谷的攀岩者開發出來，能用於微小的岩隙，撐得住體重，但止不住墜落。天鉤甚至更不牢靠。你可以把這種鉤子掛在石片上，將繩梯吊上去，緩緩將體重移上繩梯，同時祈禱鉤子不會彈開。

▲ ▲ ▲

第七日：太陽將我們趕出吊床，來到酷熱的藍天下。東方遠處，聖殿外環後頭的山嶽閃閃發亮。艾利克斯和我在吊床裡發懶的同時，克里茨多夫攀到我昨日墜落點上方四十英尺處，設好一個確保站。早晨很靜，但我們聽見歐特克和克里茨多夫用波蘭文熱烈叫嚷。我們聽不懂怎麼回事，不過抬頭就見克里茨多夫從空中翻滾而下，一堆岩釘跟著灑落。其中一根乒乓彈過，我愚蠢地試圖去接。

「噢！」

「這樣就少一點東西要揹啦。」艾利克斯慢悠悠地說。

多年後，歐特克敘述了當時發生的事：

經過一段費時的人工攀登，克里茨多夫決定開始設繩距終點的確保站。有些過早了，令我很驚訝。他還有至少十公尺繩索可用。設確保點的工作進行得很慢。最後他告訴我完成了，叫我爬上去。我開始拿出裝備，但忽然有股奇異的抗拒感要我別往上爬。

很奇怪，因為克里茨多夫根本沒提到確保點的好壞，只是他敲敲打打岩釘和岩石的時間久得不尋常。他催我趕快上去，我突然覺得雙腳像生了根。我不知該說什麼。我只覺得很怕。我感到羞愧不已，因為我編不出一個像樣的藉口拒絕爬上去。我活了這麼久，從沒拒絕過夥伴的指示。但這次，我莫名其妙嚇得要命，沒辦法照辦。羞愧……真的羞愧極了。最後，我結結巴巴問了克里茨多夫一個問題：

「欸克里茨多夫，確保點真的好了嗎？」

「好了啊，好了。」他再度保證，總讓我覺得過分急切。

「你用了幾根岩釘？」

「沒問題啦，很多。」他回答，還是感覺太想說服我了。我們陷入沉默。然後我心底冒出一種感覺。「不行。我不去。太多岩釘了，每支都敲了一百下。絕對不行。」

「嘿克里茨多夫，抱歉吶，我覺得你應該再往上爬一點，你繩子還夠。」

又是一段很長的沉默。他不發一語。我感到自己面紅耳赤。

「好吧，歐特克，我試試看。」他終於回答，出乎意料地好說話。我有點驚訝這麼容易就爭贏了。

他再度開始攀登。進展微乎其微，速度甚至更慢了。他有一兩次叫我特別注意。最後，熟悉的不祥聲響傳來，他從壁上墜落，伴隨許多岩釘在山壁反彈的啷啷。墜落漫長得可疑，證明他把剛才那個確保點的岩釘都扯掉了。終於，我的臉不紅了，接受了自己的羞愧。可憐的克里茨多夫，他只好從頭再爬一次繩距最後的部分。他終於抵達一塊好得多、也安全得多的確保站。隔天，他病得更重了，新的憂慮也隨之而來[5]。

克里茨多夫忿忿罵著，只得重爬一次難關（crux），這次他爬到更高，找到一個更安全的確保站。我煮東西的時候，歐特克用猶瑪抵達克里茨多夫那裡，接著往上方持續陡峭的岩壁開路。我們把睡袋拿出來，趁雲朵聚集前曬乾。今日進度很緩慢，這段攀登是目前最難的。下個確保站沒有牢靠的岩釘能供猶瑪上去，因此克里茨多夫又繼續前進。最後，他總算找到一條不錯的裂隙，將兩條繩子綁在一起垂下來，讓我們開始上攀。

九公釐的波蘭繩令人堪憂地伸長[6]。已經拉了二十公尺繩索通過猶瑪，我還是停在確保站紋風不動。繩子細如一支鉛筆時，我猛然彈入空中，溜溜球般盪了一陣，才敢開始移動。每次我將猶瑪向上移，繩子便發出粉筆刮黑板的吱吱響。聽著實在令人很慌。

「波蘭特殊科技！這樣正常！」克里茨多夫朝下喊。

我們搬完第一趟到確保站，日常的午後風雪已經裹住山壁。風吹著垂降繩，將繩子刮到視線外、可能被勾住的地方。艾利克斯和我把繩子拉上來盤好，固定在岩釘上。波蘭人在上方看不見的某處。我們繼續爬向下個確保站，克里茨多夫正在那裡替歐特克確保，攀登這天最後一段繩距。

艾利克斯和我開始下降，去拿剩餘的兩個哈斯頓背包。那款背包是紀念去年死於滑雪意外的道格爾．哈斯頓。我們認識道格爾，他在艾格峰直登路線、安娜普納南壁、聖母峰西南壁的攀登，使他數年蟬聯英國登山家排行榜前幾的位置。這些紫色背包是時下

5〔作者注〕這段故事是歐特克閱讀本書英文初版後寄給作者的。歐特克經常被形容為那個時代最優秀、紀錄空前絕後的登山家之一。這故事透露，他也是直覺和感知最敏銳的其中一位。這或許也協助說明了他參與的眾多遠征從未出過死亡意外的原因。

6〔作者注〕波蘭繩還是很有價值的。我們起攀時帶了兩條三十公尺的猶瑪繩，後來都磨損得很嚴重。但因為繩子伸長得太厲害，好像不管我們剪掉多少，永遠還是有兩條三十公尺的繩子。

最先進的，每顆在遞上確保站或其他換手時刻，都被萬分謹慎對待。如果弄掉就要釀出悲劇了。正因如此，我們寧可揹著背包攀繩，也不願冒險將它們拖過外傾的山石或粗糙的花崗岩。

下降最後一段時，艾利克斯犯了個可怕的大錯。他從我們稍早放置的地點拿起捲好的繩索，扣入身上的垂降器材，打算在下降途中慢慢拉開繩子，避免繩索被風吹歪。但他扣上的是繩尾那端，他沒發現，就往後面的深淵一踏。一聲高分貝尖叫，他人已不見。繩索咻咻竄下山壁邊緣，情況驚心動魄。有那麼幾秒，時間以每秒三十二英尺的速度計算。繩索探測著底下虛空的深度。然後所有繩子都下了山壁，艾利克斯墜落的衝擊伴隨爆裂的啪噹一響重扯岩釘。釘子沒掉。我馬上瘋子似地朝下方空蕩的雲朵鬼吼鬼叫，但知道風太強了，艾利克斯即使沒事也聽不見。我試圖拉起繩索，但艾利克斯全身體重都掛在上面，我根本拉不動。我等了一分鐘，再試一次。接著再等、再試。繩子依然沉重。十分鐘過去。我正在將普魯士繩環綁到那條主繩上，準備攀下去，突然感覺繩子變輕了。他要不是掉下山了，就是還在岩壁某處，可能嚴重受傷。我唯一能做的只有盡速爬下去確認。

到達繩子底端，附近沒見艾利克斯的人影，只有繩尾的安全結輕輕拍打岩壁。但接著我就看到他了，在一個小攞盪的距離外，趴在兩個待運的哈斯頓背包上，臉色白得跟周圍的雪霧一樣。

「老天！艾利克斯？你沒事吧？」

他抬頭看我，細聲說：「我不想為了有款麥金泰爾背包玩這種遊戲啊。」

▲ ▲ ▲

第八日：總算有像話的花崗岩隙了。我進展順利，用幾枚岩楔越過隆起處，登上三段「HVS（嚴四）」到「E1（特嚴一）」級左右的繩距。領完那幾段，看著上方傾出的岩壁和岩簷上那支感覺很不可靠的冰柱，我很高興輪到艾利克斯打頭陣了。從他的冰爪底望去，我看得出這段相當艱險。艾利克斯往冰斧掛上一條輔助繩環，提腳踏進去。他危險地晃動，但還來得及站直，在掉下來之前將一支翼龍於冰柱高處扎穩。他做出一個單手引體向上，成功爬上岩壁頂。冰柱應聲崩塌，狠狠砸在我身上。我們來到了「獨眼巨人之眼」——一片位於山壁中央上方、海拔兩萬兩千英尺（約六千七百公尺）的陡峭雪坡。我們斜切向左上角，經由一段難攀的岩冰混合地形出去，然後設好繩索，在午後風雪中下降，回到歐特克於硬雪中挖出的坐姿露宿點。

「事情麻煩了。」他說。「克里茨多夫今天更嚴重了，他還以為這裡是波蘭。」夜冷冽而星滿天。我們這趟頭一回大家並肩坐在露宿袋裡，藉此獲得一點溫暖和力量。可是這晚對歐特克非常煎熬。他沒告訴我們，但他好幾次醒來，去摸克里茨多夫，確認他沒有死。在他心中，一個經典的高山恐怖故事真實上演了。如果早上克里茨多夫無法攀登，該拿他活著卻虛弱無力的身體怎麼辦？

▲ ▲ ▲

第九日：早上醒來，克里茨多夫雖然動作緩慢、疲憊，但他能攀登，彷彿知道只有這樣才能救自己的命。歐特克帶領了混合地形的五段繩距，抵達峰頂稜線。這是全程最高難度的技術路段之一。我緊隨克里茨多夫以猶瑪上升，看著他的動作，盡我所能幫助和鼓勵他。我們四點左右登上峰頂稜線，天際頓時展開成一片大山的眺望。在盯著二維的垂直平原看了這麼多天後，峰頂顯得無限寬廣。喜馬拉雅山脈豁然出現在四面八方：

特里蘇爾峰（Trisul）、德維斯坦峰、都納吉里峰、卡蘭卡峰（Kalanka）和巨大、始終常在的女神楠達德維。我們越過山頂，爬下往卡蘭卡的稜線上陡峭鬆軟的雪。克里茨多夫開始胡言亂語。

「我們應該用滑降的，比較快，一下就到了。」他指向六千英尺下的冰川。底下有冰懸崖、石扶壁、冰河裂隙，我們會像衣服在烘衣機裡摔來滾去直到被吞沒。但他難受又神智不清，只看見延伸一百英尺的五十五度角雪坡。

歐特克生氣地以波蘭文斥責克里茨多夫。我發現艾利克斯離開繩隊，換了個轉鎖式鉤環重新連上繩子，鎖是開的。如果克里茨多夫或我們哪個跌下山，他會迅速解開鉤環。我如法炮製。經過一段陡降難行、有雪簷的稜線時，歐特克警告我們兩個把克里茨多夫確保好。暮色降臨前，我們平安抵達強卡邦和卡蘭卡之間的山坳，在一塊懸岩下鑿了片舒適的平台。我們的瓦斯和糧食快不夠了，晚餐只有微少的量。今天是我們來到這裡第一天沒下雪。金黃的夕陽染透楠達德維山腳歇息的雲。這是我們美得驚人的獎勵。但夜裡，漸強的風使我們憂心忡忡：要變天了，而克里茨多夫的狀況一點也不好。

翌日清晨，我們草草喝了點熱飲，開始爬下強卡邦與卡蘭卡之間的山壁，大致上即一九七四年首攀的路線。我帶路，後面跟著艾利克斯、克里茨多夫，歐特克押隊。我前進得很慢，不久，我們便鑽進了雲層中。疲憊席捲而來，我的胃開始痙攣。我不時被後面忽然停下的繩子拉住，但一點也不曉得兩條繩子外，歐特克要讓克里茨多夫繼續走有多辛苦。克里茨多夫一再喘得倒下，得要歐特克拉他起來才能繼續走。

一座冰塔和冰隙的迷宮出現在四周，不確定感使我停下腳步。我對該走的方向毫無頭緒。背後有幾聲叫嚷傳來，突然歐特克已來到我身旁。

「我來領攀吧，你押隊。」

克里茨多夫經過時，我注意到他的臉變得茫然空洞，沒有任何表情或認出我的樣子。接著艾利克斯來到，說了幾句鼓勵的話，然後也和他們一樣消失在白霧深處。繩子拉緊時，我跟上去，走進一道現已足跡眾多的溝渠。

愈往下走，路愈難行。我偶爾需要停下來拆除支點，收回一支冰螺栓或雪樁。路線向右，然後向左，然後又繞回冰塔底下，在冰隙間穿梭。歐特克正施展某種直覺的魔法，帶我們通過這些洪水猛獸。我太累了，直到很久之後才領會這處境有多危險。快傍晚時，我們抵達冰川。艾利克斯和我穿越冰河面，去路線底部的藏物處取先前藏的食物。我們背包的存糧已經空了。冰川裂得嚴重，我們都幾次短暫掉進洞中。回到歐特克和意識半錯亂的克里茨多夫身邊，我們煮了一頓大餐，睡了十天來最好的一覺。我們重獲自由了。

▲ ▲ ▲

之後又經過兩天，我們才到達基地營。下冰川的路上，我第二晚也抽到短籤，留在後面照顧已相當虛弱的克里茨多夫。早上醒來，萊赫和聯絡官KT出現在我們露宿的冰磧，帶來一保溫壺的茶和煮好的粥。一切都沒事了。克里茨多夫似乎也開始清醒。KT揹起我的背包，萊赫揹克里茨多夫的。我們踉蹌走完最後幾小時下坡，回到基地營。草原已換上秋的顏色，一大群喜馬拉雅藍羊在我們經過時漠不關心地啃著草。

一種喜極和累極的混雜接管了我們。我們慵懶閒坐了幾日。山吸去大量力氣，但我們花的時間比預期少得多。還有二十天挑夫才回來，夠我們再爬至少一座山，然而換我生病了。有六天時間，我吃什麼吐什麼，胃痙攣得痛苦至極。我躺在帳篷裡呻吟。萊赫快受不了了，因此有天晚上，他在我屁股上打了一劑嗎啡，好讓我閉嘴。嗎啡奏效了。

接下來幾天，我真的懷疑自己再也走不出這座聖殿。有天我散了一會兒步，在附近看見一顆完整的藍羊頭，睜眼瞪著我。到處都沒看到羊身。有頭雪豹來過，離我們的營地不會超過兩百碼。

艾利克斯和歐特克啟程去爬楠達德維西南壁。但到了半山腰，他們發現帶的裝備不夠應付這裡開始的真正困難路段，也察覺了自己有多累。他們不在營地時，我找出了我的病因。我們一向直接取河水煮飯，水中雜質很多。我找到一座小山泉，改用清澈的泉水後，立即就康復了。其他人怎麼都沒事？我還以為我屬於身體健壯的類型。

艾利克斯和歐特克去了四天，第四晚回到基地營，一頭栽進睡袋。隔天上午我們算了一下，食物所剩無多，離挑夫預定抵達還有十二天，必須有人下去請他們提前動身。克里茨多夫依然不對勁，而我雖然看來像隻竹節蟲，但休息比另外兩人充足。大家決定由我獨自下山。我們來基地營花了八天。下去四天應該就夠了。

獨自在山間長途步行很有益心靈，你能藉此得到一個沉思、回歸常態的機會。這次我們的強卡邦行，可能是截至目前最高難度的一場喜馬拉雅攀登。但我想盡快忘了這件事，感受沒有風險的群山。我破曉出發，希望能一日趕完四段路。我在提爾曼石板半途被黑暗趕上，藉著頭燈的光，危險地上爬了一百公尺，找到一小塊長滿青草的平台。忽有尖銳的豹叫在峽谷迴響，打破瑞希岡加單調的長路。我知道瑞希（Rishi）指的是「神聖銘文」。岡加（Ganga）[7]正遊走世界，刻上它的旅程。我津津有味地嚼著一點甜食，然後沉入深深的睡眠。多彩的夢漂過腦海，被海拔較低的飽滿空氣滋養。

翌晨，我匆匆下至德歐迪（Deodi）。煮早晚餐時，一隻貓鼬蹓躂到我身旁，認真打量了一番，然後又走了。兩天後，我回到第一晚在拉達喀拉克的營地，耳中霎時響起幻聽——至少感覺是。蘆笛聲彷彿從山崗四面傳來。我掃視樹林，等著看見牧神潘恩本尊走出來，完全沒問自己為何希臘的荒野之神會在印度現身。

爬下青青陡稜，往杜鵑林去，音樂更響了。拉塔村仍是數千呎下的幾點小黑屋頂。房舍叢集在墾成梯田的山坡間，滿坡成熟待採的金黃大麥。歷經數週在僅有黑白藍的高山世界度過，眼前的多色織錦濃豔得驚人。我停下來細看這一切，發現了蘆笛聲的真面目。那其實是遠方喇叭爆出的高分貝樂曲失真的聲音。我們的總管謝爾說過，十月底有

7 印度神話中的恆河女神。

楠達德維的慶典。我想他大概是要警告我們，這段時間村裡不會有多餘人手。抵達拉塔，我便明白原因了。

一系列瘋狂、激烈、微微恐怖的慶典活動正在每塊空地上進行。好像多得數不清的山羊和綿羊被血淋淋地獻祭，然後剝皮用於筵席。印度苦行僧（Fakir）走過燒紅的木炭，登山繩似乎自己動起來向天空蛇舞。我注視一個苦行僧將刀插入胸膛，看起來一點也沒流血或受傷。所有印度神祕主義和魔術的陳腔濫調全出現了，於嘉年華氛圍中表演，為了禮讚比《吠陀經》（*Vedas*）[8]還早存在的偉大女神楠達德維。發源自她的恆河，如今已是構成印度教主動脈的聖川之一。

謝爾在家，很開心，半爛醉。我感激地接過一杯青稞酒，一邊和他商量到基地營接我朋友回來需要多少人力時間。基地營此刻想來出奇迢遙，每秒都離我愈來愈遠。「你明天一定要帶村裡的人上山。」我說明。「我要去德里，安排我們兩週後的飛機。一定得算準時間。」

「好，好，明天，慶典結束就去。」我知道我是在和一種允許拖拖拉拉的時間觀打交道。

「明天慶典確定會結束嗎？」

「對呀，明天，或者再過幾天，頂多六天吧。」

我仔細計算現在起的一切——六天，外加宿醉一天，入山四天，出來五天，三天到德里，在那裡待兩天，然後再花一天到孟買。總共三週多一天。等我到德里就這麼買機票。但我是不是該回基地營才對？我還是決定先去德里，我得去安排飛機、處理那些繁瑣手續才行。

「你不能走啊，可以看到慶典耶，平常是不讓外國人參加的。你就住我家吧。」謝爾拚命留我。

喝完第二杯青稞酒，這主意相當誘人，但我還是走了。走下往公路的最後幾條雜亂小路，兩個女孩攔住我。較漂亮的那個比手畫腳，語氣鼓勵地對我說話，然後她掀開衣袍，露出閃亮的棕色胴體。我轉開眼，聳聳肩。我才從楠達德維聖殿來，走過一位真正的女神跟前。「*Angrez*，英國人。」我喃喃，繼續奔下小徑。

8 古印度經書，為印度教和婆羅門教重要經典，口耳相傳的時期可上溯至西元前兩千年。

其他人終於到德里時，歐特克對我氣壞了。

「你就把我們丟在那裡，食物那麼少，快兩個禮拜才有人來。你到底在想什麼？」

我又解釋一遍我先來德里的理由，艾利克斯一下就聽懂了，而大家發現我已為隊伍搶到僅僅三日後的回程機票，也都冷靜下來。那可是一個月內唯一的機位。我在拉塔村借一杯青稞酒之力所做的計算分毫不差。

我們還有一天能採購印度毯，和其他要帶回家的小玩意。KT帶我們到他父母家一坐，我們向他們大讚KT多優秀。他不只是聯絡官而已，他是這次團隊的一員，幫忙扛物資，跟我們一起輪流煮飯。下午稍晚，他又帶我們去逛總統飯店（Presidential Hotel），那裡可以點「特製茶」——茶壺裝的啤酒。德塞先生統領的印度是禁止公共場所飲酒的。當晚，有點兒醉濛濛的，我們將沒完沒了的波蘭桶子堆上幾輛計程車，向KT道別，勉強趕在開往孟買的夜行列車出發前，把所有東西搬上了有空調的車廂。

艾利克斯和我在孟買遊覽了一天，波蘭人去做些最後採購，滿足華沙開給他們的訂單，然後大家便搭上回程的LOT飛機。我們受到英雄式的歡迎。在那之後是不少廣播專訪、電視專訪。艾利克斯是媒體的寵兒，有次他在電視直播開始前，及時趕到現場坐定，採訪者問他：

「要籌畫和實現這麼棒的一件事，是不是非常艱辛？」

「對呀，我們今晚實在太多酒可喝，我費了好大勁才找到這裡。」

就像每一次登上喜馬拉雅大山，那段經驗於內在強烈深刻，於外在卻倏忽即逝。回到英國，一種歡欣感持續了幾週。但你無法向不登山的人解釋那種感覺，因此它會逐漸內化。即使是我們的攀登同好，埋首於日常生活，嗅到了競爭的氣息，也沒有像我預期的那樣作出因應。有天我到哈羅蓋特（Harrogate）參加每年秋季的戶外用品展，坐在某家酒吧裡，喬・塔斯克的影子突然出現在我頭頂。

「你們怎麼有辦法那麼快爬上那座山？」他質問，表情嚴肅。

我唯一想得出來的答案是：「大概我們爬的是強卡邦陽光的那一面吧。」

19

鑽石犬 Diamond Dogs

艾利克斯和我在祕魯的布蘭卡山脈（Cordillera Blanca）[1]，想首攀內瓦多三號峰（Nevado III）[2]，但不怎麼順利。第一個出狀況的環節就是來到這座山上。這不是我們原先的目標，我們本來打算登卡拉斯一號峰（Caraz I）南壁，但兩天前抵達路線起點時，發現加拿大嚮導奧比・索雷（Albi Sole）和尼吉爾・海利威爾（Nigel Helliwell）剛結束四天攀登，在那裡休養。我們甚至不知道這兩人在祕魯。他們就在山腳下，看起來很累、歡天喜地、有點凍傷，露出見過戰場恐怖的空茫眼神，生動地講起他們的歷劫記。

艾利克斯和我深感鬱悶。我們本想把卡拉斯一號峰當作今夏的主要成就之一，結果

1 直譯為「白色山脈」，祕魯北部安地斯山脈的一部分。最高的瓦斯卡蘭山（Huascarán）南峰也是祕魯最高峰，海拔六七六八公尺。

2 Nevado 意思是「雪覆蓋的山」。

最後恭喜了兩位新朋友，甚至分給他們一些食物，因為我們認定已經不需要了。我們臨時選定的新目標是內瓦多三號峰南壁，只爬升約一千兩百公尺，山頂五千七百公尺高。儘管那座山尚未有人登頂，也沒時間研究山壁，但我們認為一天就能攀完。所以，我們從行囊中拿掉了睡袋、爐子、食物和其他尋常的額外裝備。這樣更快、更輕、不受臍帶束縛，而且好玩多了。

看過祕魯南壁——相當於北半球北壁——的人，心裡應該有那樣的畫面：一片片浪頭般的白山壁，有著奇特的稜角和管風琴狀的蝕柱。看著這種地形，似乎能合理推測隨便兩條蝕柱間的蝕槽裡會有堅實的雪和冰，不必太麻煩就能找到一條好路，直通山頂或山頂附近。

事實並非如此。很難解釋那些雪是怎麼形成的、為何能停在山壁上，但蝕槽裡的雪經常像羽毛枕一樣鬆軟，再往上則變得像蔗糖。不是所有山都有這種狀況，不巧內瓦多三號峰有。大部分日子，亞馬遜雨林的薄霧好像都會飄來山脈上；霧一來，那些怪雪便開始結晶。另一個問題是，這些蝕柱最後不可避免地會匯合，然後總是免不了一番上上下下，從一條蝕柱移到另一條蝕柱。說「篩過去」可能更精確，因為雪的質地、穩固度、安全度都跟垂直的麵粉沒兩樣。艾利克斯對越過鬆雪或滿是裂隙的冰川有個獨門訣竅，若有任何時候值得參考，大概就是現在了。他說要「想像你很輕，像個小仙女。」但不知為何，我用這招好像沒效。我唯一能尾隨他登上這些雪的方法，就是把它們大部分都弄塌，用某種垂直自由式划上去。

午夜過了一段時候。這天滿月，但水霧的雲接連飄來，把月光蒙成微弱森冷的光暈。我們已連續攀爬十八小時，開始感到無力和憂心。上方的每處都顯得更陡峭，到處不見岩石或安全的跡象。可以棲身的平台感覺遠如利馬的海灘。我們已經翻越三條蝕柱，一條比一條嚴峻。每次篩過蝕槽，艾利克斯總能於蝕柱合併前的窟窿裡，再往上浮游個一兩段繩距。雪現在深及肩膀了。

艾利克斯朝下高喊警告：「這邊變得很陡。不曉得這種雪會不會滑下去。」我拿著兩支冰斧確保，聞言又把斧尖戳得更深一點——基本上沒什麼用就是了。但艾利克斯是這類冰雪的大師。最早提到這事的是泰瑞．金恩，那時他們一群人正前往大喬拉斯峰攀「裹屍布」路線。艾利克斯就是有本事行走冰雪表面。「假裝你是叮噹（Tinker Bell，《彼得潘》裡的小仙女）。」他這麼建議，其他人繼續掉進雪中苦苦掙扎。

此刻身在內瓦多三號峰，我們唯一的安慰是如果發生大崩塌，事情應該一下就結束了。我們濕透又凍僵，幾乎喪失鬥志。看來我們勢必得徹夜攀登，只能想辦法振作起來。現在凌晨一點，一面外傾的冰晶壁擋住前路。艾利克斯翻過右側的蝕柱邊緣，沒入其下。月和它慘白的光暈似乎在對我們喝倒采。

忽然艾利克斯吆喝：「這裡有冰。是實的！可以露宿啦！」

他帶我越過蝕柱，到一個天堂般的小凹洞。我們在黑暗中橫越南壁，來到了山壁之東。清早曬得到這裡的陽光用某種簡單的魔法，在一塊裸岩下變出了一條隙縫。我們踩平一塊地，謹慎地拍掉繩上和彼此背上的雪，把背包拖到腳上坐下，擠在一起取暖。

艾利克斯和我這時已一起攀登過太多次，到了不必在意旅途愉不愉快的交情。我們都知道愉快的日子總會有。現在這種時刻，要做的只是設法上山或下山，或找個地方熬過夜晚。攀登有太多事取決於山的狀態、你內心的狀態，或者你那天吃什麼早餐。每項因子造成的感受或想法，可能都因人而異。至少明天早餐對我們沒影響，因為我們沒爐子也沒食材。

但此刻，能坐下就很棒了。沒必要想像如果帶了爐子、鍋子、露宿袋來該多好。情況還沒那麼糟。一人有兩三塊甜食充飢，吮一點冰解渴。月亮現在是一輪友善的光，刻記時間也散發希望。我們唱歌唱了整夜，什麼想得到的曲子都拿出來，以便趕走不自主的哆嗦。唱最多的是一條改編自蘇沙（John Philip Sousa）〈星條旗永不落〉（The Stars and Stripes Forever）[3]的歌。

「請大家善待有蹼類，那隻鴨可能是別人的媽；她獨自住在沼澤邊，沼澤冷又濕答答！這首歌已經唱完啦，但我要證明我所言不假，那麼就再來唱一遍，這次統統升高一點。」就這樣愈唱愈高直到破音，兩人哈哈大笑。我們還活著。我們是最棒的患難之交。

早晨時分，陽光在拐角外誘人地閃耀。我們招待自己一個鐘頭左右的暖陽，甚至飄進半夢半醒之間。然後我們拿起裝備上路。

「現在咧？往上還往下？」我問。

「往上比較暖。」艾利克斯聲稱。

他將兩支冰斧砍進山壁，把自己拉上小洞窟上的冰簷，撒落一陣日光閃閃的冰屑。

3 蘇沙為美國作曲家及指揮家（一八五四～一九三二），有「進行曲之王」的稱號，美國愛國進行曲〈星條旗永不落〉為其代表作。底下作者和艾利克斯唱的諧擬版歌詞也流傳甚廣。

我們現在位於南壁東側，有真正的冰可攀了。一座垂直的岩扶壁讓我也有機會發揮貢獻。右邊可見高峭的蝕溝和冰壁，從我們所在的山往卡拉斯一號峰伸去，像精緻水晶碗的內側碗壁。下午一兩點，我們抵達山頂——正確來說只有艾利克斯抵達山頂。我坐在山壁上最後一塊堅實的地面，綁著確保，艾利克斯則游上最後一段繩距。看見每個方向都是形成嚴重雪簷的山稜，他又小心地潛回來。

「直接下去吧。稜線沒機會。」

我們從東壁下山，途中只又露宿一晚。

回國前，我們去挑戰已有完攀、極長的瓦斯卡蘭北峰（Huascarán Norte）西北稜路線。三天後我們決定放棄，因為發現連北峰都還沒到，光走稜線就即將耗盡食物和燃料。我們慚愧地撤退到美麗的帕龍湖（Laguna Paron）[4]，喜見有輛計程車，剛送來幾個西班牙登山客，正好能載我們回風光明媚的瓦拉斯（Huaraz）小城。一九七〇年的大地震中，瓦拉斯有半數人口喪生，百分之九十五建物倒塌，不過如今已不太看得出震災的痕跡了。

那年夏天感覺像在霞慕尼一樣，我們不少朋友也在祕魯[5]。到巴塞隆納旅館（Hotel

Barcelona）後，我們和圖特．布雷斯韋特、布萊恩．霍爾、泰瑞．穆尼、艾倫．勞斯、柯林．布魯克斯一幫人站在屋頂上曬太陽。艾利克斯和我注意到蘭拉帕卡山（Ranrapalca，六一六二公尺）南壁。

「那座是什麼山？」我問布萊恩，指著遠處一座明顯很巨大的高山。布萊恩和艾倫來祕魯六週了，認得這片景致。

「蘭拉帕卡。」他說。「那是南壁。還沒人上去過。」

我看看艾利克斯，他看看我。真好，竟然有條大路線從附近酒吧搭趟計程車即可抵達。

4 布蘭卡山脈最大的湖泊。

5〔作者注〕我們造訪時，祕魯正處在爆發革命的邊緣。我們太天真，消息也太不靈通，不了解隨時可能發生可怕的事態。但回家途中，我們在利馬遇上暴動，不得不躲進一間有鐵捲門的店過夜。圖特和柯林剛攀完阿帕瑪尤山（Alpamayo）回來。下巴士時，圖特說他聽見鞭炮聲。他好奇人們在慶祝什麼，轉頭望向廣場，看見廣場另一頭有群小孩驚慌四散。當時有一場教師罷工，一些學生也加入示威行列，結果軍隊朝他們開槍，射死多名師生。幾小時後，一切便恢復如常，街上再度充滿觀光客，彷彿什麼都沒發生過似的。

搭計程車去基地營的想法，差點害我們那年沒拿到聖母峰基金會的補助。繼強卡邦那次出醜後，我為我們祕魯之旅的審查委員，提供了更逗趣的演出。這次之所以發生危機，是因為計畫臨時有變。我要去報告的前一晚，艾利克斯打來，告訴我去年已經有支捷克遠征大隊，用圍攻戰術登上了我們的主要目標——薩康泰山（Salcantay）[6]南壁。

我們只好選擇第二中意的方案，去瓦拉斯加入大夥們。問題是我們來不及研究要改爬哪座山。那時候沒有網路，而查攀登資料的主要去處、藏有《山岳》雜誌全套的英國山岳會圖書館又位於倫敦。我在湖區家裡，兩種方法都辦不到。

這次我被領進審查會場時，裡頭沒有半張熟悉的臉。不過好歹這次我有帶資料夾，雖說裡頭裝的都是我們對維卡班巴山脈（Vilcabamba）[7]的研究，和我們的新目標八竿子打不著。我向委員們解釋為何我們申請書寫的目標不再適用，要改去布蘭卡山脈。我們知道那裡仍有許多待挑戰的好山，但我半座也講不出來。要入山相對容易，所以我們勢必能完成幾條新路線。

「布蘭卡山脈位於祕魯的哪裡？」光滑長木桌對面審訊我的一位可敬探險家問。我完全不曉得。但必須立即猜個答案。我知道維卡班巴在安地斯山脈中段。

「在祕魯南部的安地斯山區。」那位先生看向他剛剛攤開的大幅世界地圖。「他沒繼續問了，」我心想，「代表我一定猜對了。」（並沒有。）

「那你們預計怎麼去基地營？」另一位德高望重的委員問。

我想起布萊恩說過的一件事，還沒來得及思考，話就衝口而出。

「從利馬坐巴士到瓦拉斯，然後搭計程車。」這可不是審查委員們想聽的答案。他們期待的是一幅印加梯田之間，排成長隊的羊駝迂迴而上的畫面，細心平衡過的擔子在羊駝背上輕輕晃盪，蘆笛的樂聲繚繞於炎熱貧瘠的阿蒂普拉諾高原（Altiplano）[8]。

「那麼高的山，哪有可能搭計程車去。」

「當然當然，我不是這個意思！我是指搭到城外稍遠一點。然後我們會雇用當地原

6 位於祕魯南部、馬丘比丘所在的庫斯科大區（Cusco Region），六二七一公尺。名稱來自克丘亞語（Quechua）「野蠻之山」。

7 屬於安地斯山脈，位於祕魯南部庫斯科大區，薩康泰山為其最高峰。

8 橫跨祕魯、玻利維亞、智利等國的廣大高原，為安地斯山脈中段的盆地，平均高度超過三千七百公尺。Altiplano為西語「高平原」之意。

住民和羊駝，再開始跋涉入山。」這時我已經面紅耳赤、結結巴巴。但更難堪的還在後頭。

「我找到布蘭卡山脈了，」第一位審問者突然發話。「是在祕魯北部安地斯山區。」他透過眼鏡鏡片打量我。我深切領悟我以後再也不想參加什麼審查會了。

圖特是我下一個進去的，手臂夾著公事包，一如往常熱情四溢又知識淵博。他後來告訴我，他們劈頭就問他：「布蘭卡山脈在哪裡？」他給出了精準解答。結果是，柯林和圖特獲得四百英鎊補助，艾利克斯和我拿到兩百英鎊。我必須指出，投資他們比較划算，他們完成了兩條新路線外加兩條新的下山路徑。

艾利克斯和我沒死在蘭拉帕卡山，要間接感謝英國航太（British Aerospace）。但我們真正的恩人是柯林，他不知哪來的點子，想出了我們祕魯之行用的那款英國航太出品、特定用途的最新型雪樁。他設計的這種雪樁不會輸給俄國人在哈薩克航太工廠打造的任何鈦金屬工具——輕量化、強韌、形狀完全合用。他的雪樁長約三英尺半（約一公尺），很難攜帶，但面對安地斯的雪地條件，雪樁不可或缺，比起冰螺栓更可能派上用場。每次啟程前，除了評估上山路線，也必須同樣謹慎地評估下山路線。下那面山壁需要幾次垂降？幾次從岩壁、幾次從冰螺栓？該帶幾支雪樁？

「四支應該就夠了。」艾利克斯得出幾乎注定的結論。「兩人背包左右各綁一支。」

柯林和艾利克斯一樣，頗有設計才華。我們用的塔式爐也是他那陣子的新作。那是我見過最棒的塔式爐，小巧得不可思議，擋風極佳，而且有真正大到能煮東西的爐架。唯一的缺點就是不能用。沒用幾天，瓦斯孔便塞住了。就算有辦法點著火，也得煮到半夜才能煮杯水泡茶。當然啦，好處是爐子壞掉時，你可以把燃料全扔了，減輕重量，儘管爐子本身可能不能扔。我們相信把爐子帶下山，柯林一定會幫我們修好。每次他修理完，爐子就能再撐個幾次才壞。我還記得柯林在瓦拉斯巴塞隆納旅館屋頂上的景象。他打著赤膊坐在陽光裡，把拆下的小零件一個個仔細排在面前的報紙上，拆開爐子仔細清理。後面遠方，布蘭卡山脈的群峰點綴著東邊地平線。

柯林最為人津津樂道的設計故事涉及他的一輛車，是輛操勞不堪的老Mini。他從阿爾卑斯回來的路上，車子載太多裝備和乘客，副車架被壓斷了，他不得不將車拋在英格蘭南部某處。遇到這種狀況，一般作法是將東西全搬下車、移除車牌和任何關於車主的線索，然後回家報案說車被偷了。柯林正要填寫理賠申請時，電話響起。

「先生，你的車找到了喔。」是警察打來的。「你可以來溫徹斯特領車嗎？」柯林只好動身，順便帶了一根厚寬二英寸的方木條，知道有些設計和建造活兒等著他。「我問修理工能不能用木頭重做一個副車架，他一笑置之，說不可能有用。但他一定會這樣說嘛，畢竟他不是玩細木作的。」柯林用木頭做了新的副車架，車又開了一年。

好笑的是，蘭拉帕卡山位於一座沒有礦業或水力電廠道路的山谷。或許由於這一點，這麼明顯的目標才會迄今無人完攀。我們雇了一位當地原住民和他的羊駝群，連同他的兩個兒子一起踏上蜿蜒蜒蜒的路，越過農莊星布的高原。田野中有男男女女在齊力耕作，頂著大帽子，穿著繽紛的裙子與蓬裘斗篷（poncho）。我們走了兩天，抵達冰川腳下一片樹木和繁花間的迷人營地。柯林和穆尼與我們同路來到這裡，要去爬附近的另一座山。結果他們沒去，在營地逗留了幾日看我們攀登。第四天，沒見我們按計畫歸來，他們下山回到瓦拉斯，抱著可能必須向家鄉報告噩耗的最壞打算。

經過內瓦多三號峰和瓦斯卡蘭北峰，我們已學到祕魯山岳的難度不容小覷。蘭拉帕卡山完全沒低於預期。除了少數幾處以外，這裡的攀登性質更接近阿爾卑斯山區，雪少而結實。冰原地帶我們可以獨攀，從山壁右側起始，趨左而去，爬升了三分之一的高度。冰原間散布著困難的混攀路段，行經光滑的石板，通向結著鼓鼓突冰的岩石屏障。整段路都有落石和落冰的隱憂，但我們體力良好、速度很快，山壁前三分之一幾乎全是獨攀，不禁讓人懷疑起自己為何要揹兩支鏟子似的V形雪樁來。遇上一處獨立的冰塔及後方岩壁構成的煙囪地形時，我們還得卸下雪樁，耗費時間用繩子運上去。

我們露宿於一座冰的巨塔頂端，度過舒適的一晚。那塔有點形似紐約的克萊斯勒大廈，不過離山壁恰好夠遠，讓我們不會被掉下來的任何東西打到。我們現在是空中的微渺小點，可以安心吃東西及睡個好覺。要上到山頂還有段帝國大廈的高度。

攀登持續困難，但在預料之中。第二天下午過了一半，我們抵達山頂，雪樁只用了一兩次而已。這天晴空萬里，我們站在安地斯的脊梁上。多數山頭清晰矗立，撥開了亞馬遜雨林的雲。我們吃掉幾塊巧克力，確定要維持原定計畫。由於有落石風險，且我們沒幾支岩楔岩釘，從南壁回去想都不用想。走對面的簡單路線下山，會抵達方向最不利的山谷，搭計程車回去得兜一大圈，浪費一大筆錢。我們出發前構思了另一個方案——從無人登過的西稜下去。

▲ ▲ ▲

接下來是一段最古怪奇特的登山經驗。第二晚，一切似乎都很好，我們露宿在離山頂不遠處，可以俯瞰北方美麗的奧沙帕卡山（Ocshapalca）——在一條鋸齒狀、帶雪簷的稜線盡頭，離我們大約一英里。唯一掃興的是爐子劈劈啪啪一陣之後，火又變得很弱，我們晚餐的湯麵、棉花糖熱可可成了豪華宵夜。明月照耀，東方湧起亞馬遜的薄霧，猶如慢動作的海嘯，以冰霧將我們團團裹住。

日出時，放晴了一個鐘頭左右，我們收拾行李，開火煮雪，勉強融出兩杯冰水泡Tang速溶果汁，然後走下稜線簡單的第一段。我們很快被濃霧吞沒，但一小時後抵達平坦的雪地。我們認為那必定是連接西稜的山坳，於是轉彎尋找山稜。先前看，西稜看起來很寬廣，從蘭拉帕卡伸至奧沙帕卡，中間弧形下凹至我們要返回的冰川。我們沒有指南針，只能全憑猜測，可是每一猜似乎都將我們帶向一條不歸路。霧中的日光開始消散。那天最後，我們找到一處能垂降的冰隙，深但寬，可清楚看見隙底。下去就無法回頭了，一旦垂降進去，就只能想辦法從另一端離開。我們的繩子只剛好搆到底，沒有回收繩，不得已犧牲了一支寶貴的雪樁。下去後，我們就地露宿。水都還沒溫，爐又點不著了。

早上，爐子甚至連一點火星都不肯再吐出來，不過我們依然將它收進背包，打算回去修好，下次再用。我們漫步踱下冰隙的廊道，直到廊道縮小為左邊一面可攀的壁。霧仍濃密，但不時會挑逗地散開，讓人能短暫窺見周圍的山峰，以及右方朝後退去的奧沙帕卡山——對我們而言很幸運，這下就能判斷走的方向沒錯了。我們犧牲了第二支雪樁，以便再次雙繩垂降，進入另一道冰隙的不確定深淵。鑽出冰隙後，我們顫顫巍巍，來到一面將山稜完全切開的外傾大冰壁邊緣。我們試過能否從左右繞下去，但雪深而危險，稍有不慎就會粉身碎骨，只好再度用雪樁垂降。三支沒了，剩餘一支。那夜的露宿很冷、很累、充滿憂慮。我們唱著蠢歌，讚頌命運和主宰的神力。

隔天早晨，明亮的陽光溫暖我們。我們正好位於霧線下，能清晰看見最後約五百英尺的下山路徑，走在看似連續、寬廣、白雪覆蓋的稜線上。我們疲憊但鬆了口氣，涉過更厚更重的雪向下行，從雪深及膝，走到雪深及腰，然後被最後一道難以置信的恐怖障礙攔下——又一座分割山稜的外傾冰壁。好消息是，冰壁底部看來能通到冰川。壞消息是，壁高似乎不只三十公尺，超過我們的繩長。底下還有道敞開的冰隙。

我們先妄想了一陣子要將兩條繩綁在一起，但下方的冰川彷彿裂隙勾成的蕾絲花墊，還是別這麼做為妙。我們不能失去繩子。最後一支雪樁進了雪中，完美插在一個既能載重，又不會彈開的角度。這雪樁就像它前面的同胞一樣，是片精心打造的鋁材，本該有資格作為飛過安地斯山脈的機翼一角。可嘆它的命運是被留在這裡，以冰川的速度於未來幾世紀徐徐下移。我們是否很快也會加入它緩慢的下山之旅？

艾利克斯自願打頭陣。他卸下背包垂降，萬一情況不對，還有機會用普魯士繩環爬回來。我們運氣不壞。雖然繩子離底部還相當遠，但另一側的冰隙邊緣實際上沒有看起來那麼低，冰壁外傾的角度足以讓艾利克斯擺盪到突出的簷部，然後一跳，手裡冰斧亂揮，從繩尾撲到鬆軟的雪上。我拉起繩索一頭，綁好艾利克斯的背包送下去，但背包較輕，我得放多點繩子才能甩到他那裡。然後我把繩索調回兩邊等長，扣上8字環，一切都檢查三遍之後，縱身躍入虛空。我落在艾利克斯旁邊，摔得一時爬不起來。我們將繩索拉過雪樁收回來，彼此苦笑。

「真是輕鬆愜意的路線啊。」

「還好啦，還可以更糟。走吧，啤酒食物在等了。」

我帶頭往冰川下開路，起初，緊繃的神經讓我每一步都試探過才敢踏出。可疑的灰色氾濫縱橫交錯，方向眾多，令人摸不著腦袋。接著，就在通過冰瀑（icefall）[9]最糟的一段時，疲憊向我們襲來。這裡容不得一絲粗心或閃神，我們差點萬劫不復。前一秒我還踩在穩固的雪上，下一秒已在一道巨大冰隙的瞬間漆黑中墜落。我墜了三十英尺，掉在一座雪錐上，沒受傷。雪錐伸向底下深不可測的黑暗。我能看見頭頂上有個洞口露出藍天——我踏破的地方，是蓋住一條碩大開口的冰殼最脆弱處。這不是一般的小冰隙。

然後我明白了即將發生什麼。

一團影子朝洞口靠近，愈接近雪橋變薄的開口，影子愈濃黑清晰。我尖叫要艾利克斯後退。影子停了下來，朝一邊探探，又朝另一邊探探，然後退到了我頭上透光的屋頂外。我總算能稍微喘口氣。開始冷得難受時，身上繩子的三下重扯告訴我可以開始攀繩了。我的普魯士繩環已綁好就緒。繩子拉緊時，像切乳酪的鋼線一樣切過屋頂，直到碰

9 指由於地形變陡或變窄等原因，冰河移動速度加快，產生眾多紊亂裂隙的冰河段。由英文的瀑布（waterfall）一字衍生而來。

到實冰而停住。我盪過去，攀到頂，鑿開一個孔出去。艾利克斯坐在一座大冰塔旁，冰塔上固定了兩支牢靠的冰螺栓，救我從洞裡出來。

「在底下一定很刺激。」然後他對我作了個疲憊的笑，表示「不要再這樣搞了。」我可沒問他，為什麼我們中間的繩子應該要是緊的，我還能摔三十英尺那麼遠。

「你有聽到我大叫嗎？」

「好像有，但聽起來像什麼鼓聲。總之我很快就懂要幹嘛了。」

「拜託老天別再有狀況了。咱們走吧。」

我們迂迴繞下冰川，中間的繩子保持拉緊。我的神經依舊敏感得劈啪響。露宿處有張柯林和穆尼留下的字條，寫著：「如果讀到這段話，那表示你們是走運的混球，因為你們還活著。」更重要的是，他們留下了食物和用起來一點問題也沒有的爐子。我們滿足地睡去，隔天晚間已回到瓦拉斯準備慶功。

20

完美的一日
Perfect Day

登山家和伴侶之間的壓力不言可喻：漫長的分離、巨大的風險、愛人也許不會歸來的真實可能性。情侶之間總是隱隱懸宕著「為什麼」的疑問。為什麼我們可以一起待在這裡，你還要拿命去冒險？攀登遠行的日子裡，會有其他疑問浮現。要去哪裡？何時？跟誰？

最不幸的狀況發生時，朋友們會安慰過世登山家的遺孀或伴侶，心知過了幾個月或幾年，相同的傷悲可能會降臨在自己身上。攀登常被形容為關係很亂的封閉圈子。攀登社群沉溺於他們自己的小世界，在峭壁靠腎上腺素驅動，天黑後則靠酒精，與其他社會邊緣的緊密小群體並無二致。

艾利克斯介紹瑪莉亞認識喬之後幾個月，瑪莉亞介紹他認識了莎拉．理查德。艾利克斯在里茲大學遇見關妮絲後，和她同居了近五年時光。關妮絲有時脾氣火爆，但她是個處世務實，善於製造歡樂的人。而且，她好像完全能適應艾利克斯喜愛的邋遢生活。說到這點，他們倆可真是天造地設。但最後，關妮絲有一段時期回到南威爾斯，而艾利克斯逐漸攀升的名氣，為他帶來新的誘惑。更糟的是，他往來的對象包括關妮絲要好的朋友。當他以一貫的隨便態度承認此事，關妮絲終於忍無可忍。

「如果你可以跟我所有朋友睡，那我也要跟你所有朋友睡。」她回嗆。後來她和他們其中幾個去了南美。關妮絲臨走前的狠話還迴盪在他腦海，艾利克斯和我啟動了一九七九年的祕魯攀登之旅，部分原因是我們那時在家鄉都已無牽掛。各自和伴侶分了手，沒有任何考量阻止我們的荒唐冒險了。

從南美回來後，艾利克斯拜託瑪莉亞介紹新的對象給他。瑪莉亞有點忐忑，但認為她朋友莎拉可能和他很相配。她們是透過曼徹斯特藝術界的共同友人結識的。莎拉和她男友來到他們家作客，他們聊起來時，瑪莉亞能看出艾利克斯馬上被莎拉吸引了。

多年後，我約了莎拉喝咖啡。她沒什麼變，美麗的圓臉依舊掛著那溫暖的笑，紅棕髮留到肩上一點點。她直爽而坦白，不畏表達真實想法。她不是面對挑戰會退卻的人。艾利克斯無疑也是她接下的挑戰之一，這點自他們認識第一天起就非常清楚。

「瑪莉亞邀我和當時的男友一起到家裡小酌聊天。在場還有一個很活潑的傢伙，叫艾利克斯，是他們家的房客。他打聽了所有關於我的事，包括我住哪、我有沒有工作。隔天有人來敲我家的門，就是艾利克斯。『有興趣中午一起喝一杯嗎？』」

莎拉答應了。聊著聊著，她發覺他是個多棒的人。喝了幾杯，艾利克斯秉持他無可仿效的作風，立即採取行動，向莎拉提議他們來段夏日風流。

「他說：『妳不用愛上我什麼的，我有女朋友，她秋天就會回來了。我說的只是夏天這段期間。』」雖然知道艾利克斯和關妮絲的多年羈絆還沒消失，莎拉決定賭賭看。艾利克斯擺明了在分散風險。

瑪莉亞警告莎拉，如果和艾利克斯成為戀人下場會很慘，但她不會被人勸退。那就是他們短暫而強烈的兩年半戀情的開端。如同許多性格相反的人，他們很契合。莎拉待人親切同情到有點濫好人的地步，極有藝術天賦，與艾利克斯尖刻、直接的性格恰好互補。莎拉是舞台設計，常到全國各地劇場工作，對於戲劇化的場面相當習慣。然而性格相反的人能成為佳偶，總會有互相遷就以外的因素。即使乍看未必明顯，論起聰明才智，莎拉和艾利克斯旗鼓相當，是個能在艾利克斯太頑固時點醒他的靠山。

「沒過幾天，艾利克斯和我就一起去公路旅行，玩得很愉快。我們開到格拉斯哥，看了幾場藝術展，然後渡海去多尼哥（Donegal）[1]。途中先去貝爾法斯特（Belfast）跟泰瑞・穆尼借他的BMW，添點時髦派頭[2]。」

那趟愛爾蘭旅行中，艾利克斯愛上了莎拉。他跟她說，當你遠赴異國攀登大山，你多需要知道世上有一個真正在乎你的人。還說他的野心就是盡快令她愛上他，成為他下次遠行時最在乎的那個人。

莎拉和艾利克斯回來後，幾乎立刻就搬到了一塊兒。瑪莉亞和所有認識艾利克斯的人都發現，他那種現實的感情觀在改變。他沒有一夕之間變成一個浪漫的人，但莎拉喚醒了他的某種浪漫特質。他許久以後才讓我看見那一面，在安娜普納峰他死前不久那段可怕的日子。我們每次遠征，艾利克斯都會每週寫信給他母親，鮮少寫給別人。但我注意到在安娜普納，他每寫一封信給吉恩，也會寫一封給莎拉[3]。

「那年夏天，有個週末是查爾斯和黛安娜的王室婚禮，所以我們跑去威爾斯，度了個反王室週末。我們住在艾爾・哈里斯家，艾利克斯第一次帶我去爬伊德瓦石板（Idwal Slabs）。每次他回來，我們都會去攀登，他很享受有機會輕輕鬆鬆攀登，遠離同儕的壓力。艾利克斯很有趣。他是個完美情人，難以預料，總是逗我笑。我們在一起真的很開心。」

莎拉似乎也不由自主愛上了艾利克斯。

1 愛爾蘭北部西岸的城鎮，與東岸的北愛爾蘭首府貝爾法斯特緯度相近。

2〔作者注〕不熟的人看起來，艾利克斯和穆尼真是南北兩極。在貝爾法斯特開業有成的訴訟律師穆尼，一個月收入比艾利克斯一年還多。穆尼是協助艾利克斯登山事業成功的庇護人和導師。他們的追求目標近似，但生活方式殊異，兩人都以他們律師的思維看世界，什麼事都能從兩面辯論。他們狡黠而善觀察，但對人們的小缺點有時缺乏體諒。或許乍看也不明顯，但他們都在某些時期過著極度危險的生活。對艾利克斯而言，那是每次他去攀登大山時；對擔任檢察工作的穆尼而言，則是「北愛問題」(the Troubles)最激烈時，每次冒險踏出他貝爾法斯特住家的時刻。

3〔作者注〕在遠征途中寫信，其實主要是療癒心靈的作用。過了公路盡頭便沒有郵局了，而將你的信寫好地址、貼上郵票，交給要離開基地營的路人或挑夫，並不保證信能寄達。對於從家鄉捎信來的人也一樣，因為信永遠只能寄到你出發前、藏山下衣物的那家旅館。無法和重要的人們通音訊，讓壓力減輕許多。不知道家鄉的消息讓人更容易專注於攀登的任務。即使在人口眾多、有定期信差的聖母峰地區，也難保郵務系統可靠。我們一九八〇到八一年冬天赴聖母峰攀登時，伯吉斯兄弟之一碰巧在加德滿都的某家旅館衣櫥裡，發現一綑多年前，寄給BBC《新聞之夜》(*Newsnight*)的影片郵包。

「和艾利克斯在一起之後，我怕極了關妮絲。我始終覺得艾利克斯還是有可能回到她身邊。他和她交往了六年。她當然還是在攀登圈子活動。有一天，我決定別想太多，走到她面前，給她一個大擁抱。大家本來在聊天，忽然全都安靜了。關妮絲接受了我的擁抱，於是大家又開始講話了。他們覺得這樣很棒，就該這樣。然後關妮絲的一個好朋友跑來跟我說，我覺得妳很了不起，現在妳們兩個可以和平共處了，艾利克斯總說同時愛著兩個女人多辛苦。多謝喔，我心想。」

和莎拉關係漸深的同時，艾利克斯仍在BMC發揮影響。艾利克斯相信民主程序，即使有時違反他自己性格上的專斷傾向。他可說是BMC統治家族中的一個共和主義者。他寫道：「與流行的看法相反，BMC並非『禍害』（丹尼斯・格雷）一人的獨角戲。BMC的方針是直接由管理委員會（由凡夫俗子構成）制定和監督。『專業人士』得遵照他們的指示行事。」

這段陳述摘自艾利克斯刊登在《攀登者與漫步者》的一篇文章引言。該文題作〈民主〉，是他在BMC任期盡頭寫的，表明了他對未來的願景。艾利克斯在文中闡述，他認為BMC內部需要一段持續、經過深思、受到控制的改變，以使草根攀登者更願意參與。他認為有必要改變，也有必要修改組織章程。他指出，每個攀登者都能透過參加地區委員會的集會，對BMC擁有發言權。英格蘭和威爾斯被分成八個區域，各自討論地方議題，再回饋給BMC管理委員會。艾利克斯沒明說，但言下之意是這些地區委員會通常視野太狹窄。地方議題固然重要，但地區委員會，以及組成委員會的各社團，未來也應該討論全國性的議題。他用一連串修辭問句來表達此立場：

「BMC該不該爭取布爾奇莫克（Bwlch-y-Moch）[4]等岩壁的所有權？該不該打擊證照濫用？該不該設立保險制度？爭取針對山屋的互惠權利？該不該聲援山難事件中恐遭起訴的不幸個人？又該不該挺身迎戰幾乎一到好冬，便充斥每日報紙和零星議員的『把山全封了』態度？」

艾利克斯相信，隨著山區休閒活動愈來愈盛行，最終必會產生攀登者和地主或其他運動爭地的問題。無可避免地，政府會屈服於攀登很危險、攀登反社會的「一般看法」。他相信解決之道是使BMC擁有更廣大多元、更活躍的會員基礎，無論是社團會

4 威爾斯雪墩的岩壁，名稱被認為來自威爾斯語的「豬之山道」或「首條山道」。

員或個人會員皆然。他認識到個人充分理解後投票的重要，在今天的BMC，這些價值仍被奉為圭臬。

諷刺的是，雖然一九七〇年代討論的許多岳界議題與今日的攀登相關，但攀登社群的本質與性格改變了人們思考及活動的方式。廉價機票和相對較不冒險的傾向，使英國岩場的過量人潮移到了法國、西班牙和泰國，留下許多山區峭壁徒生青苔。七〇年代，任何形式的攀登活動皆無法投保；現在人們登山則是有保險居多，甚至攀登六千公尺以上高峰也可能投保了[5]。

結果證明，艾利克斯的呼籲十分正確。後來BMC的會員數和所受關注大幅增加。基本上，如今這個組織的運作，已比他任職全國總召的年代，更加民主、負責、專業了。

受到他和莎拉的戀情強化，艾利克斯在關於山的某些事情上，始終相信浪漫無政府狀態的價值。縱然如此，他意識到要求解散BMC的人是錯的。此時正值柴契爾夫人將權力收回中央，一群無地方關連的新政治階級竄起的年代。若回到不願退讓的地方協商，將會使登山界失去全國性的代表。就算攀登族群多半厭惡這類想法，但若國家官僚體系開始管控山區的冒險與活動，缺乏全國性的發言機構後果將不堪設想。掌握此間平衡是考驗智力的複雜工作，但艾利克斯靈巧地辦到了。他在地方委員會的會議上帶著權威、知識和熱情談起這些議題，說服了不少懷疑主義者。他成功為ＢＭＣ贏得了人們的理性與感性。後來，ＢＭＣ也一直在這樣的基礎上發展。

訓練相關的仲裁解決後，艾利克斯任職的最後一年還有其他艱困任務。其中一項是寫篇文章，談攀登與法律責任。這是此議題第一次被探討。ＢＭＣ希望提出有力的論述，彰顯作為攀登核心價值的自助與負責精神。他們想避免攀登界也開始流行打官司。這種風氣已悄悄蔓延進英國生活的某些方面，更猖狂橫掃北美。

另一大問題，是解決關於本尼維斯山屋的激烈爭議。當時有個計畫是在本尼維斯高處設立國家山屋，得到一些嚮導支持，認為能杜絕曠野受凍致死的意外。艾利克斯寫了一篇平衡分析優缺點的文章，流傳甚廣，最後以反對立場作結。不過他也認為必須在附

5〔作者注〕一九七〇年代，登山唯一能保的，只有普通的行李遺失和班機取消險。攀登裝備遺失很難申請理賠。如今，若登山者亡故，也可能於遺體運送回國後，取得保險給付。艾利克斯過世時，還沒有任何途徑能將一具遺體帶出尼泊爾。

近另覓山屋，供英格蘭和威爾斯攀登客利用，因為本尼維斯山下的ＣＩＣ山屋通常只有蘇格蘭人搶得到。想不到的是，最後獲選的替代方案——一棟位於歐尼克（Onich）的山屋，如今便是以他為名。艾利克斯在ＢＭＣ服務時，那棟山屋是租的，然而他過世後，ＢＭＣ和蘇格蘭登山協會（Mountaineering Council of Scotland）於一九八三年發起全國性的募款，終於籌得買下山屋的經費。

艾利克斯也熱切投入關於普拉斯布瑞寧——即國家山岳中心（National Mountain Centre）——未來發展的激辯。他向ＢＭＣ建議，若往後山岳訓練的方針由他們制定，他們最好擺脫於普拉斯布瑞寧執行訓練的多餘負擔。他扮演溝通橋樑的角色，來往於中心負責人——他的好友約翰．巴瑞，和ＢＭＣ這頭的威爾森與格雷之間。雖然費了段時間，但中心最終脫離ＢＭＣ成為獨立公司，使ＢＭＣ無須揹負相關意外的責任。

儘管艾利克斯很成功，丹尼斯．格雷也對他很敬重，不過丹尼斯曾在幾年前的某個場合上對我說：「你知道，艾利克斯有輕度的讀寫障礙。他辯論起來毫無問題，但用寫的有時候表達不清楚。麗塔和我花了好多時間，重寫他的報告和提案，改成比較能讀的英文。」

丹尼斯這麼說讓我笑了，不過只是小小偷笑。從來沒別人，包括他最親的家人，發現艾利克斯有任何讀寫障礙的徵狀。他的文章全以獨特、鮮活的文筆寫就，在許多層面極為細膩。丹尼斯認為，讀寫障礙是他無法應付當前時刻的跡象。對此，莎拉和我所見略同，那就是所謂「讀寫障礙」實為艾利克斯的障眼法，用來逃避辛苦的編修工作。他只想把概念勾勒出來倒在紙上，剩下的微調交給別人去做就好。如此一來，他能留出更多時間去攀登，以及善盡他全國總召的本份，於社交場合露臉。

艾利克斯在BMC最喜歡的工作，是辦理國際交流，尤其蘇格蘭冬攀活動。他透過這些活動與荷內．吉里尼、尚馬克．波旺等歐陸攀登家成了要好的朋友，也與潛在贊助者及新合作夥伴搭上線。例如他曾和Salewa老闆赫曼．胡貝爾（Hermann Huber）一道，於幾小時內完攀本尼維斯山上的「獵戶壁直登路線」（*Orion Face Direct*）。英國攀登者於此類活動中展現的實力，還有赴阿爾卑斯諸國和世界各地交流時建立的個人情誼，以及與造訪英國的高山嚮導建立的聯繫，促使了國際嚮導聯盟承認英國山岳嚮導。

丹尼斯．格雷略帶懷舊，回憶起曾效力於他的全國總召。他們都以各自的方式，在那段充滿爭議、需要冷靜腦袋的轉型期，協助形塑了BMC。「在我看來，彼得擁有超齡的成熟，而艾利克斯的心思和口齒伶俐得不得了，不發揮頂尖水準，你是辯不倒他的。他們都為了大目標而努力，投入許多下班時間，跑遍全國各地。兩人都從來沒報過一次旅館或民宿費，總是願意擠朋友家或認識的人家裡，睡地板也沒關係。」那是個晉升為專業人士的私掠者們，仍長時間保持舊有習慣的時期[6]。對朋友們來說，讓艾利克斯在旅途中借住是一大樂事，他有一籮筐八卦和攀登陰謀可以分享，總是情報豐富，而且永遠不會太正經。

一九八〇年初，艾利克斯暫時停職，去挑戰道拉吉里峰東壁。他持續寫信給莎拉，直到離開有郵局的範圍。最後一封信是從波卡拉（Pokhara）寄出的，他們正要從那裡出發去基地營。

「信寫得平鋪直述，說：『好啦，妳贏了，現在我是妳的，所以我們就在一起。』他走之前，我知道一切都不確定，他還是可能回去找關妮絲。但收到那封信，我很快樂。我接受情況就是這樣。我相信我們是相愛的。」

我發現艾利克斯和莎拉相處時沒那麼愛爭辯，比起他和其他女友、或甚至和任何人相處的時候。他們的感情唯一出現危機的一次，是某次艾利克斯旅行結束後，帶著一個女孩一起回家，莎拉懷疑他們有一腿。那只是攀登者遊戲的一部分，莎拉說，令她生氣的是他帶她回來。

「我正在做一個新舞台，工作很忙，弄到很晚，我沒辦法接受還有一個別的女人在我們家。也許我誤會了，不過他們明擺著有曖昧，總之我自己走了。我告訴他如果他想得到我，就要努力證明，他也真的做了。那是我們唯一經歷的動盪。我們的關係很平靜安穩，什麼都會很快復原。艾利克斯極少談到攀登，我想他需要我們的關係成為一個能遠離這件事的避風港。」

艾利克斯離開BMC之後，在德比郡的海菲爾最北角租了一個小地方，暱稱作「小破屋」。海菲爾是一九七〇和八〇年代主要的攀登社區之一。艾利克斯和莎拉可以從家門口漫步到金德斯科特（Kinder Scout）[7]和周圍的高地。那是個詩情畫意又負擔得起的棲身處。布萊恩．霍爾和他太太露易絲住在不到一英里外的海菲爾鎮上，經營著他們的

6〔作者注〕BMC現在約有二十五名員工，包括艾利克斯交情最老的朋友之一——「黑尼克」尼克．柯頓。他們一九七〇年代一起攀了大喬拉斯峰的中央雪溝，和其他許多阿爾卑斯路線。

7 英國峰區的最高點，六三六公尺。

「廿樹」咖啡店。我和女友蘿絲週末常去找他們。我們白天會去攀登或走路，期待著喬治飯店的週六夜小聚，一起玩撞球和規畫旅行。

除了被莎拉迷得神魂顛倒，瑪莉亞覺得艾利克斯在經歷另一個變化。「和喬交往的那段日子，我一直在觀察喬的這種變化——想爬的山愈來愈高、愈來愈難。我對攀登了解很淺，但我知道喬和彼得做的事非常前端。後來，隨著我對艾利克斯的認識加深，我意識到他的計畫和思考不斷變得更高遠，尤其在追求純粹這方面。他真的相信那種純粹。他跟我說過幾次他想成名。其實應該不是那樣說——不是他『想』成名，而是他『會』成名。他一點懷疑也沒有，真的自信過頭了。」

艾利克斯認為他能出名和賺錢的管道，不是只有攀登而已。他非常相信他自己和他那套方法。前往安娜普納基地營的路上，他曾對我說，他學法律是因為這樣就有個基礎，能展開攀登外的事業。他不只會很有名，也會很有錢。他的務實主義涵蓋了他對自己的信心。於BMC的成功、贏得莎拉芳心的好運、登山的成就，在在向他證明他並沒有想錯。他相信一套方法：如果你做A，然後B，然後C，結果就會是X，然後Y。那屬於一類只有命運能打破的邏輯。

21 破英文

Broken English

從安地斯山脈回來後，艾利克斯和我有一年左右沒怎麼聯絡。他埋首於BMC全國總召的工作。接下來的秋冬，我大半和柯林・布魯克斯一起在新罕布夏，為東岳體育用品和國際登山裝備（International Mountain Equipment）擔任攀岩老師。約翰・鮑爾在一棟租來的廠房裡經營小建設公司。我們不當嚮導時，就去他那裡工作，晚上睡在他巴萊特鎮（Bartlett）的小木屋地板上，有收入時便付他一點房租，過著朝不保夕、不很理想的日子。

一月裡，我意外接到一通來自英格蘭的電話，坎布里亞郡議會說他們有個缺想給我。我之前為了籌錢去祕魯，當過那裡一個住宅更新計畫的專案經理，顯然頗得他們欣賞。他們想給我一個振興當地經濟和環境的新職位。於是我接下工作，搬到了南坎布里亞的米隆鎮，離班達卡之前那幾年我住過的河畔農舍不遠。米隆還沒從十年前鐵礦場和鋼鐵廠關閉的打擊中恢復過來，我盡我所能令此事改變。

我一回英格蘭就打電話給艾利克斯。他冬天在挑戰阿爾卑斯的最後難關，和追上蘇格蘭的最新路線。那個冬天我們偶爾聯手，與艾倫．勞斯和布萊恩．霍爾一同北上，加入米克．紀德斯和其他朋友。艾利克斯經常和才華橫溢的戈登．史密斯一起攀登，泰瑞．金恩也是他頻繁合作的夥伴。他的混攀及冰攀技術好像一直在持續進步。

他那年的計畫，是與歐特克和荷內．吉里尼去爬道拉吉里東壁。與此同時，艾倫邀我加入一支大隊伍，嘗試不靠氧氣瓶及雪巴人輔助，冬攀聖母峰西稜。我有機會加入道拉吉里行，但選擇了珠峰。在世界最高峰實現大膽創舉的誘惑力實在太強了。艾利克斯仍堅持他的路線，要用最好、最輕的風格攀登最難的山壁。我們暫時走往了不同方向。

我有點嫉妒艾利克斯能再和歐特克登山，但同時，又很高興看見我們的國際社群好端端地向前邁進。雖然他們攀上東壁後並未攻頂，但那次道拉吉里東壁攀登，樹立了喜馬拉雅輕量攀登史的偉大里程碑之一。

就在他出發去道拉吉里不久前，瑪莉亞記得艾利克斯有次坐在樓梯上，朝電話那端的歐特克大吼，說的是英文，但有波蘭口音。「他說這樣歐特克才聽得懂。」瑪麗安．菲絲佛（Marianne Faithfull）的《破英文》（*Broken English*）自一九七九年發行以來，一直是我們的登山主題曲之一。一九八二進安娜普納的路上，我們總用唯一的卡式音響一起聽那張專輯。那也是艾利克斯寫給《山岳》雜誌、記述他們那次攀登的一篇經典文章的標題。

破英文

「夏天有要去哪嗎？」磚緣巡航者問。問得好。止滑粉的裊裊白煙這回似乎有點飄遠的希望，但再度墜地收場。

「道拉吉里。」我說。

「那是哪？」青年問，繞著一指甲片輕鬆旋了半旋後停下，打著呼嚕，找著平衡。

這也問得好。尼泊爾吧，從明信片上的郵戳判斷。至少我最初遇見它時，它還在那裡。有那麼一遇要多虧我媽書架上、再版書會（Reprint Society）出的那本埃左（Herzog）經典《安娜普納》[1]。

「安娜普納附近。」

茫然的眼神說明一切。我重新定義、擴大範圍。

「在喜馬拉雅。」

他以手指擠塞（finger lock）在相對的裂隙裡，切換成完美的十字架刑之姿。亢奮的雙眼打量鼓漲的肌肉。他用一個漂亮的單手引體向上，成功抵達陽台，輕蔑地回頭俯瞰。

「喔，博頓鎮（Bolton）[2]那一帶對吧？」他說完，往啞鈴走去。

▲ ▲ ▲

淑女從我右邊送來的簡短「下午好！」——其實是對我歡樂的「早上好！」的更正——也許會令一個更善感的男人傾倒[3]。我向前看，但幫助不大：我們新上任的通行權專員那伸到房間兩頭的微笑，不幸說明此人十點前便已抵達。這隻新進駐的柴郡貓後方——由一道垃圾和發霉咖啡杯的華麗鐵幕與周邊隔開，事實上頗精準重現了我臥室的一塊區域——坐落著我的地盤，也就是全國總召的位子。最近剛安裝的一台電話向世界昭告此職位之重要，僅次於有兩台電話、甚至敢請淑女記錄他口述的禍害。裡頭神龕傳來約克郡腔的哼唱，顯示禍害在位子上，另一場生計不保的危機即將展開。有鑑於體育協會通常都支持敵方，往往就是這種時候，執委會的忠實擁護者會拿出全國總召的聘書檢討。於是我使出官員的躡手躡腳，溜進我太暴露的聖地，再次面對桌上的三層綠鐵公文架。這令人絕望的東西已經具備快滋生反應爐（fast breeder reactor）[4]的屬性，儘管往廢紙簍——或地上——扔垃圾的規定相當自由，它還是永遠大胃口。

這天，成疊信件上有張精美的小明信片吸引了我的注意。我幾年前看過這款明信片，在一個老朋友曾經傾心的姑娘租屋處牆上，當時便被那座從四乘六相紙上對著你

1 法國登山家墨西斯・埃左（Maurice Herzog，一九一九～二〇一二）的暢銷書，全名《安娜普納：第一座八千》（*Annapurna, premier 8000*）。該書記述埃左領軍的一九五〇年法國安娜普納遠征，為史上首次登頂並歸來的八千公尺高峰遠征。

2 大曼徹斯特郡的一個城鎮。

3 〔作者注〕艾利克斯的幾位同事也客串了這一景，描述他姍姍來到曼徹斯特的BMC辦公室。「淑女」是BMC祕書麗塔・哈蘭，「柴郡貓」是馬克・哈欽森（Mark Hutchinson），「禍害」是丹尼斯・格雷。

4 一種核能反應爐，因產生燃料的速度大過於消耗燃料的速度，故稱為「滋生」式，「快」指利用快中子誘發核分裂。

笑、無人攀過的大山壁吸引。山壁現在被一堆線、高程點、箭頭和驚嘆號蓋住，除了作者大概沒人知道什麼意思。明信片背面提供了線索。

親愛的艾利克斯：有個攀登這面山壁的大好機會。三月十日加德滿都見。

愛，歐特克。P.S. 帶個夥伴。

歐特克是當過電機工程師的出色登山家，一九七五年他在沃克支稜頂上的即時行動，為後世保住了約翰．布夏的鋼琴演奏。我第一次知道他那反權威的密謀笑容，是在一節俄羅斯火車廂裡。當時我們正前往如今受到熱議的帖爾米茲港、阿姆河與阿富汗的荒野。我們本來要去曼達拉斯山谷，但歐特克用班達卡峰東北壁的故事點燃了我的熱情，一個「給二〇〇〇年的難題」。

我們的隊長起初不肯共享我們的願景，但經過兩週的糾纏不休，我們帶著他們的祝福以及心不在焉的小隊長踏上自己的道路，去那座山鞏固我們的友誼。波蘭成分就是這樣來的。

正值聖誕節，因此我帶著母親、妹妹、明信片去了霞慕尼。大夥兒都在那裡。嚴酷的計畫在「荷蘭人酒吧」的地下室成形。一場戰役於是制定。咱們要向大喬拉斯峰北壁開戰。「咱們」包括我自己、柯叔叔和黑尼克。當地人荷內出現在門口，隨即被徵召。這人是可貴的戰力，會滑雪、看得懂法文天氣預報，還會用指南針[5]。

結果是趟有趣的純玩樂。尼克的一隻滑雪靴滾下南針峰（Aiguille du Midi）北壁，只好搭下一班纜車回家睡覺。其他沒那麼幸運的三人花了兩天「滑雪」到山崖腳下。大約五段繩距後，我們抵達故事高潮——三個人，兩張吊床，一夜淒淒慘慘在一塊淺雪斗度過。天氣不出所料又崩潰了。壯闊的大撤退中，荷內的表現耀眼得令人無法直視，我們則盲目跟在他船尾顛簸。他以精湛風格將我們帶回霞慕尼。坐在酒吧裡，我掏出明信片擺在桌上，照片那面朝上，仍然畫滿線、點、問號、高程，仍然只有作者能解讀。我們沉思最粗的幾條黑線。我決定邀荷內同行。一杯熱紅酒、那張明信片，還有這件事一定很好笑的擔保促使他答應了。難道法義人內心深處其實都藏著英國性格嗎？

5〔作者注〕「柯叔叔」是柯林・布魯克斯，「黑尼克」是尼克・柯頓——以便和「金尼克」尼克・康奈利區隔。「荷內」是荷內・吉里尼。

一九八〇年三月十四日，全隊總算集結於加德滿都海關倉庫外。第四名成員是歐特克的波蘭朋友，名叫盧德維克．維爾辛斯基（Ludwik Wilczynski），是個音樂家及古典語文學家。這隊伍不得了喔，語文學家、嚮導、電腦技術員和全國總召，英義波聯合的第一支遠征隊。現在的喜馬拉雅山丘攀登學已浸飽民間傳說，其中一項大戒是說，如此人種混雜的一支隊伍，必然將凸顯第三次世界大戰的無可避免。不過我們沒受過那套教育。我們不是遠征隊。我們是旅行團，或我辦公室同仁慣稱的度假團。

另一方面，這的確是一次遠征——首次尼克．艾斯考特紀念遠征。此紀念獎每年會頒給一支欲進行「格外具挑戰性的計畫」的遠征隊，獎金是由尼克逝世後，為了緬懷他而設立的基金撥出。我們將這條路線獻給尼克。

道拉吉里位於尼泊爾中部、甘達基河（Kali Gandaki）西側。河谷中有通往木斯塘（Mustang）古老王國的商道，也是到木克定（Muktinath）為止的朝聖之徑。道拉吉里是世界第六高峰[6]，一座「冷酷無情之山」、「風暴之山」。我們的目標是東壁，從混亂的東南冰川直衝而起，被東北稜和東南稜框住並塑形。

前往傳統的道拉吉里基地營有兩種走法。拿一九八〇年雨季前期間來說，大致可描述為「短而傻的走法」和「稍微長一點的理智走法」。當然，我們是選短而傻的那條。

我們經過土庫徹（Tukuche）——昔日印度平原到木斯塘王國的古商道上一個繁榮的村鎮——再往上幾小時後，下了一週的雪。我們搭起帳篷、解散挑夫、潛心滑雪。我們的聯絡官選擇出逃以保精神健全，第二天已不見他的帳篷——只比我們的總管晚幾步，比兩個波蘭人早幾步。天幕帳頂消失於片片雪花下的同時，一股往山谷方向「為雪停做準備」的熱烈興趣如瘟疫傳遍全隊——不過從沒真正影響西方集團就是了，他們帶著空洞的笑和多處受傷繼續苦撐，相信廚子卡桑（Kasang）泰山般的沉穩。最終，在一個整座營好像都要被埋了的月黑風高夜晚，卡桑遵循一位當地喇嘛提供的配方，將藥水撒向四方，替我們求得了片刻暫停。那夜，我們靴也不敢脫、緊握打開的刀睡覺，全心專注於瑪麗安．菲絲佛嘶啞的歌喉。

「你幹嘛要這樣？」（Why D'Ya Do It?）她問[7]。

於是雪霽了，帶著一隊吃苦耐勞但刷新天價的挑夫和半套裝備，我們三天後一跛一

6 應為世界第七高峰。

7《破英文》專輯中的一曲。

跛抵達基地營，穿過了丹普斯隘口（Dhampus Pass）到法國山坳（French Col）之間大腿深的積雪，滿懷感激來到如此怡人的一處山坳。泰黑曾經很欣賞此處，說那是「看起來最邪惡的一個地方」。

如果你夠機敏，或你在BMC工作，你可能會認識到一件奇妙的事，即阿爾卑斯諸國開始出現「阿爾卑斯式」遠征隊的年代，並不比他們肥一點的鄰居早。若忽略偶爾於曼谷或華沙便利地默默耗掉的一週，關鍵就在高度適應。這是出發去爬你的山之前需靠許多輔助進行的一道程序，可採取兩種互斥的作法之一。第一種，亦為截至目前較經濟的一種偏方，包括食用大量蒜頭、以兩指伏地挺身姿持續做愛數小時、配合你好用好帶好沉重的日製迷你卡帶機播出的華格納旋律，單足跳上幾座大丘陵。此法可調適身體。

另一種較有邏輯支持、可能也較有醫學根據的作法，則著重於訓練大腦。訓練大腦之重要不可輕忽。我甚至聽過懷疑者表示，如此唯一受惠的是釀酒廠。話不是這樣說的啊！高海拔攀登有點類似帶著慘烈的宿醉去上班。一旦掌握了在這種條件下正常發揮的技藝，問題便迎刃而解。又稱作穆尼定律的此法，尚有其他益處。在抵達「死亡地帶」

之前先將腦細胞摧殘殆盡，能夠減少受無氧環境攻擊的細胞數量。而終年維持健康欠佳的狀態，則可確保身體常在窒息邊緣徘徊、十分習慣缺氧。遺憾的是，訓練大腦並不便宜。

為了評估我們的各種理論，需要找個能爬高的地方。由於附近唯一大到足以產生任何效益——意思是身體不適——的東西，就只有道拉吉里本身，我們嘗試詢問我們的瑞士鄰居。他們目光長遠，是走理智的那條路來，築城在冰川往下幾分鐘處。他們要去攀登東北稜，而我們已獲官方許可，若徵得他們同意，就能去那條山稜作高度適應。最初他們不太情願，這也很能理解，但後來還是願意接受我們在他們的路線上活動，為此我們欠他們一份大恩情。

我們的計畫很簡單，秉承最優良的傳統。我們要在東北山坳放置兩塊特地在加德滿都鬧區選購的漂亮尼龍布，指定那裡為「前進基地」(advance base)。這招總是不錯。阿爾卑斯式攀登的途中出現一個「第一營」有時候頗難為情。(然而可以透過命名的創意偷吃步：休閒營、後勤總部、冰河營、前進高山基地等等。)我們會從「前進基地」多次向上方山稜試探進擊，直到我們吸夠稀薄空氣，堪稱為「適應」，這時我們就能去收服山壁、結束回家了。

廚房夾在東西方集團中間，基地營生活充分體現了這趟遠征的優越條件。一段緩和時期的活絡貿易接著展開，我們在此期間密謀如何討伐我們的共同仇敵，基本上都是採取躺姿，靜態商議，一眼注意瑞士人的進展，一眼看著櫻桃白蘭地。

運氣使然，我們的靜態高度適應期結束時，瑞士人差不多跋涉到山坳。山坳位在一段惡劣的冰瀑和一座又長又容易雪崩的冰川谷錯誤的一頭。那裡寬廣平坦、沒有顯著特徵，遇上白盲可能要找好幾小時才找得到帳篷。不消說，我們沒帶指南針，所以實際體驗了一遭。也許由於我們對傳統後勤金字塔的觀念不屑一顧，我們待在山坳的第一段時間過得有聲有色，粥和義大利麵普遍過剩、但鹽和糖普遍不足。隨後幾週，我們連連突襲山稜，直到全隊都理所當然習慣了那片景色（還有至少我也習慣了嚴重的消化不良和頭痛），被宣布為近乎、幾乎、似乎適應得足以挑戰那面山壁了。

要應付山壁，我們不得不使盡全力。前夜在山坳，冀望一場閃電戰，我們打開不那麼鼓的背包，排除一切形式的必需品。午夜剛過不久，我們掙扎出了我們裹著糖霜的香甜玉米片，踏入一片罕見絕美、浸滿月光、清澈到天涯盡頭的夜。東壁特別盛裝打扮，冷冷蒼蒼，向我們招手。一股寒氣掃過山坳。我們二話不說鑽回帳篷，把排除的所有配備又裝進背包，這才《日落黃沙》（*The Wild Bunch*）[8]風格地四人一字排開，步入下方的雪盆地，前往圓形劇場最深處尋找我們的路線。曙光逮著我們在一片結實的岩扶壁上磨磨蹭蹭，想強行攀登一縷閃亮的細冰。冰融得極快，但還沒那麼快，我們抵達上方石板區，利用雪溝、雪斗、雪原在這結實構造上鑽扭通過，一如接下來多數時候。午間熱飲於一座與山壁其餘部分格格不入的小岩丘上舉行。高高的雲絲自西邊馳來。我們以知識安慰自己，「午後天氣變壞，沒什麼好意外，」然後繼續上攀，攀向正形成一只滾水鍋的上方山壁。雷電進駐，視野撤去，白雪下起。幾畝的雪絮落在上方山壁，整堆往我們頭頂倒下來。微風配合地強硬起來，化成狂風。

我們逃向庇護所，在積雪灌落的主要通道之右、一片夠格的小岩壁下，可嘆那裡重看不重用。像幾隻半熟的鵝，幾小時後仍在原地，我們終於領悟這就是我們今夜的睡鋪。焦急的加工也難使這裡宜居一點，沒多少冰能停在此地岩石像似瓦片的結構上。那

8 一九六九年的美國西部片。

夜我們兩組都睡得很差，思忖著一九五四年用炸藥炸出棲身處的阿根廷人的遠見，或一九五八年用床框搭平台的瑞士人的天才——對付這種滑落的營地顯然是個可用之方。雖說睡得很差，但事後想想其實不算太糟。

隔天則是徹底的噩夢。一開始還好，清早陽光普照。晴天撐了一段時候，偶爾飄來幾塊藍，但很快演變成模仿蘇格蘭人冬季假期的壞心玩笑。傍晚風雨最大之時，盧德維克和我陷入無援之境，水淋淋地擱淺在陡峭易碎的冰上，被猛暴的飛雪毒打，無法往上，也不想被吹落山下。熬過惡劣、動彈不得、凍僵指頭的四十分鐘，我們趁片刻寧靜逃脫，奮力一搏出到右邊的岩冰混合地帶，期望找個過得去的小臥鋪賒帳住一晚。什麼也沒有：沒冰，沒平台，沒床，只有更多鬆雪與堅岩。

我們試著徹夜苦攀，但效果不彰。最後，荷內、盧德維克和我擠進一個雙人袋，以各種局促、扭曲的姿勢忍耐幽閉恐懼又氧氣短缺的環境。困在中央，被尼龍布壓得快窒息，我靈機一動想到可以割開袋子透氣，卻不幸找不到刀。荷內微微表示不看好之後把他的刀借我，一條線於是劃開，送入新鮮空氣和無可避免的粉狀飛雪。何等享受呀！歐特克只能自立自強，棲於易崩的雪上，頂著一個露宿袋，綁著繩子半坐而眠，無法在這片被紛飛細粉淹沒的山壁上躺進睡袋。

天亮的跡象一出現，我們隨即動身逃離，新的雲堤令人憂心地映入眼簾。我們咬緊牙關繼續向上，穿過新雪，來到一道大扶壁背風面的相對安全處——我們得通過扶壁到左方。我們在這裡停下煮熱飲，早晨通勤族似的恍惚站立，啜飲要熱不熱的茶，然後拖著腳步繼續上行，總算於暮光消失前出到稜線上，跌跌撞撞越過冰岩混合帶抵達一個露宿點，在一塊大石腳下，受道拉吉里的風全力轟炸。

攻頂的準備甚早展開。我們大半個夜晚都在燒茶沖飲料，力圖補充飲水量。拂曉時已出帳篷，但拿不定該不該出手。我們站在一塊大雪板曾經的位置，就著陰沉天光打量它的堂表親戚。聚來的雲愈來愈多，上方那道斷裂線是逼得駱駝認清現實的最後一根稻草。我們決定明哲保身，退下山稜，回到熱情迎接我們的卡桑、包心菜與煤油身旁。

一週後，我們在愉快、保證生存無虞的條件下重返，登上有藍天和遼闊視野的山頂，然後披荊斬棘回到江森（Jomsom），等待不是世上最可靠的航空。[9]

9〔作者注〕他們沿東北稜登頂（八一六七公尺），前一次已抵達稜線上海拔約七八五〇公尺處，由先前已抵達這麼高來看，後來的登頂行真的只是錦上添花而已。

22

垂直塗鴉
Vertical Graffiti

一九八〇那年夏天，我和女友蘿絲常去海菲爾的小破屋住，或者莎拉和艾利克斯會來米隆住我們家。他們初次造訪是在一個涼爽晴朗的週末，艾利克斯剛從道拉吉里回來不久。我很興奮能見到他、聽聽那場攀登的幕後故事。我們約了週六早上碰面，立即出發去攀登。我很快就意識到艾利克斯不一樣了。並不是表面上有什麼明顯改變，但他有一種新的深度，而且毅力和自信似乎倍增了。他還有一種憂愁的躁動不安和一個新目標。

「我想成為史上最偉大的登山家之一。」他宣布。我們正驅車前往科尼斯頓（Coniston）[1]，要去爬道奧山（Dow Crag）。

我太吃驚了，一時說不出話。

「啥？你想變成梅斯納爾嗎？」

1 坎布里亞郡的小鎮，旁邊就是湖區第三大湖科尼斯頓湖（Coniston Water）。

他瞪著我，然後嗤笑幾聲，對我露出他那種顛狂笑臉，彷彿在說：「你自己又有何作為？」我問他生活其他方面怎麼辦？莎拉、工作等等。

「那些我都能兼顧，但我就是喜歡攀登。那才是我注定要做的事。」我問到風險，他的回應是在彎道上超過一輛車。我倒抽一口氣，直覺地抓緊扶手。布洛頓（Broughton）和陶佛（Torver）之間的蜿蜒山路十分狹窄，很多地方一輛車要過都很勉強。他笑我嚇成那樣。我們運氣好，對面沒來車。

「看吧。我現在是不死身。」這種言行很蠢，艾利克斯也知道，但他「賭更大」的意願這下很清楚了。

沒多久，我們已在道奧山上，艾利克斯的攀登技術比我印象中任何時候更好。道奧山最棒的是堅固、陡峭的岩石。那年秋老虎發威，到了十月底，面東的扶壁下午三點左右還保有暖度。我們爬了兩條經典的「E（特嚴）」級路線。冰斗湖的黑水開始吹來寒風，奉勸我們打消第三條的念頭。於是我們走上第一扶壁（A Buttress），看夕陽沉入愛爾蘭海，然後衝下還不錯的岩溝，去酒館和當地人歡樂閒聊。

那週末艾利克斯和莎拉回去後，某種變化的感覺仍瀰漫不去。我到底在幹嘛？朝九晚五領月薪？拿人生開玩笑的是他還是我？我在眼紅嗎？歐特克、艾利克斯與荷內攀完了道拉吉里，而我今年除了工作，以及協助艾倫．勞斯籌備冬天去聖母峰的食物與經費，基本上一事無成。聖母峰能否成行還很難說，因為我們離籌到最低預算仍差一大截。艾利克斯決定公開他的壯志，究竟值得欣賞，還是值得擔憂？朋友們——也許尤其是我——都相信他已擁有他追求的地位。然而他不再滿足於朋友的欽佩了。他越過了某個分水嶺，不只成為職業登山家，還不斷繼續爬升，進入一個更高的層級。

要躋身並停留在那種層級的唯一方法，就是持續從事最高水準的攀登。你的實力永遠是憑最後一次攀登判定。從現在起，他去哪攀登、和誰攀登不會再取決於朋友或一時興起，他會有一套不同的考量。他正規畫著未來要前往的喜馬拉雅山壁，如同從前規畫阿爾卑斯的最後難題。他會在這段轉變的時期離開BMC，並非出於偶然。

十月底，我們的聖母峰募資於最後關頭有了突破。新紀元（New Era）順勢療法藥廠願意贊助兩千五百英鎊。我們一行八人赴聖母峰三個月的總預算是岌岌可危的一萬兩千鎊。我打電話告訴艾利克斯。

「嗨小子，我要出發了，自己多保重啊。你明年春天有何計畫？」

「馬卡魯西壁，跟歐特克和庫庫奇卡，雨季前。」我再次感到一股混雜嫉妒的害怕。這是重大且不同的挑戰。但我剩不到一週就要動身了，有自己的事要準備和擔憂。

艾利克斯一九八一與歐特克去了兩次馬卡魯峰。登山方面，兩次皆無功而返，但那兩趟旅程中獲得的知識，協助形塑了艾利克斯人生最後一年的攀登方法。他們的目標是法國柱稜（French Pillar）左邊尚未有人登上的巨大山壁，艾利克斯形容那裡有點像艾格北壁，但難度和高度都比班達卡再艱鉅一級。雨季前那次行程有點掃興。光是到達山壁，就得先走一段越過長長冰磧的辛苦跋涉，且海拔太低，不足以協助適應高度。他們短暫上七千公尺適應了一兩次後，便由於壞天氣而被迫收工。

雨季後那次與歐特克及亞捷・庫庫奇卡的挑戰本來很可能成功，失利的理由是輕量方法的某些根本缺陷。結果證明，馬卡魯比前一年的道拉吉里難上許多。他們抵達接近壁頂的困難路段時，裝備和食物已不夠支撐還需要的三到四天。

艾利克斯現在已從喜馬拉雅的較小山頭畢業，開始將他的技巧應用於無人攀過的八千公尺山壁。同梯結業的還有歐特克，但他的高海拔經驗更為豐富。不只挑戰規模與以往不同，他們兩個登山家矢志走出一條完全摒棄大隊遠征戰術的新路。

這件事對歐特克而言比對艾利克斯困難。對歐特克來說，這代表脫離波蘭的國家傳統和體系結構。然而班達卡和強卡邦的例子，已向PZA證明這種新風格同樣能為國爭光，而那是持續獲得共產黨資助的關鍵。此外，歐特克的聲望如日中天，他的成就迫使PZA將他主動列為正式會員——他甚至沒申請入會。（如此較不會遭受PZA及共產黨官僚非議。）其他一些波蘭攀登好手也開始效法他的模式，包括庫庫奇卡、艾利克斯・利沃夫、克里茨多夫・維利斯基等等。

艾利克斯是與他擁有共同執著、能一起發展阿爾卑斯式攀登的完美搭檔。歐特克曾形容艾利克斯：「他有一種氣場。他在兩種意義上極為勇敢：一無所懼，而且徹底脫離傳統。」

艾利克斯就和歐特克一樣，抱負愈來愈宏遠，想將他們的方法應用於最難的山巔。但他的目標和自我隨著成功不斷擴大，這點和始終只為攀登而攀登的歐特克相當不同[2]。不過，歐特克說，艾利克斯在山上是個沒有自我的人。

「他總是默默退居幕後，但到了需要他上場的時刻，就會變出非常厲害的表現。他就像一招殺手鐧，像撲克牌裡的鬼牌。」

歐特克現在已與扎瓦達的大隊遠征風格分道揚鑣。一九八二年的巴克斯頓山岳大會上，艾利克斯和扎瓦達聊到他們的馬卡魯之行。扎瓦達說他們那兩次敗退證實了他的看法沒錯。他認為要確保能成功，一支大隊伍不可或缺。說真的，他覺得阿爾卑斯式攀登小隊前往八千公尺高峰實在有點傻。

「何必冒著失敗的風險，浪費那麼多資源？成功是首要考量。」他對艾利克斯說。

不過當時，大隊和小隊行程孰為安全，也是頗有爭議的一件事。有些人認為：參加遠征大隊，暴露於高海拔危險環境的時間長，也許更容易出意外；而阿爾卑斯式小隊行進快，於高海拔度過的時間短，也許本質上較為安全。

艾利克斯對此的看法很實事求是。他研究了相關資料，經過審慎思考，但避免妄下定論。出乎意料，他並不反對扎瓦達，或南斯拉夫的阿列許・庫納佛（Ales Kunaver），或日本的加藤保男率領的國家遠征。他也不會試圖貶低他們。庫納佛的團隊完成了一系列令人佩服的攀登，還幾乎登上洛子峰南壁——艾利克斯心目中最難的山壁[3]。談到庫納佛的方法，他說：

「這支南斯拉夫團隊非常精明、非常有經驗，已經成功實現過一些大計畫，比如馬卡魯南壁、聖母峰西稜直登。經歷過這種『訓練』後，要接受洛子峰那類巨大、險惡的山壁環境會變得容易許多。他們更熟悉那種環境，知道什麼時候攀登算是安全。他們差點就登上洛子峰了，但他們在必要時刻選擇撤退，以免任何人送命[4]。」

然而，對艾利克斯和所有這一代的輕量攀登提倡者來說，最大的隱憂是，大型國家遠征隊會在他們造訪之前，就把所有最後難題全數攻克。馬卡魯西壁是艾利克斯的目標

2〔作者注〕歐特克還不曾寫過他自己的故事，若他哪天決定動筆，一定會造就非常引人入勝的一本書。他那不可思議的強韌，可以由關於他的波蘭電影和柏娜黛・麥當勞的《攀向自由》窺知一二。柏娜黛該書認為，歐特克「受苦的技藝」混合了勇氣、幾世紀來對抗俄國與德國的民族驕傲，以及一種日本武士道精神——寧可光榮死去，也不願接受失敗或偏離貫徹之道。

3〔作者注〕洛子南壁除了是喜馬拉雅最險峭的山壁之一，還為了不少其他理由惡名昭彰。一九八九年十月二十四日，完攀在即的庫庫奇卡墜落南壁而死。次年雨季前，斯洛維尼亞登山家托莫・伽森（Tomo Cesen）號稱獨自一人完成了首攀，但該項紀錄受到雨季後，真正首攀成功的俄國隊伍質疑。更使人對伽森產生疑竇的，是他聲稱一張友人循標準路線攻頂的照片，是自己先前某次挑戰失敗時拍下的。

4〔作者注〕這段話及本章其他引述，皆出自一九八二年威爾森訪問艾利克斯的一篇未出版專訪。

之一，也是歐特克的，他們很高興能得到兩次機會挑戰[5]。這座山壁比道拉吉里難上許多，戰術必須百分百準確。

雨季後，艾利克斯和他的波蘭隊友著手挑戰山壁前，先上山作了兩次高度適應。他們先爬了北側的首攀路線，停在七千八百公尺處。第二次行程，他們搬運了一些糧食與瓦斯到下山會經過的藏物處，同樣在首攀路線上。若他們順利從西壁攻頂，就會走這條路下來。他們在北稜超過八千公尺處露宿了一晚。充分適應高度後，他們便轉戰西壁。

山壁由逐漸陡峭、被岩帶切碎的冰原組成，以近似阿爾卑斯山脈右峰北壁[6]的水準爬升。這些冰原高六千英尺（約一千八百公尺），他們花了四天攀登，到達一面岩石頂牆。「第三片冰原結束，直接就連進了頂牆。前一秒你還在攀冰，下一秒鼻子已經湊到花崗岩上了。」

他們原想藉由一條斜向右上的路線穿過頂牆，但艾利克斯描述：「我們聰明反被聰明誤，自己串成了一條想像的路線，以為能一路切過頂牆，到八千三百公尺的西稜上。頂牆高三百公尺，但難度有『ED+（極難）』，不是我們想像的『D+（難）』。」

「我們顯然還要再好幾天才能完成這條路線。我們知道每夜露宿點都會超過八千公尺，而且上到西稜之後，還要再走四百公尺才會抵達山頂。我們沒有足夠的裝備、食物、燃料能辦到這件事。」

這趟旅程的攀登繩，他們選擇只帶一條六十公尺、八點二公釐的繩子。艾利克斯描述這樣「很夠了。」其他人也許會覺得爬這麼一座大山壁，只帶一條繩恐怕無法應付困難的技術攀登，而且若發生大墜或遇上落石，繩子損壞就麻煩了。三人攀登的傳統作法是，先鋒使用雙繩攀登，後二人分別繫在二條繩尾，待先鋒抵達確保站後，再跟隨攀上。這種方式雖然普遍，但應用於技術難度如此高的地形，也並非沒有風險。

艾利克斯解釋他們撤退的理由：「我不是來拚死或光榮一搏，少掉幾根腳趾回家的。我還希望一再造訪喜馬拉雅，這確實會讓人顧慮多一點。你必須避免陷入即使活下來了，卻有哪裡必須切除的處境。我對英雄事蹟沒什麼興趣。」

那之後數週，我和馬卡魯回來的艾利克斯才又聚首。那次見到他，他看起來平靜、放鬆多了。我心想莎拉真的使他改變很多。

5 馬卡魯峰西壁直到一九九七年，才由一支俄國隊伍完成首攀。
6 平均上升角度約六十度，被認為是阿爾卑斯最長及最難的混攀路線之一。

艾利克斯在攀下馬卡魯的長路上被一塊落石擊中，所幸只是擦過側邊，他的安全帽承受了大部分衝擊。他像一隻受了傷、需要照顧的動物，回家倒進莎拉懷中。他多次告訴她，被石頭砸中令他嚇壞了。莎拉有點不解。艾利克斯和三個月前出門時、那意氣風發的不死身看來判若兩人。有短暫期間，他們的角色對調了。莎拉必須照顧艾利克斯的懷疑不安。在此之前，一直是他得照顧她偶爾的憂鬱和缺乏自信。

「那種時候，艾利克斯能激勵我，說說話，或帶我去做什麼事，就能讓我好過一點。」但現在換了角色，當莎拉試著用玩笑安撫他，艾利克斯會非常生氣。他說她根本不明白當時的事有多嚴重。她意識到他陷入了情緒低潮。

「他告訴我，那是他第一次體會到何謂憂鬱：『現在我知道是什麼感覺了。』平常他都會對不快樂或憂鬱的人生氣。他覺得那是自己加諸的，他們只是不肯走出來。但現在他有了新的觀感。」

接著某天早上，他好像一覺醒來就煥然一新。他又恢復平時的樣子，說：「我們趕快去找點事做吧。」

莎拉繼續道：「每當氣氛有點低迷，他一向是用這種辦法。現在馬上出發，去找點事做，不要再悶悶不樂了。他不想承認，但我們都知道他其實心腸很好。」

對莎拉的親切似乎也擴散到了他所有朋友身上。他尖酸刻薄的個性暫時消失了一會兒。

某個週六，我和艾利克斯、莎拉、鮑爾相約在蘭貝里斯的帕達恩湖酒館午餐。我們邊暢飲邊交換故事，直到下午將盡，然後移師到外頭的丘陵，在雨中散步到天黑。艾利克斯就是那時邀我隔年秋天一起去安娜普納。我說我大有興趣，但我和伯吉斯兄弟有個雨季前的計畫，已經商議了一半。十二月初，計畫確定泡湯了，我當天就打電話給艾利克斯。

「嗨，小子，安娜普納還有缺人嗎？」

「有啊——太好了。我現在在問勞斯，他說他有興趣。荷內已經在法國拉贊助了，所以我們會有兩個兩人繩隊，去那裡這樣最合適。」

一兩週後，我們趁著高山攀登盟（簡稱ACG）的晚餐會碰了個面，不過沒什麼時間討論我們的計畫。ACG的「晚餐會」有兩大特色：它極具代表性地匯聚了各種英國最硬派的攀登者，幾乎清一色都是男性，而且總會弄得非常吵鬧，有時甚至火爆[7]。

那年的「活動」在德比郡某處舉辦，地點是間中世紀風格的宴會廳。晚上約莫過了一半，有個機靈的傢伙發現牆上掛著的長槍與盾牌。他指給醉醺醺的眾人看，大家紛紛吶喊：「騎馬打仗！」騎馬打仗（jousting）是種尋常遊戲，兩人一隊，一人騎在另一人背上，從房間兩頭往中間衝，先讓敵隊騎士摔下來就贏了。只不過，這是我們第一次用真正的長槍玩。艾利克斯跳上勞斯的肩，兩人奔向另一隊騎士，其中一個正好是巴瑞・克蕭（Barry Kershaw）。

克蕭是ACG出了名打架鬧事最威猛的男人。他在以前的一次晚餐會上奠定了名聲，那是酒保宣布點單時間結束之後的事。克蕭發現隔壁房間有個地獄天使（Hell's Angels）[8]的聚會，沒開的啤酒箱還堆得老高。行動的時刻到了。他把門一甩，衝進隔壁，說道：

「把你們的啤酒交出來，不然就一次派十個出來跟我打，我打到你們沒人為止。」地獄天使投降了。可以想見，他們也考慮了站在後面旁觀的大概一百個ACG會員。ACG晚會在新的啤酒助興下繼續進行。

然而，這次晚餐會，艾利克斯要不是沒聽過克蕭的威名，就是醉到不在乎了。他中槍落馬之後，竟然爬起來對克蕭放話。克蕭只是站在那裡譏笑他。這時，唐・威蘭斯不知從哪裡冒出來，一把將艾利克斯摺倒在地，扯著他頭髮把他拖去旁邊一角。見到這一幕，大家都以為威蘭斯在羞辱艾利克斯，讓他閉嘴。但事實上，那是威蘭斯出乎意料人最好的時候。蓋伊．李記得他到了角落裡，把脫離虎口的艾利克斯拉起來，口水都要噴到他臉上地說：

「孩子，你可能以為你是他媽當紅的登山家，但你還想活的話就不要惹克蕭。懂了嗎？」

對人關心到這種程度大概是唐的極限了。唐會觀察其他登山家的發展，他挺喜歡艾利克斯的某些特質——一個反體制的人物，對抗著像鮑寧頓這類的人；後者在一九七五年的聖母峰遠征遺漏唐之後，唐就真的和他鬧翻了。

艾利克斯被威蘭斯指正的當兒，召集鈴響起，一場更重大的比賽即將展開。ACG全員分成兩國，在大廳裡一組對一組排排站開。突然賽事又再次被打斷。約翰．巴克

7〔作者注〕我不記得ACG晚餐會上有出現過任何食物。大家會在去之前吃點炸魚薯條墊肚子，或者隔天飽食一頓英式早餐。

8 成立於美國加州的摩托車幫會及犯罪集團。

（John Barker）——另一個打架時需要避開，或需要確保跟你同隊的人——明智地跳到兩支騎士大軍之間。

「等一等，不對啊，我們在幹嘛？這裡大家不都是朋友嗎？這不是ACG聚會嗎？ACG聚在這幹嘛？喝酒不是嗎？那如果我們不和和氣氣，反而打起來的話，你們知道他們會怎樣嗎？會停止供酒啊！」

歡呼聲四起，眾人開始鼓掌讚嘆巴克的智慧。晚會又回歸最初的友好氛圍。

一九八一到八二年初的冬攀季，甚至連湖區的冰況都好極了。明媚的春日帶著艾利克斯和莎拉北上來找蘿絲和我，度最後一個攀登小住的週末。回去後，他雨季前的希夏邦馬之行就要出發了。我很嫉妒他。那一趟的隊員還包括道格．史考特、羅傑．巴克斯特瓊斯、圖特．布雷斯韋特，一群非常「專業」、名氣響亮的人。

艾利克斯死後，我問莎拉，艾利克斯每季去爬大山，或冬天去阿爾卑斯的時候，她可曾質疑過他為什麼要登山？「沒有。從來沒那種時間。但我也相信應該讓人做他們選擇的事。我想那是艾利克斯喜歡我的一點。他媽媽和關妮絲努力過，想讓他收斂對登山的抱負。但艾利克斯就是那樣。我不會阻止他。」

23 想不到吧

Surprise Surprise

上網搜尋「Alex MacIntyre」，你會找到幾條結果，但搜尋結果實在和他本人不大相稱。大部分連結會領你到艾利克斯．麥金泰爾紀念山屋的網站，以及去過那裡的社團或個人的冒險事蹟[1]。那就是艾利克斯在BMC期間促成的、位於歐尼克的山屋。

另有幾條內容，出自了解較深入的現代登山者筆下，向他風格之大膽和思路之清晰致敬。UKClimbing.com網站上，有段大喬拉斯峰「柯頓—麥金泰爾」路線的簡史。最近某支英國隊伍的完攀影片後面，接的是烏力．史特克的新聞。驚人的史特克以僅僅兩小時十分鐘獨攀上了這條路線。（艾利克斯和尼克．柯頓當年花了十二小時，以折騰指節的翼龍冰錘和容易彎曲的冰爪夜攀上去。七〇年代，冰爪前爪折斷是家常便飯，或者

1〔作者注〕紀念山屋的設立，主要歸功於BMC的丹尼斯．格雷，還有跟隨及欣賞過艾利克斯的一小支志工軍團的努力。坐落於歐尼克，它是攀登格倫科峽谷（Glen Coe）或本尼維斯山的絕佳基地。

前爪會愈來愈彎，直到形同無用為止。當年所有人的冰爪遲早都會有這一天——現在可沒這種事了。）

還有一條結果，通向登山家出版社（Mountaineers Books）網站，是一則《希夏邦馬》的書評。那本書由道格・史考特和艾利克斯合寫，遠征隊的其他成員協助，與另一本書共同摘下了一九八四年、首屆的博德曼—塔斯克山岳文學獎。

每當談到攀登裝備發展史上「改變的驅力」，我總覺得首要因素還是熱愛生命。儘管冒險的本質不變，人們需要能把安全範圍再加寬一點的裝備。攀登各方面的進步——技術、穿著、繩索、硬體、通行、訓練——是汲取前車之鑑，發明更好作法的一段歷程。改變很少來自一時靈光乍現，更常是結合集體經驗和個人實驗的結果。伊方・修納、傑夫・洛威（Jeff Lowe）、東尼・霍華德、拉伯・卡靈頓，以及其他許多攀登家，都以革新的點子和科技應用聞名。他們每位都有出色的攀登生涯，作為刺激創新的動力。

登山家們對於裝備設計、材質、製造、運用之間關係的了解，值得寫篇論文來探討了。更有意義的是，他們顯示需要養成一定的視野和身心能力，才能充分發揮裝備的價值。這些年來，我和麥可・帕森斯討論過不少次；他是Karrimor經營者和一位業界大師，一九七〇年代晚期及八〇年代早期曾聘請艾利克斯當設計顧問。

「關於輕量，艾利克斯是教我最多的人。他教了我重點在你投入的決心。」麥可說。「對艾利克斯來說，『輕量』代表將帶上山的東西減少到令你不安的程度。他的膽識非常驚人，使他顯得鶴立雞群。」

我毫不懷疑，假如艾利克斯能再活久一點、精煉技術方面的知識，他必能在裝備設計革新史上留名。不過即使今天，他的名字可能也在上面了。麥可也這麼認為。

「我很習慣與攀登高手合作，比如唐・威蘭斯、道格爾・哈斯頓。我會追著他們討教怎麼改善背包，最後終於問到一些粗略的點子，譬如哪裡適合設計繩圈、哪裡特別容易磨損。我就利用這些建議，開發他們的同名款背包。但也僅止於此。唐或道格爾都沒興趣繼續更新這些產品。」

更讓麥可頭痛的是，他有時得為整支遠征隊提供裝備，隊裡的需求可能五花八門。「鮑寧頓一九七〇年的安娜普納遠征，唐是裝備負責人，東西有一大半都是Karrimor提供的。我得為他們找到合適的裝備，然而要憑幾次和唐跟道格爾的晦澀對話來設計產品，實在不是容易的事。」

麥可是一切戶外活動的熱衷愛好者，但他也是位工程師和設計師，他明白僅僅「夠用」的裝備是不夠好的。他始終追求改善，並嘗試透過每年的技術產品型錄，展現他的願景。這些型錄的共同主題是：更好的裝備能造就更好的攀登。不過在那早期歲月，像麥可這樣較次要的裝備製造商和攀登社群之間有點勢利。彼得．博德曼告訴麥可，他不懂他的型錄想表達什麼，而且「何必費事？攀登者根本不會去讀。」

「一九七八年某個時候，艾利克斯來拜訪我，」麥可說，「真讓我開了眼界。我終於找到一個有能力、也願意跟我討論產品該是什麼樣子的人。他頭腦很好、很會分析，而且不只從他的需求，也能從市場的角度看這些產品，考慮怎麼讓產品觸及一般攀登客。」

艾利克斯將麥可腦中的許多點子變成了實際能用、能賣的商品。OMM輕量背包系列就是從艾利克斯的想法和設計發展而來。最早的基礎是他設計的原創「麥背包」（Macsac）——一款重量僅有八百克的八十升背包。麥背包成了世界各地遠征隊熱烈詢問的產品，麥可的困擾是大家總想免費取得。

「艾利克斯非常擅長把設計簡化到極輕極小，但依然確保發揮應有的功能。讓我特別佩服的是，他也能思考其他運動的特性，嘗試為他們的需求作設計。這是我十分喜歡他的原因。」

理解其他運動的需求，包括提出設計上的建言以及實際參與。艾利克斯只學了幾小時的北歐式滑雪，隔天便參加上阿瑪高（Oberammergau）舉辦的路德維希國王滑雪馬拉松（König-Ludwig-Lauf），完成了四十二公里賽事。他告訴麥可這件事。「我滑了大概三十公里都在後段班。不過後來就抓到竅門，開始超車許多驚訝的人，直到抵達終點。」

教艾利克斯北歐式滑雪的人，是德國嚮導協會的訓練負責人奧圖·威德曼（Otto Wiedemann）。為了報答他，艾利克斯帶他去爬本尼維斯山的「斯拉夫路線」（*Slav Route*）。奧圖還記得那次體驗。

「我們帶了一條八點八公釐的繩子、一個確保用的阻雪板（deadman）和幾支冰螺栓。看著艾利克斯在上面攀一條非常陡的溝，冰很薄，完全沒有支點。我不禁想著，底下溝裡的雪不知道夠不夠長，如果他拖我一起掉下去的話，能在衝到底之前停下來嗎？」

但艾利克斯可沒打算掉下去。這裡還屬於他的舒適圈，雖然不是奧圖的。下山後，奧圖問他怎麼有辦法在那麼困難又沒有保護的條件下不慌不亂。

艾利克斯回答：「我就把一般對於安全的想法和感覺關掉。保護頂多也就是一個相對的概念，大部分時候，安全主要是取決於你個人和你的精神強度。」

麥可和我回憶著艾利克斯在Karrimor的工作，最後聊起麥可為我們的幾次共同遠征提供的裝備：「讓自己人帶著裝備去參加遠征，對我來說是放心不下的重責大任。我信任艾利克斯有能力共同創造這些裝備。我給了他一些關於測試機制的訓練，剩下的就讓他和我們家開發人員自行討論。唯一的條件是，他做的裝備要帶上路之前，每樣都得讓我做最後檢查。我還記得我查看他做的第一個背包，仔細確認設計、質地，還用一支細齒梳檢查縫線，看有沒有任何弱點。結果都沒有。」

麥可也相當欣賞艾利克斯前瞻的視野和超越時代的想像力。「現在回想那封他從加德滿都寄給我的信，他的未卜先知真令我吃驚，尤其關於後來媒體扮演的角色。別忘了，那封信寄來我辦公室的時候，網際網路、衛星電話、數位相機和所有今天成為日常的東西根本都還沒發明。他對於未來什麼會改變、什麼會發生很有遠見。」

艾利克斯不只與Karrimor合作，他還協助Rohan開發衣物、協助Troll開發帳篷和吊床。帶著或穿著完全沒測試過的裝備離開基地營，總是令人略感忐忑，但那些東西好像每次都沒問題。他是個登山家兼開發奇才。

他會對今日的登山界有何看法呢？我好奇他是否會覺得「風格」已不再是純粹的個人選擇了。重商主義往往掌控著受贊助的登山家下一張照片該怎麼拍，或下一次遠征去哪座山。純淨的風格是否已經被淨收入取代？某種程度上答案是肯定的。想成為受贊助的登山家，你得看起來有魅力，並且持續以極高體能及技術的水準表現活躍。此外，依我看，你還必須理解商業的世界。在那裡，所謂表現是以紀錄和數字衡量的。戶外產業和社會大眾對你皆是如此期待。否則贊助商又怎能吸引媒體來拍片，得到宣傳品牌的效果呢？有時候，在這段過程中，純粹和真實都會消失。冒險界同業有些被道格・史考特形容為「電視型」的人，他們極少攀登，卻依然掛著登山家的招牌，靠這層假象收入可觀。

見了今人如此強調數字，或媒體如此關注誰集滿十四座八千和七頂峰、誰第一個滑雪下某座山、誰最快獨攀某座山，艾利克斯又會怎麼想？這似乎正是使他認為梅斯納爾偏離了真正冒險之道的理由。然而也是這些「成就」，使媒體和大眾能夠理解攀登這項運動。分級、高度、花費的時間，都是人們熟悉的運動成就——最大的、最難的、最大膽的、第一人、第二人等等。這和一九七〇年代甚或一八七〇年代有那麼不同嗎？也許沒有。

許多改變應該是艾利克斯會樂見的，我想他若還在，他的態度也會隨時代改變了吧。回想起來，我記得他人生最後一年，我們老在爭論以後會發生什麼變化，多快會發生。我不相信以後遠征隊可以搭直升機到基地營。我甚至不覺得會有人想這樣做。我也不相信通訊科技會發生變革，成為媒體充分開採的商機。同樣地，我無法預見、甚至無法想像，會有人想在基地營裝設電話或即時影像通訊。那些都會干擾冒險，讓家鄉的煩憂溜進來，你將無一刻能全然專注於眼前的任務。

我現在領略，艾利克斯不只預料到未來的樣子，他還希望它早日到來。那將成為他計畫和風格的一部分。他不是把攀登看成副業，擁有副業就包含在他對於靠攀登謀生的想像中。他正日益擅長打造耐用的保暖防水衣物，開始設計不會敲痛指節的彎式冰攀工具。也許他最想要的，是改善到達山腳的通行方式，和增加救援與生還的機會。那些並非一蹴可幾。不過無論如何，他一定會很享受當今所有戶外活動展現的專業、迷人外表。他的理想未來與今日世界十分相容。

艾利克斯至少還有兩項重要特質，使他置身於那個時代的飛躍中央——選對挑戰，以及把握時機。他恰好在對的時間來到登山界。一九七〇年代晚期到八〇年代，有一股一致的努力，欲將所有八千公尺高峰剩下的主要山壁山稜全數攀完。方圓之內能容納的人數有限，自七〇年代中期開始，競逐一日比一日激烈。艾利克斯加入了這場競賽。

今日，媒體改變了我們看待登山的方式。一九七〇年代，專門的山岳雜誌少之又少，電影也不過寥寥幾部。如今攀登已無所不在。北面（North Face）等品牌都在為旗下運動員拍片，紅牛（Red Bull）還擁有自己的電視頻道。雜誌漸漸被免費的線上素材取代，這些內容也因此變得隨處可見。全世界都有各種登山節，邀請職業登山家來與大眾見面。攀登儼然已是娛樂產業既定的一環。

但是純粹冒險的攀登依舊在，有心的人隨時能去挑戰。即使此刻，六千公尺以上無人到過的山頭仍比人跡已至的多。有些老一輩攀登者看不慣岳界這三十年來的變化，我可能也是其中一人吧，認為攀登添了太多體育活動的虛飾、太被商業利益驅使。我想艾利克斯一定會就此向我提出一番反論，而我自己身為一九八〇年肯德爾山岳節（Kendal Mountain Festival）和二〇一一年SteepEdge.com[2]的共同創辦者（兩次都與我們里茲時代的共同朋友布萊恩．霍爾一起），恐怕必輸無疑。

本章開頭，我提到上網搜尋艾利克斯的名字時，引起我注意的幾個網站。NE-Climbs.com是新英格蘭攀登的網站。不曉得創辦者可知道，艾利克斯向新英格蘭攀登家學了不少？瀏覽網站時，我發現一段艾利克斯的話，是他對自己登山態度的最佳注腳：「雄心指向山壁，風格成了執迷。」語出他的《希夏邦馬》第二段。不過，再多引述一點前文，或許更容易理解脈絡：

「這座大半未知、難以捉摸、難以發音、海拔不確定的山嶽南側，有片雄偉壯觀、看上去極為可畏（故亦極為誘人）的傲人山壁。高達二點五公里以上，寬達此之兩倍，一片未曾有人爬過或到過的高山遊樂場。攀登那山壁成了雄心所在，但不只登上去而已，還得有風格地登上去，用我們膽敢採取最輕、最快、最俐落的方式，抛開臍帶和後勤，捨去所有喜馬拉雅攀登的傳統飾品。」

艾利克斯非常清楚與雄心相伴的危險，但風格能與之抗衡。那是一種輕量方法與投入之決心的混合。輕量獲得的速度能降低高海拔攀登的危險，這在許多案例中都是事實。風格與雄心的結合，造就了某些世界極限高峰上的驚人壯舉，最早的之一便是希夏邦馬峰。

2 前者為坎布里亞郡肯德爾鎮的山岳電影節，後者為英國線上山岳及探險電影頻道，已於二〇一八年結束經營。

24

別來攪局
Don't Stop Me Now

山峰愈高，風險愈大，在高海拔度過的時間愈長，危險會愈惡化。說高海拔登山是世上最危險的消遣之一並不為過，參與者難免成了死神的同謀。這方面，只有少數幾項運動與之相仿，如洞穴潛水、定點跳傘、飛鼠裝極限滑翔。

現今世上不乏對高海拔登山的誤解，其中一種認知是登山已變得相對安全。二〇一〇年，一架極簡配的法國 AS350 B3 直升機（即降落在聖母峰頂的機型），成功以一次一人的方式，解救了三名受困於安娜普納一號峰約七千公尺處的登山家，創下最高海拔的救難紀錄。大型商業遠征隊基本上從山腳到山頂，為世界最高諸峰架設了固定繩，提供給客戶一種安全感，彷彿沿著鐵索道（via ferrata）攀登阿爾卑斯山，只不過阿爾卑斯山沒有雪巴人幫忙搭帳篷和煮飯。氧氣瓶使八千公尺高山感覺低多了。

要分辨冒險攀登與登山旅遊一點也不難。一九七〇和八〇年代的高海拔登山不能類比為現今大眾認為是「登山」的商業探險旅遊：付錢攀爬聖母峰，或加入八千公尺高峰的數字競賽，或立志登完世界七大洲最高峰。坊間有成打的網站，能讓你憑一張信用卡即刻報名此類旅程。艾利克斯於一九八二年雨季前造訪希夏邦馬時，登上這座山的隊伍才只有幾支，從來沒人到過西南壁腳下[1]。今天搜尋「希夏邦馬」，你會找到好幾頁各旅行社帶你登頂的行程。

商業旅行當然也能體驗冒險。然而以買張機票去香港的方式買趟登頂，於個人究竟有何意義呢？你又必須承擔哪些風險？不僅於個人健康安全方面，還包括將登山的部分責任交給別人、而使登山體驗打折扣的方面？

我那個時代的另一個好友保羅．納恩（Paul Nunn），曾經扼要地表示登山於個人的真正意義是：「可以一腳一腳走到極遠極高的地方，心知某個時刻得調頭，反過來再走一遍。」有人不必承擔責任時，遠征隊內的互動和隊員的心態都會改變。多數喜馬拉雅遠征的商業屬性以及嚮導與客戶的關係，使得現代登山的本質和以前不同了。

如今，每一步的主控權和責任都寫在契約上。有人付錢，有人收錢。現代的派頭——更容易抵達、更好的裝備、氧氣、直升機、醫療營——更使體驗打了折扣。往好的方面看，有些雪巴人開始在登山界大顯身手，但多數時候，他們只是在高危險環境工作、照顧客人種種需求的領薪員工。

每當這類旅程發生死亡意外，受到牽連並被新聞批評的，往往是嚮導甚至雪巴人。他們只是在做自己的工作。儘管許多官司試圖指控嚮導過失殺人，但奪走人命的其實是高海拔和惡劣天候。

強・克拉庫爾（Jon Krakauer）的《聖母峰之死》（*Into Thin Air*）是本好書，實至名歸地抱走不少獎項，登上許多暢銷書榜。但該書主題是什麼呢？非攀登族會認為它是本關於登山的書。然而更精確來說，《聖母峰之死》講的是一支較接近旅遊性質、並非真正從

1〔作者注〕艾利克斯、道格・史考特、羅傑・巴克斯特瓊斯三人首攀西南壁以來，這面山壁上又增加了幾條新路線和一些奇特的事件。歐特克與艾哈德・羅瑞坦（Erhard Loretan）、尚・特瓦耶（Jean Troillet）一九九〇年華麗地登上一條新路線。庫庫奇卡和阿圖爾・哈澤（Artur Hajzer）也闢了一條新徑，維利斯基則獨攀了一條路線。便是在這片山壁下，艾利克斯・洛威（Alex Lowe）和戴夫・布里吉斯（Dave Bridges）一九九九年命喪雪崩。而烏力・史特克簡直勢所難免地，於二〇一一年寫下了二十小時來回西南壁的速攀紀錄。

事冒險攀登的隊伍，所遇上的悲劇。關於此議題，艾利克斯曾於《希夏邦馬》的開頭幾頁，留下一段極其敏銳的評論。他明確感到環境正在改變，並表達了相當矛盾的態度。

「目前能造訪的世界大山群中，攀登正經歷某種中年危機。問題出在，幾乎所有值得一攀的大山都被攀遍了，有時還不只兩三條路線[2]……維持探勘精神愈來愈難，因為你現在資訊充裕，必須早早預定一座山峰、提出遠征計畫，可能會在基地營碰上幾支別的隊伍（更可能整座山人滿為患）。往基地營的路上還有形形色色的健行團、蛋糕店、旅館和嬉皮。登山家注意到他自己屬於一個更大的產業，奇怪的是，那產業叫旅遊業。」

你很難說服一般讀者，《聖母峰之死》與其說在探討登山，不如說在探討一場不幸的旅遊活動意外。這種觀點恐怕令人覺得過時又菁英主義——或許真是這樣也說不定。大眾看待山的眼光與過去不同了，許多人抱持完全迥異的認知開始從事攀登。去喜馬拉雅很貴被視為當然，商業登山隊成了常態。三十年前攀登世界高峰比今日便宜多了，也有更多未完攀的山和新路線能夠挑戰。如今高地國家已經明白，登山不過就是旅遊業的一個分支。山峰和路線被定出相應的價格，標價反映了由熱門或偏遠程度決定的星等。

在這星等制度中，聖母峰已猶如蒙地卡羅，一趟多波（Dolpo）[3]之旅則被銷售為如同去瑞典冰旅館住一晚一樣難忘、獨特，也一樣昂貴的體驗。

矛盾的是，一九八二年的希夏邦馬遠征有些現代商業隊伍的特色。每個成員的登山技巧和參加理由都截然不同。為了替輕量挑戰籌資，有些隊員在艾利克斯眼中只是必須包含在計畫內、讓主要攀登手的旅程得以成行的附帶條件。艾利克斯等著利用機會，而機會碰巧上門，他形容那來自「一個貝爾法斯特出身的年輕男子內心較隱晦的一角。尼可拉斯・普瑞斯科（Nicholas John Prescott）是個高個子、急性子，五官精緻如鷹的愛爾蘭人。有股抑制不住的輕快活力，金邊眼鏡框著眼睛，魯莽的自信有時會擺錯地方，說話方式能使最頑強的聽者以外所有人都困惑得放棄掙扎。」

普瑞斯科是小有水準、尚無喜馬拉雅經驗的登山家，已經花了許多年嘗試取得在中國爬山的許可。申請攀登希夏邦馬之後好幾個月，一個大包裹出其不意出現在普瑞斯科

2〔作者注〕艾利克斯討論的主要是八千公尺高峰，以及接近此高度、尚未被挑戰的壯壁險峰。隨著近年中國和東喀喇崑崙山脈的開放，六千公尺以上無人登過的山岳顯然比有人登過的多。

3 尼泊爾西部山谷的藏文化地區，道拉吉里峰位在此區最東邊。

家門口，允許他從南側登那座山。歡喜之情很快便被所需的開銷、挑戰的艱鉅、指定的路線沖淡。他原本希望若獲得許可，批准的會是北側較簡單的「一般路線」。起初，普瑞斯科說服了布里斯托的攀登家及電影工作者吉姆·庫倫（Jim Curran）加入，為旅程拍片，以協助募資。這件事告吹後，他已沒什麼時間另覓一支有能力挑戰這面全然未知山壁的隊伍。於是一九八一年四月，他打電話給道格·史考特，詢問道格是否願意接手籌畫及率領此行。道格立刻答應了。

碰巧，道格一九八一年秋天在馬卡魯基地營遇上了艾利克斯[4]。他不曾和艾利克斯一起登山，但知道他過去的成績。「他身為年輕、創新的喜馬拉雅山壁攀登者，已經為自己奠定了很好的名聲。但他也在其他方面對攀登做出了貢獻，主要是協助建立和鞏固我們和波蘭登山家的連結。他也讓英國登山協會的官僚程序更能與現實接軌。」

此外，道格很清楚及體諒艾利克斯的性格。「艾利克斯是個直話直說的人，對於他關心且思考過的事，一向毫不顧忌表達看法。但如果對自己的觀點沒把握，他就會適時閉上嘴，靜靜觀察學習，直到有把握為止。」

儘管如此，針對遠征隊的整體策略和公平性，他們兩人在希夏邦馬峰上還是起了激烈的衝突。艾利克斯認為很明顯，經驗最少的兩名隊員——伊蓮・布魯克斯（Elaine Brooks）和尼可・普瑞斯科——必須被留下來自力更生，不能和其他四名主要攀登手——道格、艾利克斯、圖特・布雷斯韋特、羅傑・巴克斯特瓊斯——一起往山壁前進。道格覺得這兩人也為旅程貢獻了同樣多的心力和金錢，應該有權利享受這次經驗，和其他人一樣有攀登的機會。但艾利克斯相信，投注精力「帶其他兩人」會大大減少他們成功登頂的可能，使他們在海拔不夠高的部分花太多力氣，無法充分適應高度。上山前，道格並不認為艾利克斯的態度會引起什麼問題。

「有些風評說艾利克斯對人很不留情面，野心很大，說他不想等到四十歲，想要現在就得到鮑寧頓的地位。只要他自己有辦法適應這種競爭，這倒沒什麼關係。似乎只有當年輕七、八歲的登山家緊追前面的人不放，野心才會造成問題。隔了兩代的登山家相處沒什麼問題，我不太會覺得艾利克斯威脅到我[5]。」

4〔作者注〕UFO愛好者或許有興趣知道，艾利克斯他們那隊在山壁高處露宿時看到一個不明飛行物，道格隊也於中午時分，在鄰近的扎姆朗峰（Chamlang）目擊了一個。艾利克斯說那是個明亮的銀白色物體，緩緩飛過天空，然後繞到山的北側去。

遠征之旅很早就由於經費拮据而受阻。雖然他們寄給北京的最終文件早已列出預算，中國官員卻不相信遠征隊的資金真如他們所說那麼少。他們被要求租用Land Cruiser越野車，取代先前指明的卡車；在飯店過夜，而不是露營。貪腐的聯絡官對此事毫無助益。然而靠著一股牛脾氣和道格不屈不撓的交涉，外加年輕隨隊口譯吳（Wu）的幫助，他們終於還是能按計畫進行。

遠征隊總算抵達聶拉木（Nyalam）——希夏邦馬之南最後的小鎮，卻發現預訂的氂牛還在四十公里外的一個村莊。從未有人由南邊攀登過希夏邦馬，聶拉木又遠在外國人造訪的範圍外，因此當地的共產黨長官認定北京送來的指示有誤。事情後來解決了，但耗去不少時間、金錢和力氣。他們必須另雇一群氂牛，隊員負擔的重量也得增加。這不是個好兆頭，延誤的時間從幾天拉長到幾週，使艾利克斯深感煩憂。

四月底在基地營，連日壞天氣中，艾利克斯和較無經驗的兩名隊員——尤其是伊蓮——之間的不和逐漸浮上檯面。道格發覺自己成了交戰雙方的徒勞調解人。「伊蓮對艾利克斯只有鄙夷，說他總是挑釁破壞氣氛，還慫恿其他人一起。他們自己沒發覺，但兩個都從纖細的人變得像不懂事的呆子。」

伊蓮相信，艾利克斯正在把這整趟遠征化為她和其他人情緒上的夢魘，特別是尼可和道格。圖特和羅傑似乎坐在場邊，偷偷鼓舞艾利克斯。接著伊蓮決定和艾利克斯開門見山談談他們的差異，於是去找他。

道格問她：「有用嗎？」

「他直截了當到很殘酷。」她說。

道格解釋：「後來艾利克斯告訴我，那場談話中，他告訴伊蓮，他希望她別來妨礙他攀登希夏邦馬。艾利克斯跟她說：『妳就是這趟旅程的問題所在，妳沒來的話就沒問題了。』……我夾在中間，十分為難……每當艾利克斯或伊蓮覺得期待可能落空，就會產生負面能量，打擊我們的整個計畫。」

這類問題在遠征中太常見了。人們的言行有時就是會變得很不懂事。在一九八〇年冬的聖母峰和一九八六年的K2，我親眼看過這種情形破壞艾倫・勞斯和他隊員們的友誼。希夏邦馬後才沒幾個月，我們的安娜普納之旅也將受此嚴重影響。

5〔作者注〕此處和前一引文皆出自《希夏邦馬》，頁二一七。

縱使天氣極不穩定，隊員決定了兩次高度適應的目標——聶朗山（Nyanang Ri，七〇四七公尺）和彭帕山（Pungpa Ri，七四四五公尺）。這兩座山能提供高海拔過夜的機會，彭帕山也是從鄰近的希夏邦馬下山的可能路線。倘若尼可和伊蓮能跟上大家的腳步，分擔份內的工作，那就沒問題了。艾利克斯覺得能趁此機會分辨良莠，結果很快顯示確實如此。

他們一朝聶朗山出發，尼可幾乎立刻就病了。其他隊員停下來，在離開前進基地不出一小時的地方等他。道格叫艾利克斯別出嘴，讓尼可自己決定要不要繼續前進。尼可追上時，請隊伍再停一天等他恢復。但艾利克斯已經計算過剩餘日數，以及攀登兩座訓練山峰及山壁本身需要的日數。沒有多餘時間能停下來，配合任何人休息養病的需要。他直攻要害。

「尼可，你是在垂死掙扎。你苦練的年資不夠。我很抱歉，但五千公尺以上是沒人在做善事的。」

艾利克斯的殘忍是為尼可好。他意識到尼可經驗不足，無法做出有益於自己和團隊的決定。「我想起去年春天，在馬卡魯山腳下有過同樣的爭執。當時一個朋友（荷內．

吉里尼」速度明顯變慢，開始落後。到了貧瘠的冰磧上，我還對一個同事大吼：『你這波蘭蠢蛋，多等他一兩小時好不好！』那次，我是為朋友央求多一點時間的人，但我和他夠熟，知道他已經下了決定，他只是要追上我們、告訴我們而已。」

為尼可爭執的同時，另一重危機掃過他們團隊。羅傑現在站在道格那邊，表示應該讓尼可自己決定。艾利克斯還擊：「搞屁呀，羅傑，別這麼不專業好嗎？這是山耶，山能奪走人命的。」掙扎的並非只有尼可，圖特遺憾地宣布他要退出遠征。伊蓮抵達男隊員所在的巨石堆，看見他們都被不確定和爭吵籠罩。她感到艾利克斯很快也會來質疑她的體能和投入，暗自下了決心繼續前進，不捲入他們的辯論。她寫道：「爭吵仍在嗡嗡響著，瀰漫推擠著永恆的山。為什麼我們不能滿足於身在這裡，感受這裡的能量？……夢想不知怎地成了軍事演習，沒有做夢者的位置……我轉身沿冰磧走去，趁那樣的時光也消失之前。」

這時艾利克斯迎戰道格：「我要是遠征隊長，就會叫尼可下山回家。」

「嗯，幸運的是，不是大家都像你那樣。」

「老天，但這太明顯了嘛。如果尼可現在還看不出來，你難道以為他之後會看出來嗎？道格，我很尊敬你，但我看你的一些遠征之所以結果可惜，就是因為這種樂天的作法。」

說完，艾利克斯丟下他們，跑去追伊蓮，以免她在上面的冰川遇到麻煩。他大喊要她等一下。起初她不理他，所以艾利克斯換了套策略：「『喂，女人！』我用最絕望的語調尖叫，她一定聽得到。她回頭看，我招手要她過來……冰川貌似安全……（但卻）被雪覆滿，雪可能掩藏了致命的冰隙。」

伊蓮記錄了他們在冰川邊緣會合的那一刻：「艾利克斯正在拉開一捲繩。『這邊最好確保一下。』他面帶微笑，挑釁不見了，瞬間被一種男孩子氣的魅力取代。真的太突然了。我搜索著不跟他一起走的藉口，但同一時間，我也意識到我是他眼中盡速登頂的成功之梯上，非常小的一階。」

熟悉艾利克斯的為人，我明白那不只是他的算計，也包含對隊友的深層關心。他可能真的對道格、尼可、伊蓮很惱火，但不是針對他們個人，而是因為他們無法認清眼下處境的現實。伊蓮確實撐到了第一晚露宿，然後她領悟自己跟不上其他三人的速度。剩下三人繼續攀完了聶朗山，但在下山前夕露宿的凜冽雪窟裡，道格和艾利克斯又爆發了最後一次爭執。

道格在冰凍的黑暗中宣布：「艾利克斯，我不會接受你這種愛算計的冷酷作風，你仗著你的人格特質，強迫全隊都要聽你的，我可不會聽。」

艾利克斯反駁：「真正的問題是，這是你第一次沒辦法仗著你自己的人格特質、披著民主的外衣主導一切。」

羅傑被夾在中間，想必沉思起了他的座右銘：回來、回來還是朋友、登頂。「露宿在冰窟那晚，一張時間表誕生。以前我們會隨心所欲，在選擇的山附近攀登，攀到哪天感覺獲准了，就踏上最後的朝聖之行。那些日子成為過往了。這種結果順理成章，但我們在山裡尋找的某種精神也從此死了。」

更糟的是，下山時，道格應付冰壁陡降，並不像嚮導羅傑和冰攀大師艾利克斯那麼得心應手。現在換羅傑對道格有意見了。在基地營度過天候不佳的一段時期後，艾利克斯和羅傑某晚喝醉了，變得非常討人厭。道格開始思考自己究竟想不想作為隊裡的長輩，和兩個年輕人一起爬這座山。

艾利克斯總結了道格的想法。「他是絆腳石嗎？為什麼我們沒辦法拉近距離？他和我們兩個一定已經對彼此失去好感了，如果爬這座山變成各自競爭、滿足自我的一趟旅程，他還寧願去西藏遊覽。」

艾利克斯和羅傑開始計畫兩人攀登這座山壁，但道格心理狀態的某些方面令艾利克斯困擾，他無法不在意。他非常關心道格是否作出正確決定。他寫下一段坦白、近乎法律式的分析，描述他對道格個人抉擇的反應，其中揭露了許多他在談話中極少展現的自己。

「對於一個想釐清促使他提問的那團混亂的人而言，我不是最適合諮詢的對象。我不具備那種直覺。我能感覺到道格想尋找什麼，但到底是什麼呢？我這個二十八歲的傢伙又有什麼資格，能告訴資歷如他的人該不該繼續爬一座山？我不明白道格的疑慮，因為我沒有過那種疑慮。我比較會下雪坡，道格比較會攀岩，所以呢？我不夠敏感，如果是我在岩壁上拖慢隊伍，我不會覺得低落。我可能會要求或期待他們給我一條繩子吧。儘管他試圖灌輸自己那麼多與此相反的觀念，到頭來，道格還是無法從整體眼光看我們的處境。他看不見自己在山上的耐力、經驗、無私，只知道擔心他身體狀態夠不夠好，能不能跟『年輕人』一起爬山（雖說這個年輕人其實是隊伍中身體狀態最差的）。」

艾利克斯和羅傑察覺他們還是希望道格同行。艾利克斯去道格的帳篷找他，發現他正在和伊蓮談話。他知道要是道格不上山，伊蓮會最開心，因為她就有伴同遊西藏了。但伊蓮剛勸了道格一定要留下來爬這座山。事情就這麼定了。

遠征隊裡的攀登手現在只剩艾利克斯、羅傑和道格。尼可願意屈就於支援手的角色，從旁協助其他三人。解決了聶朗山，他們三人轉向彭帕山，實現一次漂亮的完攀。他們即將在休息之後開始此行的主要任務。一個簡潔的段落裡，艾利克斯概括了他的焦慮不安，解釋自己的怒氣發作和態度不佳。這也提供了他攀登其他大山前心理狀態的一個寫照。

「某些方面說來，在世界最高山脈群從事阿爾卑斯式攀登，與傳統、也許甚至游擊的戰事不無類似。長期的無所事事，以勢必愈來愈強烈的急迫感，導向一段短暫、瘋狂、危險的前線交戰，即山壁上的交戰。攀登者享有士兵所無的許多優勢。他是自己的將軍及士兵。屠戮、毀滅、殺人或被殺並不糾纏他的內心。但空氣中飄盪著同一種一觸即發的緊張、同一種朝指定時刻的不停推進，假使在頑強的腦袋和疲憊的身軀周圍，脾氣變得有點火爆，神經變得有點緊繃，也須考慮此背景的特殊性。」

▲ ▲ ▲

五月二十四日，他們離開基地營，往西南壁前進。艾利克斯寫道：「現在目標完全一致了。再也沒有什麼使我們從攀登分心，不必再做無情的決定。日期、野心、自我的問題皆已消失，個人的方法及瘋狂匯合為同一道推力，我們三人組的各式技能和經驗現在能集結起來對付這面山壁。」

通向山的路帶他們來到山壁最右端。為了避免損失高度，他們從那裡切過彷彿無盡的一片冰崖下危險的冰瀑。這麼做非常冒險，尤其對尼可來說。他同意幫忙搬運一些裝備食物到山腳下，必須獨自一人回去。幾塊落冰砸在他們周圍，只有尼可被擦過一下。艾利克斯描述這段路是「將時間和力氣賭在一段可能無限的路程上。」

那晚天氣完美，他們一行人決定減輕帶上山的重量，把帶來的糧食吃掉了一半。翌晨七點，攀登開始。

第一天，他們取得可觀的進展，不過三人的火氣又上來了，因為羅傑和艾利克斯開始登一條雪溝後，道格決定攀左邊的一條岩稜。道格向旁邊的兩人叫喊，要他們別爬

「無聊」的雪溝了，過來跟他一起攀石稜。艾利克斯認為這是侮辱偏好冰攀的人士，於是你來我往的叫罵飛過岩和冰的路線上方。羅傑加入道格，艾利克斯繼續獨攀漸入佳境的冰溝，不久便超越了開始與陡峭、密實的岩石纏鬥的另外兩人。他坐下來吃了條Mars巧克力，樂趣十足地看著他們終於辛辛苦苦重回雪溝。結果證明，道格的繞道是整趟之中技術難度最高的一段，隊伍也因此用掉不少寶貴時間。但道格後來指出，艾利克斯故意忘記他們三人起攀前已經講好，岩稜可以避免雪溝落石的危險，而且對道格的跛腳踝比較友善[6]。

再度齊聚後，他們迅速推進到了分隔山壁上下半的岩石屏障下。為了彌補稍早的錯誤，道格接手領攀，登上錯綜嚴苛的岩攀和混攀地帶。道格在上方確保，讓另外兩人一起攀上來。艾利克斯特別謹慎，避免弄掉石塊或冰塊，砸到他後面的羅傑。終於攀上最後一段繩距時，道格打趣道：「咦年輕人，你們當副手爬上來的速度怎麼好像跟當先鋒的老頭一樣快？」

6〔作者注〕那是他一九七七年在「食人魔」受難的紀念，他在與鮑寧頓成功登頂後摔斷了雙腿，拖著腳踝上方骨折的腿垂降回到基地營。

暮色中，他們到了上半雪溝的左下角，順利清出一塊算是平整的區域。道格試了一次，沒能搭起艾利克斯新近設計的帳篷，於是換艾利克斯自己搭。「這新玩意兒是我負責的，因此我被召去做第二次嘗試。少了冰壁或岩壁支撐，帳篷似乎有套自己的想法。搭到一半的玻璃纖維營柱在帳篷四周亂舞，像十字弓上的箭般咻地彈開。把門全部拉上後，這玩意總算被剩餘的營柱馴服了，以冰螺栓和冰斧固定在地面和山坡上[7]。」

「隔天早上，我們繼續躲在繭中等太陽。若不是曾經坐著發抖，等待遙遠地平線上的第一道光、等待那顆火球進入視線時的勝利金芒，很難理解這股帶來生機的力量有多輝煌……通過了岩帶，我們決定捨棄更多裝備，將賭注全押在速度上。我們拋下幾根岩釘、三支冰螺栓和唯一的安全帽，將所有東西小心綁在其中一支冰螺栓上。如果遇到什麼萬一，得沿這條路線下山，還能回來投靠它們。」

他們在較簡單的地形上進展飛速，那晚露宿於大約海拔七千八百公尺處。令人憂心的雲開始堆積在天邊。但隨著日出，天空放晴了。很快，他們已在清早的稀薄冰氣中獨攀最後幾百公尺。接近峰頂時，艾利克斯看見前面的道格突然止步。

「怎麼了，道格？」

「我們到啦，年輕人。」他說。三人上了山頂，不過就像經常發生的，大家都沒表現出特別的外在喜悅。「山壁完攀，」艾利克斯寫道，「我們離稜線只有兩三分鐘遠。我坐在他們旁邊，頂著寒風，情緒麻木。這麼多阻礙，這麼多辛苦、協議，危機。要是圖特也能跟我們一起分享今天就好了。」

他們穿過主峰頂，朝中央峰尖（稍微較低）走了一段。確定已登上最高點後，便開始沿長長的東稜下山。暴風雪似乎在醞釀，他們又露宿了一晚。不過隔日雖然狂風大作，還沒有雨雪來襲。他們從接往彭帕山的山坳切下西南壁最東端，垂降完最後幾片陡峭的冰坡。「最後一支冰螺栓將我們送到夠深、夠黏著的雪上。我們可以正面向前、不繫繩地繼續下行，幾乎跳著蹦著下至一道缺口，輕鬆通過冰塔的城牆，最終再奮力一躍衝上雪地，抵達一串小小的足跡前方——看來是幾天前的東西，正在陽光裡凋零，由左

7〔作者注〕艾利克斯的「麥帳篷」（Mac Tent）是款楔形帳。最佳使用方式是找個可以吊住頂端的地方，一面靠著山壁，兩圈營柱交叉在第三面來撐開形狀，以及更重要的讓裡頭通風。它設計上是兩人帳，但要極不舒適地睡三人也行。倒楣的第三人要擠在楔形的尖角，整夜為了空間不足和空氣不足掙扎——我們把那位置叫狗窩。

至右往上爬向希夏邦馬。是我們自己的足跡。我們完成不可能了！」

六月初，他們正精疲力竭但得意地凱旋回家，途中在日喀則（Shigatse）喜遇兩張熟面孔——查理．克拉克（Charlie Clarke）與亞德里安．戈登（Adrian Gordon）。兩人是鮑寧頓遠征聖母峰東北稜那支四人小隊的隊醫和基地營管理人。不期而遇的快樂迅速蒸發了，他們聽說了喬．塔斯克與彼得．博德曼於山峰高處失去蹤影。羅傑回憶：「活下來的人什麼也做不了，只能聚在一起把自己灌醉。」

幾千里外，我剛在天空島（Isle of Skye）盡興攀登了一日，晚上十一點左右，才回到艾戈爾（Elgol）我們住的小屋。其他人煮著遲來的晚餐時，我從BBC新聞聽見了噩耗。我走到屋外，被悲傷摧毀，望著黑庫林山（Black Cuillin）銳利的剪影邊上，最後一點暮色從午夜的天空流走。我祈禱艾利克斯、道格、羅傑並未遭遇同樣的命運，淚水沖淡了手中的蘇格蘭威士忌。

25

多希望你在
Wish You Were Here

我與瑪莉亞．考菲共度的下午即將結束。她得趕一班飛機回溫哥華。我們將咖啡喝完，她一邊說著：「喬死了以後，我的日子一片模糊，我不太記得艾利克斯的反應了。每個人都傷心極了。那時所有年輕登山家之中，彼得和喬被認為是最強的二人組。」

回憶成形的同時，瑪莉亞第一次露出陰沉的表情。「我記得我出發去聖母峰基地營前一晚，艾利克斯來找我。他努力勸我不要去，說這樣很病態、很傷感。他表現出往常那種『趕快走出來吧』的態度。但那天我們差點吵起來。因為艾利克斯就要去安娜普納了，我叫他千萬小心點。他一副不屑的樣子，說『別蠢了，也不要對我說教。』他真的相當生氣、說話很衝。也許他對自己做的事也有憂慮，或者他怕我去聖母峰更難過。也可能他只是拒絕承認而已。」

一九八二年夏天，艾利克斯專注於我們的安娜普納計畫上，舉手投足還是平常的務實模樣。但我總覺得他陷入了某種矛盾的心境，時而自信、甚至傲慢，時而又隱約露出對於這一切來得這麼快的懷疑不安。道拉吉里和希夏邦馬的接連告捷，使他相信只要按照計畫繼續下去，更多成功勢在必得。

一九七〇和八〇年代，下一趟旅程就可能喪命的認知，是登山家普遍接受的一件事。每次發現一座未被攀登的山，他們潛意識中就會準備好面對這種可能。我們知道有什麼風險，但從未想過死的會是自己朋友。然而漸漸，我們都開始明瞭那些落入悲痛失落之淵的親屬及伴侶們，為此承受的情緒後果。攀登社群中繼續走這一行的成員，勢必將感覺到倖存者內疚，並且知道某種意義上，我們在事發之前和之後都是這些事的共謀。

那年夏天，彼得和喬死了的事實，打擊著我們登山的士氣。聖母峰那次是克里斯·鮑寧頓率領的第一場輕量八千公尺遠征。他們前往的東北稜被視為與康雄壁（Kangshung Face）並列聖母峰的最後難題。遠征隊只有四位攀登手。彼得與喬、克里斯，以及迪克·阮修。迪克在山上輕微中風發作，克里斯則發現他高度適應和體能的狀態不夠好，無法以需要的速度走完海拔兩萬七千英尺（約八千兩百公尺）以上、將近一公里的困難尖頂。在那之後，彼得和喬出發去挑戰最後一次，然後再也沒有回來。我們都去參加了告別式。彼得與喬是好朋友，性格很不同，然而他們完攀強卡邦峰，又與道格一起登上干城章嘉西北壁新路線後，為登山樹立了新的標準。

我和莎拉討論過安娜普納前那個夏天艾利克斯的樣子。「艾利克斯出發之前，一切都很怪。好像我們已經知道會這樣了。」莎拉回想道。「我記得艾倫・勞斯愛上希拉芮（Hilary）之後，我跟他聊過。他說，愛上一個人對登山家而言是最糟糕的事。你會無法再同樣投入地面對攀登的挑戰。我有一封艾利克斯的信，是他在往基地營的路上寫的，寫到旅途多艱困、多冷、多淒慘，說他只想回到我身邊。他在信裡寫：『別忘了我有多愛妳。』好像他在作某種準備。我還注意到其他事。他一直想加快成名的腳步，好像他時間不多了。你記不記得拍片團隊來的那個週末？你們出發去安娜普納的一個月前？」

要不是她提起，我都忘了這段有點惆悵的奇特插曲。七月某個週五晚上，我和艾利克斯及莎拉相約在布洛頓（Broughton-in-Furness）的「黑雄雞」（Black Cock）。我們一起喝了幾杯啤酒、吃過晚餐，然後驅車米隆，前往我家。艾利克斯那晚心情很怪異，不只興奮，感覺狂喜得危險。「嘿小子，不用再擔心旅費了喔。我們就要紅啦。我已經找到一家想幫我們的遠征拍片的製作公司。他們下週會來拍我們準備的樣子。荷內如果不用帶隊，說不定也會來。」

我的第一個想法是「怎麼可能」。一支拍攝團隊要跟著我們，以阿爾卑斯式登上安娜普納嗎？這種事要怎麼安排？不管有沒有大錢可拿，這根本不適合嘛。就算他們只跟到中途某處，我們攀登的流暢和專注也會被破壞殆盡。去年我們的聖母峰冬攀有拍攝團隊隨行，我覺得造成的干擾夠多了。那次我們有八個人，用大隊圍攻戰術挑戰西稜。拍攝團隊本身完全沒問題，我們跟他們都處得很好。攝影師自己也登山，有一次還獨自攀著固定繩上到第一營。但要把那堆攝影器材全扛上山——十六毫米的Arriflex大攝影機、腳架、電池、膠卷——耗去我們許多精力。我不久便受夠了這項強加的任務。我逃脫的辦法是盡可能待在最高的地方，避開那些攝影機。

這一切快速掠過我的腦海，然後我接話。「好喔，那他們是誰？哪來的？想拍什麼片？他們有拍過山岳電影嗎？最重要的是，他們會爬山嗎？又為什麼想拍片？」我發現莎拉帶著一種古怪的笑容看著我，鼓勵我說下去。「繼續跟他說，」她似乎在告訴我，「跟他講點道理。」

「他們沒經驗，但有錢，想拍這樣一部片。我們攀完希夏邦馬之後，他們在電視上看到我受訪，透過ＢＭＣ找到我。沒問題的啦。我們就告訴他們遠征會做什麼，他們可能連基地營都到不了，但沒關係，反正到時候他們旅費也已經出了。」

再下個週末，他們帶著攝影機駕到，是群頗格格不入、土裡土氣的傢伙，剛成立新公司的有錢南方人。結束一日攀登，我朋友彼得・克拉克為我們辦了場派對。我喝太多之後，同意他們把設備裝在我身上，偷錄艾利克斯，因為我知道他會發現。我就是想故意引起他的反應。結果跟我猜測的一樣，他不怎麼高興。他可不打算讓別人在他沒有完全掌控的條件下錄影。

一週後，莎拉打電話給我，聽來鬆了口氣。她告訴我艾利克斯不想拍片了，以及為什麼。那個週末，製片公司的人們來湖區拍攝我們攀登及聚會後，導演打了通電話給艾利克斯，以為可以讓他更放心，順利敲定此事。

「無論發生什麼，這都會是一部很棒的電影，其中主角就是你。如果說你死了，我們會非常細膩地訪問你媽媽，你將永永遠遠活在人們心裡。」

艾利克斯打斷他：「不好意思，等等喔，如果我死了，不必你們來訪問我媽。」然後他叫那位仁兄滾，把電話掛了。

我和莎拉一面回憶一面討論從前這些事，莎拉揣測著那代表什麼意思。「我覺得他們最後那次對話播下了一顆種籽。他不肯詳細告訴我他在怕什麼，但他會說『這就是我的宿命』之類的話，暗指即使知道自己會死，他也還是要去。」

莎拉停了一下，又繼續說。「而且不只一次。他說過這種話好幾次，但他又會接著說『不過這次妳不用擔心，下次才需要擔心』什麼的。有一天真的太嚴重了，我只好不理他，自己出去散步。」

聽見莎拉這麼說，我想起盔甲開始出現裂痕、與平常的自信狂妄完全相反的艾利克斯。重新翻開我在基地營的筆記，我這才明白他也對我說了類似的話。那時候的我，自己受這些問題深深困擾，心理上一團殘破。

艾利克斯去安娜普納之前，他和莎拉曾談到要搬到更像樣的房子一起住。莎拉說她想生小孩。她知道艾利克斯家裡信天主教，所以如果懷孕，他們就要結婚。「可是莎拉，到時候妳要負責告訴我媽喔。妳知道我們得辦最龜毛的全套教堂婚禮吧，不然我媽說什麼也不會接受的。」

26

虎之眼
Eye of the Tiger

德里出發的班機開始降落於加德滿都，逗人的幾分鐘之間，安娜普納南壁的全貌框在飛機窗裡。縱然巨大，但如此遠觀，山壁看來完全可攀。我們甚至能找到我們計畫裡提出的那條路線，從右下到左上，穿過波蘭柱稜（Polish Pillar）。幾分鐘後，厚厚的雲吞去了群峰，我們潛入雨季末尾的亂流。掉出沉重的積雨雲，我能看見綠樹披蓋的山脊以恐怖的速度迎向我們。仍是清晨。棲在稜頂的一座座農舍上空掛著早餐的炊煙。梯田化成翠綠的陡階，直伸入谷底。

飛到德里比平常花了更久時間。在伊斯坦堡和喀拉蚩（Karachi）[1]，維安部隊要所有人下機，搜查過手提行李再重新登機。這些漫長的停泊意味著缺乏睡眠和神經緊繃。我

1 巴基斯坦第一大城。

們正處於動盪的一年中不安的時期。英國捲入了南大西洋戰事[2]、彼得．博德曼與喬．塔斯克消失於聖母峰。報紙充滿劫機、綁架、內戰和炸彈攻擊事件。蘇聯軍隊駐紮在喀布爾，聖戰者的反擊逐漸加劇。我對艾利克斯開玩笑說，還可以更糟。低價票旅行社（bucket shop）本來建議我買更便宜的票，搭捷克航空和阿里亞納阿富汗航空，要在布拉格、貝魯特、巴格達、喀布爾轉機，不過我沒考慮。

旅行社人員的回答令我深思了一陣子。「不會吧，你難道要選泛美航空？你以為恐怖份子出國都搭什麼飛機？當然阿富汗航空啊。選阿航才安全啊。」

我們坐在泛美航空002航班上[3]。搭這班飛機比阿航的組合貴了十五英鎊，但有個大優勢：喬．塔斯克為我們大家和泛美倫敦地勤建立了良好的交情，可以免費帶超額行李。這趟旅程，我獨自從湖區下來，帶著我們的大部分行李到希斯洛機場，等艾利克斯和吉恩從萊奇莫石楠原抵達。我已經認識幾個管行李的地勤人員，幾天前打了電話向他們求助。他們經理很喜歡戶外運動，知道「輕量」換言之就是「資力薄弱」的意思。放棄拍片的念頭後，我們這趟確實手頭很緊。一定得設法花最少的錢，把所有裝備和要到當地變賣的贊助品運出去。喝咖啡時，他不肯收我拿出來送他的蘇格蘭威士忌。他是喬的朋友，那就夠了。

「你們留著吧，去到那裡會需要。」他說。

我們還獲得意想不到的優待，升級為商務艙。在艾利克斯遲到造成的慌亂中驚險上機後，我們喝著免費飲料、玩著紙牌、無止盡端詳一張山壁的大照片打發飛行時光。

破曉時的降落使德里機場周圍的紅土風景更濃烈了。通關和預期中一樣令人心焦。我們必須從國際航廈（一間很大的庫房）領出我們的行李，搬到旁邊的國內航廈（一間小得多的庫房），送上我們轉乘的印度航空飛機，而且不被加收可怕的行李超重費。我的目標是以最少賄賂解決這件事。相較於伊斯坦堡和喀拉蚩，德里的維安鬆懈許多。我繞過國際護照檢查站和海關，走出庫房，進入隔壁棟，就這樣到了國內航廈。

2 英國與阿根廷爭奪福克蘭群島（Falkland Islands）主權的福克蘭戰爭。

3〔作者注〕泛美航空一九四七年開始推出環球航線。001航班從舊金山往西繞行地球，002航班則從紐約往東。一九八二年雖然距離泛美後來的洛克比（Lockerbie）空難僅六年、破產倒閉僅十年，但此時環球航線仍在繼續營運，只是中途停留站有更改。任何有興趣的旅客都能買張機票從頭坐到尾，繞地球一圈。

發現航廈裡有幾個一年前遇過的行李員，我頓時鬆了口氣。那次我們順利和他們談成，把聖母峰的物資送上飛機。我走過去跟他們解釋，說我們有「稍微多一點點登山裝備」。他們立即瘋狂比手畫腳起來，告訴我現在「什麼都變了，先生（*sahib*），很難了，一定要價碼很好才有可能啊。」我和他們又一路走回去，繞過航空公司櫃台、海關、護照檢查站，武裝守衛只瞄了我們幾眼。我們回到國際行李區，看見艾利克斯攤手攤腳躺在三台堆得滿滿的推車上。

「總共多重？」行李員們的領班問他。

艾利克斯笑一笑。「可能一百公斤吧。」

「*Accha*（印地語：這樣啊），了解。」他的人手馬上開始將袋子一個個拖到一台秤上過磅，我們的心情隨著每一秤愈來愈沉。總重超過三百公斤後，我們已經放棄在心裡估算賄賂可能需要多少了。

「跟你們收五百美金。」於是伴隨殺價，我們的遠征正式展開了。半小時後，我們成功以一百五十美金的價格，將所有行囊弄上了往加德滿都的飛機。總預算只有三千五百美金，每一毛錢都很重要。

飛進特里布萬機場（Tribhuvan），我看見有個持旗的男人站在跑道旁、在加德滿都唯一一座高爾夫球場的第三球道上。每當有飛機起降，他就要高舉旗子，警告所有準備開球的人稍等一下。飛機一落地，我的憂慮又回來了。我們的三百公斤裝備和募來的好東西很快就要被運下飛機，送進入境倉庫裡。下個問題是——我們有辦法把它們弄出來，不被海關扣留嗎？艾利克斯仍然一派輕鬆，耳機因為又厚又密的鬈髮，幾乎不夠從一邊耳朵掛到另一邊耳朵。擔憂是我的天性，如同隨遇而安是他的天性。我自告奮勇負責所有行李和賄賂，所以他不管這件事了。我是點子比較多、擅長躲避關稅和保證金的那個。艾利克斯就老樣子，始終氣定神閒。反正行得通的事就是行得通。

出關又是段充滿焦慮的過程，不過沒有釀成悲劇。機場官員開始對我們的袋子指指點點、流露興趣時，我們應著「健行，健行，」並移步向人龍末尾爭取時間。我注視海關人員在前頭檢查行李，一旦確認當天正確的潦草畫記樣子和粉筆顏色，就默默掏出我那盒粉筆，為我們所有的袋子畫上記號。

▲ ▲ ▲

兩小時後，我們來到豔陽下，裝備一件都沒少。四面八方亂成一團的計程車司機同時向我們比手勢吆喝：「搭計程車嗎？算你最便宜啦。」我們講定價格，把行囊全堆上兩輛計程車，搖搖欲墜的小車隊顛簸到了洛子旅館。踏進簡樸客棧的涼爽大理石環境，疲憊瞬間湧了上來。我們走到櫃檯，和印度與中東來的商務旅客一起辦理入住。洛子旅館不是觀光飯店，但位置極佳，位於機場和杜巴廣場（Durbar Square）中間，離雪巴合作社（Sherpa Co-operative）也很近。我們沖過澡，倒頭便睡。我做了奇怪的夢，夢裡有旅途中的景象、倏忽即逝的安娜普納、八哥鳥的古怪吱喳從外面花園飄至意識邊緣。幾小時後，荷內叫醒我們。他剛從巴黎抵達，告訴我們他從法國帶來的高地衣物全都沒送到，其他東西統統被扣留在海關倉庫。我真該帶著我的粉筆回去接他的。

接下來幾天，我們三人各有不同任務。荷內設法將我們那堆登山裝備取出海關。我把繁文縟節搞定，並和雪巴合作社的麥可．契尼（Mike Cheney）談妥，雇一位波卡拉來的總管和一位廚子及廚師小弟。艾利克斯還得寫完他的希夏邦馬書、Karrimor文章，還有要給贊助商的諸多感謝信。

荷內每天都在機場花上大把小時，填寫沒完沒了的一式三份表格。去了兩次之後，他沮喪地回到旅館。「那裡亂得太誇張了。一間超大的倉庫，裡面堆滿箱子。箱子很多都被打開了，滿地都是摔壞的電視。」

我們整隊入山和回來大約需要一千七百美元，現在還短少幾百元。我把為此帶來的所有東西能賣的都賣了——威士忌、咖啡、巧克力、肉乾、穀片。健行旅館和酒吧願意出不錯的價錢。我們將身上所有強勢貨幣集中起來，託付給荷內去以最高匯率換成當地貨幣。那個時代，主管尼泊爾國庫的是國王的一位近親。謠傳他會用比銀行匯率高一成以上的價格收購強勢貨幣，尤其是美金。荷內決定碰碰運氣，遂往王宮附近的國庫辦公處走去，很快就發現事情不好辦。

畢蘭德拉國王之舅的管家嫌惡地看著他。「這什麼啊？」他朝荷內咆哮。「才一千美元。我以為你想換十萬美元。我們不換這種小錢。不可能啦。」

荷內繼續好說歹說，保證那年冬天他和法國遠征大隊回來時，絕對會換不知多少倍的金額。終於，他帶著多一成的當地貨幣返回洛子旅館。

我們還得取出海關倉庫裡的高地衣物。抵達後第四天，艾利克斯和我重新打包沒拿去賣的高級食材時，荷內衝進門告訴我們這個好消息。「剩餘裝備從法國到了，我已經和他們講好賄賂價格。兩天後就可以去拿。那裡真是太誇張了。他們就把那堆東西扔在倉庫，完全不處理。除非你拿錢出來。」

這下我們面臨一個困難的抉擇。我們應該全隊留在加德滿都，還是幾個人先去基地營？如果機場人員想抬高價碼，荷內可能還需要我們兩個和聯絡官古塔先生（Gupta）幫忙施壓。但我們的行程已經落後，雨季就快結束了。我們原本預計九月十日抵達基地營，這樣我們能花三週作高度適應，於十月初挑戰山壁。十月在喜馬拉雅是個不確定的月份。運氣好的話，我們能在十月上旬攀登幾週，之後氣流便會下降、換秋雨來臨。我們已在加德滿都損失將近一星期。

艾利克斯根據邏輯辯道，我們應該兵分兩路。現在把握時間就如同確保有高地衣物可穿一樣重要。我們已經考慮過在雪巴街購買二手裝備，那裡選擇多得很。雨季前那次成功的加拿大聖母峰遠征，伯吉斯兄弟也有參加。店鋪裡滿是用擦不掉的筆寫上「伯吉斯」的睡袋、連身羽絨衣、保暖大衣。我覺得相當逗趣。那趟遠征的不少資產好像都落到雙胞胎手裡，被他們在加德滿都賣掉了。想必下山的路上有幾擔物資不翼而飛。

我們決定就由荷內留在加德滿都等待。如果不能順利取回海關的東西，他會到雪巴街刷卡買好所有必要衣服，錢之後再慢慢算。艾利克斯和我會繼續前往波卡拉，聘雇挑夫，開始往基地營的七日路程。荷內可以在途中追上我們。我們還有一天能整理和打包，以及購買大清早去波卡拉的巴士票。在起伏酒吧（Up and Down Bar）的最後一晚太放縱了，隔天我們的小隊在巴士站前集合時，艾利克斯和我都有點難受。但還沒古塔先生那麼悲慘。他看看我們和我們稀少的行囊，臉色刷地暗了，像聽到被判有罪一樣灰心。

「我的新裝備呢？」上巴士時，他問道。

「都幫你特別準備好了。」艾利克斯說。尼泊爾法律規定，遠征隊都必須為聯絡官提供高地裝備，基地營的廚師小弟也得有禦寒服裝。我們沒跟他說，但我們為聯絡官和所有人員採購的睡袋、羽絨保暖大衣及其他種種裝備，都是非常夠用，但比較破舊，稍微有點味道的東西。我們沒錢買全新的。這事在整趟遠征裡都是敏感話題。尼泊爾人擔心穿二手衣服會帶來壞的因果，尤其是前任衣主已經亡故的時候。

麥可．契尼的總管依約在波卡拉等我們。我們雇了三十八位挑夫，發給他們防水披布和挑夫愛用的短筒雨鞋、預付他們一半路程的薪水，然後在城中安靜閒逛了一傍晚，盼著雨季的雲能散開夠久，露出我們的山。

次日一早，我們頂著酷熱的天氣出發。到基地營的旅途多半是在一種層疊的狀態下度過，底下是夢般的不確定，上面是我們要去何處和為何要去的必須。艾利克斯說，登山不過就是有目標的旅遊。

我本來希望入山的路上，我們有機會重新熟悉一點。過去兩年我們很少一起攀登，七〇年代晚期連續三次一道遠征之後，就都是參加不同計畫。出發前那幾週，為了是否讓拍攝團隊加入而意見不合，對我們的關係也毫無幫助。艾利克斯坦承他向麥可·帕森斯借了七百鎊，才出得起他那一份遠征基金。反省起來，我想這趟若能寬裕一點確實會比較好，但那不是我主要的擔憂。

艾利克斯比以前更孤僻了。他走路時更常與他的隨身聽為伴，而不是和我。我們上回一起爬大山是三年前在祕魯的事。那次我們發揮所長，完成幾條路線也失敗幾條。我想這次，我們大概不會在山上唱「請大家善待有蹼類」了。現在的他已是一個更嚴肅、更沉默寡言的人。

究竟什麼變了？最大的改變就是艾利克斯成了職業登山家。他越過了那條線。每次遠征，人們都會期待他繼續提高他已很可觀的聲望。他的熱情和風格如今成為一種執念。登頂永遠不會足夠。一定得完美執行。

我比艾利克斯大八歲，也比他小心許多。去年在聖母峰兩度死裡逃生，使我失去了以往的一些逍遙作風，取而代之的是更敬重生命和自己會死的事實。

過了蘭德魯克村（Landruk）、進入莫迪河（Modi Khola）谷後，前三天鑽過雨林蜿蜒上行的炎熱難當，開始換成不停的大雨及颼颼冷風。步道被暴雨淹沒，河水的轟鳴響徹峽谷。即使真有過想聊天的念頭，我們也得先花時間力氣管理挑夫——有些人挑了雙份貨物，在壞天氣中走得很辛苦。我們必須不時停下跟他們說幾句、講個笑話、給他們看我們自己巨大的背包以示鼓勵。滂沱大雨使交談極不容易。

螞蝗彷彿活炸彈，從樹枝上掉下來，像雨滴一樣彈落雨傘。牠們是狡詐的小生物，每晚我們都要仔細檢查全身上下，小心地用鹽或一根點燃的火柴，對付突破我們嚴密防線的肥漲動物。

第四天，天氣壞到我們擔心如果堅持走超過一段路，挑夫會罷工。瓊容村（Chhomrong）是享受一點舒適的最後機會，再來就要進入安娜普納聖殿了。因此只走六小時後，我們決定停在一家旅店[4]。我們爬進睡袋，閒談看書消磨了下午。

雖然窩在睡袋裡，我照樣冷得直哆嗦。雨變成凍雨的期間，我只穿短褲T恤走了太久。艾利克斯看起來從容自若。那天夜裡，雨繼續下個沒完，雷聲在峽谷間迴盪，我分不清自己究竟是睡著還是醒著。我們從前一起經歷的各種時光混雜在記憶和奇異的夢中。

早上朝漸窄的峽谷出發時，雨又再度下起。巨大的杜鵑林多少能提供一點擋風效果。隨著我們愈爬愈高，艾利克斯開始比較放鬆，也比較願意開口了。那天落腳、煙霧瀰漫的披屋裡，我們聊天打發了一晚，蹲在地上，或坐在不平的長椅上吃味道像煤油、顆粒粗糙的豆泥飯（dal bhat）[5]。艾利克斯興致高昂地描述他對登山的愛，說他每年都要有新成就。我那時才聽他透露接下來的目標。

「現在開始，我每年要爬兩座山。」他宣布。「等我們完成安娜普納南壁，我可以休息幾個月。明年我打算去馬卡魯和K2。有興趣來嗎？」

我享受著和艾利克斯共處，聽他講述前兩次大挑戰，逐漸明瞭他所做、想做的事的風格與規模。我能理解為何梅斯納爾說，當時在喜馬拉雅登山的所有人之中，艾利克斯是風格和願景最純粹的。艾利克斯完全潔白無瑕。他和英國攀登界的其他人或梅斯納爾自己都不一樣，他一次大型圍攻式遠征都沒參加過。

隔天早晨，雨變小了，不過雲仍在谷中繚繞，擋住我們知道在那裡的山頭。魚尾峰（Machapuchare）是當地古隆族人（Gurung）和印度教徒的聖山，後者相信那裡是濕婆的居所。從山的雙尖——濕婆的戟——吹下來的雪，被認為是聖香的煙。告示說進入這裡禁止攜帶肉和蛋。我想起我們的肉乾和午餐肉罐頭，感到一陣迷信的愧疚，趕緊將這事忘了。

「再兩天就到基地營了。」我對艾利克斯說。我們正漸漸加速，也沒那麼冷了。

「希望天氣趕快好轉，不然攀登條件會爛到爆。」

雨再度傾盆而下。幾次渡河之恐怖不輸我們攀過的任何險惡山路。我們輪流打頭

4〔作者注〕此即上尉客棧（Captain's Lodge）。我印象中，上尉客棧是甘達基河流域唯一專門針對登山健行族群經營的住宿處。二〇一二年回到安娜普納時，我確認了真是如此，只不過這次每走兩三小時，就會看見整村整村的旅館和山莊，每村都住著數百名遊客。我以為山上不會有訊號，把手機留在加德滿都。結果不只到基地營一路上都有訊號，大部分路途還都有無線網路。不過我沒帶手機是對的，反正卡德貝克（Caldbeck）我家那兒也收不到訊號。尼泊爾人不相信我說的是真的。

5 尼泊爾的家常主餐，內容會有豆泥（dal）、米飯（bhat），搭配蔬菜和咖哩類的配菜。

陣，綁著繩子涉過湍急的白水，從一顆大石移到下一顆大石，然後架設精緻的雙繩扶手給挑夫們扶。魚尾峰聳立於右方某處，但濕婆只賜給我們盤旋的雨雲。雨雲於我們行進到更高處時化成夾帶凍雨的冰霧。

我們和挑夫們一同擠在一塊巨石下，度過寒冷潮濕的一晚。艾利克斯一如往常多疑，檢查了巨石基礎穩不穩固。我們聊起在班達卡和強卡邦碰上的危險巨石。這些年來，我關於落石運氣很好。艾利克斯被砸傷過兩次，一次在阿爾卑斯，一次是去年在馬卡魯。再次聽他訴說那些，我自己茫然的恐懼似乎找到了焦點。

▲ ▲ ▲

「約翰，你會好好照顧我兒子吧？」吉恩．麥金泰爾的聲音在我耳際迴響。但我已經不知道怎麼照顧艾利克斯了。現在重要的是他怎麼照顧自己才對。

正午時分，太陽穿破雲層，照在聖殿奪目的白牆上。南壁突然填滿了眼前的空間。我們由先前的遠征得知，基地營坐落在一條皺摺裡，一邊是冰川的側冰磧，一邊是升向安娜普納南峰（Annapurna South）和希安初里峰（Hiunchuli）[6]的陡山坡。但那不是挑夫們預定停腳的地點，我們又多走了兩小時，為此還得多付一段的挑運費。如今健行客們造訪、稱為安娜普納基地營的地方位於安娜普納南壁正對面，但與南壁本身還隔著腳程幾小時的難行冰川。基地營包括兩三間冒著煙的陋屋，以樹枝鬆束而成，搭上錫浪板屋頂[7]。

我們四千五百公尺高的營地如詩如畫。夏末的花依然芬芳，我們的三人帳可以舒適地擺在柔軟的土壤上。帳篷被我們搭在一塊外傾大岩附近，岩石正好可為炊事區遮雨。我們把一大片油布繫在岩石兩邊，撿了幾支以前遠征隊留下的營柱，搭出一個交誼區。夜裡雲霧散去，徹骨的寒冷將剩餘的高山植物一夕凍成永恆的花，有著完美的細節外形，可惜了無生機。

隔天傍晚，荷內帶著三個挑夫抵達，整個人喜氣洋洋。他只花了四天從波卡拉趕到

6 希安初里峰（六四四一公尺）為安娜普納南峰（七二一九公尺）延伸的一部分。chuli為尼泊爾語「山峰」。

7〔作者注〕如今此地點大約有六間山莊，能容納數百人之多。由於全球暖化，要從該處到達冰川已極度困難。基地營上方不遠的大佛塔那裡，就是我放置艾利克斯新紀念牌的地方。

這裡，海關扣留的裝備全都拿回來了。我們吃了頓快樂的豆泥飯配鮪魚，討論我們的計畫。除了安娜普納南壁，我們的許可還載明可以「攀登基地營上方的山坡」。所謂「基地營上方的山坡」通向幾座吸引人的六、七千公尺高峰，用來作高度適應再適合不過。但首先，我們想到路線底部瞧瞧。

▲　▲　▲

荷內與我一天後動身，從基地營直接爬到冰川上。艾利克斯不舒服，所以我們重新分配行囊，把本來歸他的大部分東西也揹上去。幾次嘗試不成後，我們登上原先想走的入口雪溝之左拔起的一條支稜，可以直通波蘭柱稜底部。陡草坡沒多久便換成岩石地，漸趨狹窄峭直，伸入山壁降下來的霧靄之中。荷內比我小十歲，體能好之又好。我落到後頭，在潮濕岩壁和沒有記號的小片雪地上找路，不曉得他往哪走了。霧緊緊裹住支稜，簡直像隻手套。坡度緩些後，我發現前面雪裡有腳印，終於看見停下等我的荷內。我覺得自己又慢又累，以為會聽到幾句刻薄話，不過他只說：「這裡就是波蘭柱稜底部，我們到紮營地點了。」

我們正在海拔六千公尺左右。一放下沉重的背包，我的能量很快回來了。我們快速清出一片不錯的平台，準備搭麥帳篷——就是幾個月前才被帶到希夏邦馬的那頂。我們起初打算帶兩頂麥帳篷，但艾倫．勞斯退出之後，決定只帶一頂，忍一忍三人擠兩人帳。至少今天晚上，荷內和我還能睡得相對舒服。霧氣散了，山壁出現在我們頭上。我們路線起點的大雪溝清晰可見，但被落石和流過雪溝下半的小溪嚴重沖刷。

「這季才開始，登這面山壁實在太早了。」荷內說。他站著仰望，日暮的光線正離開山壁。即使是溫度探下冰點的此際，仍不時可聞落石的鏗鏘，和濕雪衝下雪溝如瘋龍的呼嘯。

「還是九月。我們時間很多。」我說。往冰川看去，安娜普納南壁冰凍的巨影懸在右上方空中。魚尾峰尖尖的雙戟刺著左邊天空。而現在看來極小、我們基地營所在的草地上方，希安初里自一連串鋸齒狀山稜中升起。

「那邊感覺很有趣，而且離家近。」

荷內同意。「我們一早就下去，重新打包，去希安初里。」

27

玻璃心

Heart of Glass

我們中午時回到基地營。艾利克斯已經完全好了，迫不及待想出發。我們速速打包了四天份的食物裝備，隔天一早便朝希安初里前進。

幾小時艱苦的上坡路後，宜人的草坡被深溝條條的花崗羊背石（roche moutonnée）[1][2]取代。我們繼續上行，走在辮狀的外洗水流旁邊，到達一段碎裂的冰瀑底部。我們在那裡的一片堅固冰壁下找到一個安全地點，可以理想地懸掛麥帳篷。艾利克斯抽到短籤，要睡狗窩。煮雪沖泡Tang速溶果汁的時候，我做了件從沒做過的蠢事——把好不容易

1〔作者注〕「羊背石」是冰川侵蝕形成的不規則岩丘，背向冰川的一側高而陡峭，有時會阻礙通往退後過的冰川。

2 roche moutonnée是地質學者索緒爾（見第十章開頭）取的名字，原意為「抹了羊油的岩」，指一種十八世紀假髮，不過常被誤解為「羊岩」。英文又稱sheep back，也是中文名「羊背石」的由來。

夠溫的水整鍋打翻了。沒人覺得好笑。夜裡，雪滑下尼龍布的聲音吵醒我們，到了早晨，雪已積了幾英尺。我們將所有東西留在一個藏物處，撤退回基地營。

暴風雪刮了兩天，但第三天冷冽晴朗地降臨。天氣好像總算穩定了。我們揹著輕盈的背包，快速前進到冰瀑底部的營地。第二次在那裡過夜之後，我們趁清早進入上方那片冰塔和冰隙的迷陣。那是我們所有人遇過最惡劣的冰瀑。我們在兩條深隙中間小駐，準備煮點早午茶飲。剛裝好一鍋雪放到爐上，就有座巨大的冰塔轟然傾塌，撞進我們幾分鐘前才通過的細冰橋樑。我們無心泡茶了，抓起家當匆匆上路。到了下午，我們成功走出冰瀑，抵達冰川上半部。我們擠過深雪，停在一道伸向希安初里東稜的雪溝腳下，在那安全的環境中，鑿出第二晚露宿的平台。

隔天早晨依然無一絲風雨。經過六段攀過陡冰的繩距——每人領攀兩段——我們上到了山坳。此處海拔約六千兩百公尺，位於一條壯觀、鋒利、形成嚴重雪簷的稜線上。向右是三公里的稜線，通往再高一千公尺的安娜普納南峰；向左則是近多了的希安初里。看見那些雙倍而且重疊的奇雪簷，我想起三年前在內瓦多三號峰，讓艾利克斯和我決定止步的稜線。不過這次我們小心翼翼，穿越稜線，來到最後的錐形山頂前，途中隨時準備一看到先鋒失足就要往稜線另一側跳。我們在稜線南側砍出一個不太牢靠的平台，以便搭帳篷。我燒水泡飲料，煮了加薯泥、鮪魚和乳酪的湯，三個人在漸暗天光中大吃了豪華的一餐。荷內鑽進帳篷，艾利克斯和我把所有能穿的衣服都穿上，繼續在外頭逗留，享受置身無人攀過的路線高處的驚奇美妙。

爐子關掉後，四周靜謐得不可思議。數千呎下，林木茂盛的深谷只點綴著零星的梯田、小村、農舍群。我能認出瓊容，我們住上尉客棧的那個村子。尼泊爾和印度的平原在遠遠的另一頭，披著黑濛濛的煙雲，有幾點細小但穩定的光穿透出來。寂靜幾乎像摸得著的實體，一如此時憑空亮起，從殘照手中接管天空的星。

「你看到遠遠那些光了嗎？」艾利克斯說。

「看到了，簡直像假的一樣，那一定是波卡拉。我看絕對有幾家旅館有發電機。」

跋涉到基地營那幾晚，艾利克斯和我議論過尼泊爾的未來。「我跟你賭，二十年之內，電會牽到這座山谷來。」他說。

「不可能。」我說。「根本沒必要啊。這裡就只有幾個窮村子，村裡農夫都是日出而作、日落而息。」

「可是他們真的想那樣嗎？」艾利克斯問。「不管怎麼說，為了健行客和登山客也會需要電。你等著看好了，以後一定會有幾千幾萬人湧來這裡。」

我思忖或許他是對的吧，不知為何，那種可能令我心情沮喪。寒意更加逼人了，艾利克斯拉開帳篷——我得先進去，今天輪到我睡狗窩。整夜我多半都醒著，努力阻止自己往下滑、滑到平台外。每次終於飄進夢鄉，又會被陳施式呼吸（Cheyne-Stokes breathing）[3]弄醒。早上醒來，刮起了惡風，幾座山巔被雲纏繞。我據實表示我有點鬆口氣。荷內不怎麼高興。我們決定第一趟高度適應已經很夠，轉身下山，天黑後不久平安回到基地營，叫醒我們的廚師小弟彭巴（Pemba）請他做點遲來的晚飯。

天氣正好和我們的計畫同步。風雨持續三天，讓我們有時間休息和思考接下來的行程。冰川對面有兩條健行路線——五九四五公尺的「帳篷峰」塔普初里（"Tent Peak" Tharpu Chuli），以及約莫六千五百公尺的「凹槽峰」辛古初里（"Fluted Peak" Singu Chuli）。

還沒人從這側登過凹槽峰，但有條吸引力十足、被我們稱作「塔稜線」的山脊能通到峰頂下的一片高原。從那裡可以接著走另一條陡峭山脊，到「冰河圓頂」塔克康峰（"Glacier Dome" Tarke Kang，七一六八公尺），也就會抵達從安娜普納峰延伸數公里的主稜線上。上去一趟能讓我們在高於七千公尺的地方度過充分時間，作為最終的高度適應訓練，接著我們就能重返南壁了。

那幾天我有時看書，有時在基地營上方雪中散步。吃晚餐的炊事區潮濕骯髒、滿地黑雪，我們想把高海拔美食保留下來，所以伙食一般不太美味。每天晚餐都是豆泥飯配辣醃菜，和一些某朋友捐贈、南極拿回來的擺了十年的肉乾。我回去看書後，艾利克斯和荷內往往留在炊事帳，喝尼泊爾蘭姆酒。交換討厭人士的故事時，他們會變得很大聲，惡言穢語頻出。艾倫．勞斯因為退出，被罵得特別慘。有一次我還聽見荷內說他們兩個自己攀南壁可能更好。我認定那是蘭姆酒造成的發言，當作沒聽到。

希安初里之後第四天，我們帶著五日份糧食和應付岩與冰的混合裝備出發。幾面礫石峭壁阻擋了冰川旁往山壁的路，但我們順利通過，須臾之間已在一條石稜上獨攀，感覺像蘇格蘭的攀行（scramble）[4]路線。到了五千公尺左右，石稜化成冰的優雅波峰，我們於是穿上冰爪，在下午五點左右找到一塊寬敞的露宿平台。我們望向此刻左方輪廓銳

3 一種呼吸異常，會週期性漸快又漸慢至暫時停止。

4 指一種介於登山健行與攀岩之間的活動，需要手腳並用攀爬，但不需使用確保繩索或攀岩器材。

利的安娜普納，研究預定要走的路線。我的兩個同伴看起來奇怪地與我疏離。

第二天上午，岩冰混合的有趣山脊帶我們攀抵凹槽峰下的高原。雪現在時而深及腰部，我們說好輪流破雪開路，每次一人走兩百步遠。荷內走完他的兩百步，我接著帶隊，但還差二十步就停了下來。

「你老了，波特。」艾利克斯邊超過我邊說。

「喂，我只是停下來喘口氣好不好。」再換我時，我彆扭地拒絕交棒，一直走到接往冰河圓頂的山脊為止。荷內與艾利克斯綁上繩子，拿出裝備，我退回後面。四段繩距後，我們來到一片斜約七十度的完美薄冰前。輪到我領攀了。

「艾利克斯，裝備給我。」

「不要，這裡我來帶。我可不確定你爬得上去。」一旁的荷內笑了，我心想這在搞什麼鬼，但決定保持沉默。

艾利克斯直接切上薄冰，冰逐漸變窄，接入上面的冰溝。爬了大概三十英尺後，他敲入一支冰螺栓，然後咒罵一聲，對我們喊道他一邊冰爪掉了，現在只靠繫帶掛在靴上。我看這是老天有眼。

「你這外行人，」我朝上喊。「下來讓懂的人帶吧。」

情況滿嚴重的，不是隔空叫囂的時候。艾利克斯把繩子固定在冰螺栓上，費了很大力氣重新穿好冰爪。這時底下的我不自主和荷內爭論起來，不懂他剛才幹嘛不叫艾利克斯按規矩換人攀。

我們於海拔約七千公尺的一處鑿露宿平台時，我還在生氣。一週內第二次，我煮水時打翻鍋子，這次損失半鍋雪湯，都煮到可以加馬鈴薯粉了。我在狗窩度過淒慘的一夜，掙扎著吸不到氣，聆聽著安娜普納圈谷的山音。群峰發出低沉的轟轟，迴來盪去，彷彿一群巨魔在彼此交談。我們大家都半晚沒闔眼。

次晨，一條山脊陡上到了塔克康峰頂，我們在那裡休息煮熱飲。安娜普納聖殿現在泰半被一張雲毯占據。我們腳下東北方，魚尾峰雙尖的兩片鯊魚鰭切開白雲海。雲海浪拍打安娜普納南壁半山腰，希安初里這會兒被淹沒了。風景寧靜美麗。

爐子嘶嘶點著的同時，我轉頭向艾利克斯。「抱歉我昨天發脾氣。」

「反正你他媽振作點，別再出錯就好。」

我提議我們不妨往黑岩（Roc Noir）[5]的方向攀，再多累積一點海拔。到了約七千四百公尺我領攀的一段，前方出現一塊風成雪板（wind slab），使我沒什麼猶豫便決定回頭。

「你確定是風成雪板嗎？」他問。

「底下好像是空的。」我又懷疑起自己的判斷，將冰爪踹進高一點的雪裡。「感覺不妙，有種討厭的分層感。」

我記得讀過一篇挑戰首攀安娜普納時遭遇致命意外的報告，大約就發生於這個階段。我們撤退回七千兩百公尺的露宿點，再度於那裡過夜。蒼白的黎明中，強勁的風預示一場躲不掉的風暴。我們匆忙打包，盡可能讓灌進背包的飛雪少一點。

我們開始下山，我擔任押隊。大約過了五百公尺後，領頭的荷內向右一拐，走下一道很陡的坡。

「他要去哪啊？」我喊著問艾利克斯。

「我們決定直接從山壁下去，比較快。」

「嗯，是比較直接，」我心想，「但天曉得底下冰瀑長怎樣？」

我發現自己難以追上正面步下陡峭冰雪的荷內與艾利克斯。如同道格·史考特在希夏邦馬的時候，一旦坡度大於五十五度，我就必須轉向山壁，他們兩個要面朝前方下坡卻似乎一點問題也沒有。

下攀的路走了三分之二，我們來到一道岩石屏障前，冰被岩屏分為兩路，陡直地落向現在僅距我們兩千英尺（約六一〇公尺）的主要冰川。垂降幾次越過岩屏後，我們到達一條有個小山頂的獨立扶壁。垂直下去就是冰瀑，看起來像座緞帶糖迷宮。但四十五度角右下、大約五十公尺外的冰川好像沒那麼破碎，或許有希望從那裡逃脫。我們已經把岩釘都用完了，所以挑了一處鬆石片後面，敲進一根疣豬冰釘（warthog ice peg），又用一條繩環捆緊石片作第二道保障。

這是個重大關頭。假如荷內的體重壓上繩子時，冰釘被扯掉、石片沒效果，不僅他會墜入底下的深冰隙，艾利克斯和我也會被困在這裡孤立無援。我們屏息注視荷內輕輕將體重放上雙繩，然後在冰爪刮岩壁的火花中開始斜斜下降，一直降到抵達第一座大冰塔頂上。他使出擺盪加特技的一縱，成功落到了冰瀑邊緣。我們發出歡呼。荷內在岩上敲進另一根冰釘，將繩子拉緊。艾利克斯接著下去，半垂降半滑索，安全抵達終點。我

5 當地名稱康撒康峰（Khangsar Kang），位在塔克康峰到安娜普納峰的稜線上，突出但經常未覆雪的黑峰尖為其特徵，七四八五公尺。

將保險用的大繩環收回來時，突然想到我可能是三人中最重的，如果冰釘鬆脫，我就要葬身冰隙迷宮了。我試著甩開這種念頭，仔細確認過連接點沒問題，最後再狐疑地看了釘子一眼。要不是我沒在思考，一定會把我的8字環換掉，改用幾個設置成可煞車的鉤環。滑下繩子的瞬間，我的左冰爪勾住了掉出背包的一條繩環，這下我左腿打結在背後，8字環卻卡在繩上動彈不得。我壓下一聲吶喊——部分是驚慌、部分是氣自己的蠢——只能一呎一呎硬是把自己推回繩子起點。這過程慢得痛苦，但我在空中力搏繩索，不想倒頭栽衝下去而弄掉背包的滑稽樣，看在其他兩人眼裡一定喜感十足。二十分鐘後，荷內和艾利克斯將我拉上確保站。我深深覺得自己是個其蠢無比的大外行。

恢復鎮定以後，我發現好消息是我們右邊就是一片雪坡，自冰川連向橫過南壁腳下的岩階帶，最後會接上我和荷內兩週前去南壁的支稜。一抵達岩階，荷內便離隊獨攀，先去探勘路線。回到石板地帶、沒那麼悠然自得的艾利克斯，則想繼續以繩隊前進。沒多久我們就被荷內甩在後面。到達支稜時，厚雲已像昨日一樣堆滿安娜普納聖殿。荷內不知跑哪去了，我們不可能找到正確的路下去，唯一能做的就是停在原地、寄望雲會散開。

雲確實散了，日光剩一兩小時。我不久便找到從支稜回去的路徑。黑暗在我們抵達冰川時追了上來，我們打開頭燈繼續前行。荷內走出基地營，用他的手電筒指引我們到冰磧頂端，並指責我走太慢。我沒說話。儘管累了幾天，我們可靠的廚師彭巴端出的豆泥飯依舊引不起食欲。我偷偷溜回我的帳篷，撤退回乾燥的基地營睡袋。我聽得見艾利克斯和荷內在炊事帳裡嘻笑吵嚷，他們打開第二瓶蘭姆酒。大雪開始落下的同時，我沉入不自在的睡夢。

我們在基地營一起過的最後幾天，艾利克斯很抑鬱。夜裡發生一些怪事。艾利克斯和我好幾次醒來，夢見落石，然而豎起耳朵聽，外頭卻只傳來四周高山的寂靜。我惶惶不安，想問艾利克斯，他真的確定一切在他掌控中嗎？現在的南壁之行是他要的嗎？還是荷內要的？我深信就算我沒生病，我也已經被他們巧妙地排除在隊伍外了。我知道荷內是雄心逼近野心的人。但看見艾利克斯在山上表現出這類舉止，對我來說還是頭一次。

三天後，我仍為腹瀉和胃痙攣痛苦。我爬出帳篷，去看他們進展如何。天氣轉晴了，他們在為出發做準備。兩公里高的南壁披著厚雪、氣勢磅礴地直衝上天。艾利克斯正拆下一捲四十公尺繩索的繩皮，作為垂降用的第二條繩索。他們只會帶一條攀登繩，技術裝備唯有兩支冰螺栓和三根岩釘。

「你看起來慘斃了。」艾利克斯說。「你打算怎麼辦？」

「我看我不去比較好。」我心裡猶豫萬分。我想說的其實是：「去你們的，我也是這趟旅程的一員啊，就算你們不想讓我去我也要去。」但我沒說。「我不去好了。我這樣速度會太慢。」我又補充，快哭了，不確定自己到底還想不想參加這次攀登。

荷內看看我，不屑地哼道：「約翰，你是怎麼了？」

也許我是因為心理狀態才生病拉肚子。我不知道。我只知道除非發生什麼奇特大事，否則我的遠征就到此為止了。

那晚，艾利克斯以老友身分對我說了幾句話。「希望你好起來。假如這次沒成功，我們會回來再挑戰一次，第二次你就能一起去了。」

「謝啦艾利克斯。我不曉得你怎麼想，但這次的事、吵架、讓你們失望……都讓我感覺很糟。上去小心點啊，我們還有很多山要爬呢。」

他停了很久，然後說：「跟你說，我最近一直會做很恐怖的夢，但我自己有辦法平靜下來。我有告訴過你嗎？我需要的話，可以在睡著的時候離開身體，飛到莎拉那裡去。那感覺真是太怪了，非常真實。真想趕快到家，問她有沒有發生一樣的事。」

我不知該怎麼接話。艾利克斯不是愛幻想的人。他對我透露了我完全無從理解的一件私事。他為什麼要告訴我呢？他有懷疑不安，需要對人傾訴嗎？艾利克斯像裂成了兩半。一半全然投入；一半深深愁苦，努力想逃出自己的規畫。這種時候的艾利克斯，也許只想得出一種擺脫低落的方法。去找點積極的事做吧——就像他和莎拉相處時一向用的法子——去爬安娜普納南壁吧。

「嗯，總之我們都要平安回去，小子，到時你就能盡量問她了。」

他們出發的那天早晨，我跟他們一起沿著冰磧走了一小段路，高山野花結滿了霜，小冰窪將青草凝止在時光之中。兩個鮮亮外衣的人影朝冰川走下去，很快便在岩丘和巨石的迷陣中看不見了。

28

無論多少回
Time after Time

決定將艾利克斯的遺體留在山上後，荷內與我花了無比漫長的兩天，從基地營趕到波卡拉，比我們的聯絡官快不少。我們叫他將消息保密。我知道我必須通知吉恩和莎拉。這是我這趟遠征最後的責任。荷內和幾個法國攀登家住進一間旅館，他們要去高海拔健行，作冬天挑戰聖母峰的適應訓練。荷內看起來深受打擊、悶悶不樂，但他會跟他們一起去。我和荷內道別，順便把我的冬季睡袋給了他，因為我知道他會需要。那是我最後一次見到他了。

我搭上一輛夜行巴士去加德滿都，整夜幾乎都拚命練習著電話接通時要說什麼。巴士抵達後，我直奔英國使館，以為發生這麼可怕的急事，他們會讓我借用電話。使館的應對令我錯愕。一等祕書對我說，既然我們笨到會讓一個朋友死在山上，就不能怪他們沒義務關心這件事。他說出的唯一一句有意義的話，是我們把遺體留在山上是對的，因為沒有管道可以將外國人遺體從尼泊爾帶回祖國。說完，他叫我去郵局打國際電話，想跟外面的世界聯絡，就只有這個辦法。那天，我兩次預約了打電話到英國給吉恩，兩次輪到我的時段，電話系統都發生故障。我回到使館懇求他們幫我，他們告訴我，除非我直接聯絡吉恩，不然他們會不得不透過警方通知她。我隔天早上又試了一次，還是打不成國際電話。於是使館把詳情傳回倫敦。吉恩．麥金泰爾從找上門的當地警察口中，聽到了兒子的死訊。

丹尼斯．格雷也在加德滿都，他來參加國際登山聯盟（UIAA）的活動。他和麥可．契尼試圖安慰我，但在等待回家班機的期間，我陷入憂鬱的谷底，非常清楚吉恩、莎拉和莉比是怎麼得知此事的。回國一週後。我寄了封信給加德滿都英國使館的一等祕書，附上《泰晤士報》為艾利克斯登出的一整版訃聞。我說不曉得他們使館可有哪位預期身後會受到如此隆重的追悼？我沒收到回信就是了。

我回到英國，已是艾利克斯的家人朋友接獲噩耗之後好一陣子，但我還是必須拜訪他們每一位。我說出我沒跟著他去的時候，他們都沒有怪我。吉恩和莎拉甚至都還表示了同情，體諒我目睹事發而倖存的心情。但縱使他們沒問，我也問著自己：「如果我多做點什麼，他是不是就不會死了？」

我一回國，就去了艾利克斯家見吉恩，現在還得見莎拉。我苦思該說什麼、該怎麼彌補。之後的週末，莎拉來米隆找我們，就像她和艾利克斯的老習慣。意外發生還不滿一個月。我們決定登上瓦納之痕（Walna Scar）丘頂，再順稜線一路走去道奧山。去年，艾利克斯和我曾經站在那裡欣賞日落愛爾蘭海。我帶了一隻朋友家的柯利犬（collie）跟我們去，艾利克斯很喜歡有牠一起散步。莎拉和我第一次有時間靜下來回顧這件事。那是個尋常、陰雨綿綿的十一月午後，蒼白沒有陽光，卻似乎載滿情緒。

「約翰，上禮拜你打來的時候說過一件事，我真的覺得沒錯。」我們站在道奧山頂上。「你說佛教徒相信，大事的開端往往是投入池中的一顆小石子。漣漪會不斷擴散，即使事情過了也不停止——不再那麼明顯，卻會永遠擴散下去。我真的相信就是這樣。」

「遇見艾利克斯時，我還沒經歷過死亡這回事。後來沒多久，我和吉姆・庫倫都認識的一個朋友死了，從那之後就不斷有人過世。喬死了，然後艾利克斯死了，然後是我很要好的表親，然後是我阿姨，全都發生在短短一段期間。」

「而且艾利克斯的事真的好怪呀。」莎拉繼續說。「他出事前那一夜，我一個人在海菲爾，但怎樣都睡不著。那一整晚，牆上一直有個影子，就像某種異象。」我意識到那說不定就是艾利克斯所謂的「星空漫步」，即他說自己靈魂出竅去找莎拉的時候。

「你知道嗎？吉恩也說，或許人真的有第六感，或許艾利克斯已經知道他會死在山上了。這樣想可能並不離譜。畢竟要在那樣的環境存活，不把所有五感六感都開啟是不行的。」

莎拉、吉恩和莉比已經在考慮要去安娜普納基地營走一段悼念之路，就像瑪莉亞去了聖母峰。泰瑞．穆尼會籌畫這次旅程。

「泰瑞還好嗎？」我問莎拉。

「他很難過。他對艾利克斯有種特別的感情，他想成為艾利克斯那種人，分享一點他的冒險。他為艾利克斯出錢，並不是想賣人情或耍威風，只是真心想幫他。艾利克斯對他也一樣。他想成為泰瑞那種成功人士。也許他沒死的話，有天會成為那樣吧。艾利克斯喜歡過好日子。你一定也看過，他跟泰瑞一樣有一種化身博士（Jekyll and Hyde）[1]的特質。泰瑞可以一秒前還亂七八糟，一走進法庭，馬上變身言辭犀利的大律師。艾利克斯喜歡對比強烈的東西。」

我在安娜普納看過艾利克斯的「化身博士」特質。我不確定哪個才是真正的艾利克斯。但走回都敦河谷的此刻，看見莎拉顯得如此冷靜，讓我覺得好過一點了。同時我也感覺到她深沉的哀傷。

傍晚前的陰暗天色中，我們回到車上，開回米隆——沿都敦河而下，過橋，穿過農舍。我們即將發現命運的漣漪還在擴散。一輛嚴重超速的車從拐角衝出來，迎頭撞上我們。我們的車被撞下路旁的水溝。最初，我只聽得見狗在後座哀叫。然後是另一輛車傳來的叫喊。

「天啊，莎拉！妳沒事吧？」

「應該沒事，我不能確定。」

我趕緊檢查她有沒有哪裡流血，所幸似乎都沒事。我們都有繫安全帶。現在甚至狗兒也冷靜了，看起來毫髮無傷。我用力推開卡住的車門，讓莎拉先下車，以防有起火的

1 史蒂文森（Robert Louis Stevenson）經典恐怖小說中的人物，平時是善良的傑奇博士（Dr. Jekyll），但喝下特製藥水後，會變身成相貌年齡都不同的邪惡人格海德先生（Mr. Hyde）。

可能，然後開始處理殘局。另一輛車出來的四個年輕人則沒那麼好運。他們是巴羅鎮的橄欖球員，剛來米隆比賽完要回去。我看見其中一人的臉割傷得很嚴重，他撞破了擋風玻璃，另一個人垂著一隻骨折的手。四個人都嚇壞了。當地警察幾分鐘後便趕到現場。他也是個攀登的朋友，住在旁邊的布洛頓村。

「咦，約翰，怎麼又是你？你運氣也太好了吧。來，幫我把警告牌拿去放好嗎[2]？」那天剩餘的時間在一團朦朧中度過。至少一個晚上，我們有艾利克斯以外的話題了。

那場車禍對莎拉而言是決定性的一刻。她不知道為什麼她那天決定繫安全帶。是某種預感嗎？還是什麼別的力量？瑪莉亞．考菲記得她們有一次談到這件事[3]。

「莎拉說，她從來就不繫安全帶，但她有種感覺，好像應該要繫。她說她突然看見一輛車衝過來，心想：『果然，我要死了。』可是車子撞上、混亂過去之後，她發現自己沒事。她說那時，她第一次清楚感到自己想活下去。在那之前，我本來很擔心她。她真的很痛苦。雖然我自己也面對著失去喬的傷痛，但實在也幫不上她。艾利克斯走了之後，她變得什麼都不在乎，只想死了算了。」

三十多年後，我們還是會聊起那段時期。也許艾利克斯選擇迎向漣漪，知道他勢必要隨著它們流動。他有一系列想爬的喜馬拉雅大山壁。也許他覺得需要透過攀登，來讓自己出人頭地。艾利克斯．麥金泰爾告訴他自己——不容反駁——他首先得把那些山爬完。然後他才能跟莎拉在一起，選擇不同的道路。

莎拉還有她的家人和自己的人生。但她過了很久，才意識到她的世界必須往前走。「我每次見到瑪莉亞，都很驚訝我們那麼合得來。」莎拉最近跟我說。「我們的人生真是差太多了。喬死後，她有辦法透過她的經驗成長，塑造出新的自己。我好一陣子都陷在乏味的生活裡，生孩子、跟一個錯的人在一起。我心裡有不少憤恨。現在我走出來了，但總共花了二十年。」

「事實是，我當時年紀還輕，才二十七歲。我們在一起只有兩年半而已，後來我用了很長一段時間走出這件事。曾經那麼快樂之後，他的死令我太痛苦了。但我真想知道他現在會是什麼樣子，不論有沒有和我在一起，真想知道他會做什麼。我知道他一定會

2〔作者注〕一年前，我在前面幾百碼也翻過一次車，那次是為了閃一輛盲彎超車的來車而掉到路旁。

3〔作者注〕瑪莉亞．考菲在她的《無垠探索者》（*Explorers of the Infinite*）中，描述了從事攀登和冒險的人們經歷的眾多超自然體驗。

非常成功。我只是好希望我們未完的對話能繼續下去。死亡就是這麼回事。對話的終結。」

不過，對話的終結，並非故事的終結。

29

尋找黃金心

Search For a Heart of Gold

道格．史考特相信，人們會在山裡喪命只有兩個理由：野心太大了，或者倒楣。他認為喬．塔斯克和彼得．博德曼之死是由於野心太大，而艾利克斯就是純粹倒楣。我能明白道格的觀點，但我也認為去挑戰喜馬拉雅大山，本身就是需要過人雄心壯志的一件事。這可不是一般的職業，也不是一般的運動。艾利克斯運氣不好，但雄心使他走向了極端。

我有個絕頂聰明的設計工程師朋友，他不爬山，但在科學思考方面是個天生的冒險家。他有次問了我一個迷人的問題：「你說攀登的主要目的是找樂子、擁有讓人生無憾的冒險，但我怎麼覺得你們都是出發時有x人、回來變成y人。假設y小於x，你們到底得到什麼？」

我想了一個禮拜，想不出一個令人信服的答案。最後，我寫了封電子郵件，跟他說：「我們得到的東西有點類似暗物質。我們知道它一定存在，因為我們發現宇宙有些質量和能量沒被觀測到——但我們不曉得它究竟是什麼。縱然如此，我們還是一直試圖描述它。那就是我們寫書、演講、拍電影的理由。有一些經驗說不出是什麼，但少了它們，宇宙應該比現在小百分之十。登山是這樣，所有表達出人性何以特殊的經驗也是。」

▲ ▲ ▲

這本書經過漫漫年月才完成，部分是由於，我始終不確定故事值不值得寫出來。一本關於一個個人和他冒險追尋的書，有或沒有，對於一切的總和又有什麼影響嗎？大約八年前，我出了場嚴重意外，在床上躺了半年，也因此有個好好思索的機會。我最後決定，這本書必須寫完。我打電話告訴吉恩，卻從她那裡聽見令人難過的消息。

「約翰，我被診斷出癌症末期了。這些事都會讓我太傷心、太激動。一定有些艾利克斯的事你可能想說，但我並不想聽。如果要把書寫完，請你等我走了以後再寫吧。」

吉恩是位勇猛活潑、非常令人喜歡也非常堅強的女士。她於二〇一二年十一月撒手人寰。吉恩的最後請託數年後，我開始尋找時間和精力，把材料整合起來。有時候，我會疑惑，如果環繞艾利克斯的某些神話散開，他的傳奇會不會被破壞？但是，想清楚呈現使艾利克斯成為這樣一個人、最終使他命喪安娜普納的那些現實，最好的方法就是細說他的攀登、他的工作、他的感情、他的遠見、他不可思議的動力。

他並非單打獨鬥。他是一個不凡攀登世代的領銜人物之一——那個自己把自己攀到瀕臨滅絕的世代。今天，人們已對他們所知甚少了。我們命喪山峰的友人包括彼得・博德曼、喬・塔斯克、彼得・泰克斯頓（Pete Thexton）、艾倫・勞斯、羅傑・巴克斯特瓊斯、喬治・貝騰堡、托賓・索倫森、約翰・喜瑞特、尚馬克・波旺、亞捷・庫庫奇卡和其他許多人。這麼多人殞命，只是一連串厄運的結果嗎？還是他們被過大的野心所害？我們是否受到暗能量的牽引？或僅僅是陶醉於自己的冒險、停不下來？也許這些都是分不開的。

我曾經和保羅・納恩[1]一起排在希斯洛機場的泛美航空櫃檯前等報到。有位和善的老太太看到我們的推車，問保羅為什麼我們行李那麼多。

1〔作者注〕一九九五年八月六日，保羅・納恩和喬夫・提爾（Geoff Tier）登頂喀喇崑崙山脈的哈拉莫什二號峰（Haramosh II，六六六六公尺）之後，在下山途中被一座傾塌的巨大冰塔掩埋。

「因為我們要去喜馬拉雅爬山。」

她的臉亮了起來：「啊，我讀過你們的事情。你們好像一直前仆後繼死在山上吶。」

保羅精簡地解釋道，我們必須為自己「踏出的每一步」負責。這句話很能描述遠征成功的要義，就如同本書多次援引的那句羅傑．巴克斯特瓊斯的口頭禪。然而口頭禪的法力擋不住野心或厄運。建立在肉體和精神投入上的自律，對登山成功至關重要。為自己負責先於一切，真正謹守這一點時，責任自然會延伸到包括所有隊友。但沒人能給你任何擔保。一旦在生命的等式裡加入高山這項變數，情緒和可能的宿命就有更多機會戲弄你。走這一行就不會有最後的回家路。

我年輕時，偶然發現了浪漫主義詩人弗烈德里希．馮．哈登堡（Friedrich von Hardenberg）。他更為人熟知的名字是諾瓦利斯（Novalis）。諾瓦利斯和艾利克斯一樣二十八歲逝世，也和艾利克斯一樣學法律出身。而且他學業頂尖——就像艾利克斯。撇開這幾點，這位早已作古的詩人、科學家、神祕主義者與我賣力生活、賣力攀登的朋友之間倒沒什麼連結，也許除了這句諾瓦利斯的話：「我常感到，且愈來愈深刻明瞭，命運和性格是同一概念。」

這項洞見解釋了艾利克斯在基地營的預感，尤其因為諾瓦利斯還說過：「性格就是塑造完成的意志。」

自由意志。性格。命運。我們都知道會有危險。每多遠征一次，遇上意外的機率就更高一些。我們都早就知道了。證據擺在眼前。我們的共同特點，是情願繼續相信自己的好運。每年，遠征之間的日子夾雜著葬禮，還有追悼離世朋友的盛大飲酒會。某個守靈夜，一位知名但很醉的年輕英國攀登家到處拉著人說這對他是好事，現在某某某死了，他的輩份排序就上升了一格。這種愚蠢、殘暴、不敬的行徑有被原諒的可能嗎？或許有吧，因為那些言行背後藏有一種自覺的恐懼。

歐特克．克提卡說過許多次，真正追隨山之道的人，不會想透過量化的成績來解釋登山。登山如果真的是場量化競賽，唯一有意義的應該是失敗和死亡的數字。

而在山上，如同在戰場上，運氣是一大要素。要成功登上那些最高巔峰的最難路線，首先須具備的特點，就是對個人運氣的重要性視而不見。加斯東．雷比法（Gaston Rébuffat）[2]曾這麼警告攀登者：「切記，山不會知道你是專家。」你得想辦法騙自己，確信山會對專家屈服。

創造好運或壞運的條件如此錯綜複雜，以至於運氣無法被界定。它包括自然因素，也包括人的因素：天候如何變化、冰塔何時倒塌、肉眼觀察的準確度、身心那天對高海拔的反應、是否用對岩釘、是否定對計畫、是否融雪的漣漪推動了某顆致命落石滾下。

大部分攀登者最初會對此萌生興趣，是因為讀了某個有趣的冒險故事。人們閱讀的第一本攀登書，有時會決定他們對攀登的想像。若第一本書是《攀上聖母峰》（*The Ascent of Everest*，美國版書名為《征服聖母峰》〔*The Conquest of Everest*〕），也許會覺得攀登是樁團隊合作、克服萬難、為國爭光的大業。第一本讀了《聖母峰之死》的人，可能會尋思此中涉及的風險、無畏與犧牲的本質，沒意識到該書其實和攀登關聯甚小。若第一本書是《冒險之泉》（*The Springs of Adventure*），或許想像力會開始飛馳，渴望以五感接觸自然中複雜、無法預測的一切。而若最初讀的書，是戲仿遠征紀行的《攀上蘭姆嘟嘟山》（*The Ascent of Rum Doodle*）[3]，攀登則化作一個隱喻，描述人生中的多數追尋。攀登族群閱讀關於他們熱情所在的書，往往不是為了解答攀登是什麼，因為他們知道答案不存在。攀登就是人生的一個部分，正因沒有從事的理由所以美好[4]。

但甘願冒其中一項個人危險——更貼切的說法或許是「對個人造成的危險」——的

原因，是可以解釋、至少部分解釋的。對於迷上攀登的人而言，攀登會變成最危險、同時也最令人滿足的一種體驗。那就是我們攀登班達卡峰時的心理狀態。我們真的入迷了，即使擔憂風險還是鐵了心一定要去。

為了在生命中權衡，我們都希望看得見每個處境的入口和出口，據此決定進退去留。舉例而言，有次布萊恩·霍爾和我揹起整理好的背包，走出帳篷，要去挑戰西弗林峰無人攀過的南壁。布萊恩突然說：

「我不去了。」

我聞言止步。

2 法國登山家（一九二一～一九八五）。一九五〇法國安娜普納遠征的一員。攀岩中的一種兩手反撐技巧「gaston」即是以他為名。

3 一九五六年於英國出版、廣受歡迎的虛構登山小說，描述一支遠征隊要去遙遠的瑜珈斯坦（Yogistan）攀登世界最高峰——四〇〇〇〇點五英尺的蘭姆嘟嘟山（Rum Doodle）。該書諧仿了比爾·提爾曼的《攀上楠達德維山》（*The Ascent of Nanda Devi*）等以真實遠征為本的登山文學。

4 〔作者注〕雖然說，如能容我作個像艾利克斯一樣篤定的預言，我看神經科學家不久就會提出理論，解釋攀登者為何愛冒險。

「為什麼？」

「我在扎姆朗峰（Chamlang）被打到頭，視野狹窄的症狀還沒好。時好時壞，但沒必要冒險。」

我一聽就懂了。布萊恩至今仍是技術超群的攀登家，擁有支持他繼續攀登的熱情與愛。

我相信，當時在安娜普納基地營，艾利克斯被一波波恐懼和預感襲擊，那兩者後來變成了同一件事。但在他腦中，攀登安娜普納是個有入口、也有出口的決定，由同一扇門進出。登上安娜普納，然後恐懼就會消失。之後他將踏上回家的路，繼續他和莎拉人生的下個階段。這計畫中的一個障礙——安娜普納南壁——屆時已經移開。

安娜普納只是其中一個障礙而已。他那張喜馬拉雅未被克服的峻壁清單上，還有另外幾個項目尚待挑戰。完成這一切時，一個新世界會進入視線範圍，前方將是坦途，各種新可能將向他敞開。

尼克．柯頓相信，艾利克斯的「待辦清單」不是全憑自己心意制定的，他研究了哪些路線被攀登過、哪些沒有，將此納入考量。尼克認為，人們的目標之所以愈來愈宏偉，最終脫離合理的安全範圍，以《山岳》為首的攀登雜誌難辭其咎。我多少也認同這種觀點。但話又說回來，閱讀毒品的書，也不必然會成為癮徒。優質而精確的報導，可以成為讓旅程更安全的重要參考。到頭來，一切還是取決於個人。艾利克斯考慮過將道拉吉里南壁列為目標，後來由於太危險而作罷。體力和速度都遠遠超過當年艾利克斯的托馬支．胡瑪，則選擇承受危險，獨自挑戰了這面山壁。

假如艾利克斯出生在那些山壁都已被攀遍的時代，又會如何呢？我相信始終有些人——也包括艾利克斯——是以頭腦和心靈深深熱愛攀登，那能使他們在必要時刻忘卻所有其他考量。艾利克斯屬於山，即使山不屬於他。

▲ ▲ ▲

一九八二年《山岳》雜誌上的那篇專訪最後，艾利克斯與肯．威爾森聊到了熟悉的「你為何想登山？」話題。因此，就像那些年我跟他辯論的大部分時候，最後我還是閉嘴讓艾利克斯說。

肯：我們都常常聽到攀登很有趣、很有挑戰性、讓心靈昇華之類的話，但實際的好處是什麼？這是一種本能的競爭意識嗎？不只贏過山，也用這項成就取得同儕欽佩？

艾利克斯：我有競爭意識的地方是，我永遠都在觀察別人，想從別人身上學到東西。但我不覺得人們爬山只是想得到大眾讚賞。基本上，我爬山就是因為我享受攀登阿爾卑斯和喜馬拉雅的大山壁。這是件困難、而我做得好的事情。我喜歡那整個環境——去程、回程，那種對比和持續變化，穿梭於遠征與文明之間。

肯：可是，這種說法會不會太簡化？西方文明已經賦予這些山一定的聲譽，這不是事實嗎？人們已經環繞這些山建立起一整套價值。如果不能回到你的「文明」——某種程度上就像賭博完，回去把籌碼換成現金——爬這些山也不會那麼有意義。當然，爬山是有基本吸引力沒錯，但有人會為此就不斷回去攀登更難、更危險的山嗎？假設沒有聲望方面的價值的話？

艾利克斯：我覺得我就會耶……如果我在照片上看到一座新疆或西伯利亞深處的險惡大山壁，覺得可以溜進去偷爬一下、永遠不讓人發現的話，我一定馬上出發。

肯：因為山在那裡嗎？

艾利克斯：不然呢？

meters FM1010

寧為一日猛虎
艾利克斯・麥金泰爾與他的生命之山
One Day As A Tiger
Alex MacIntyre and the Birth of Light and Fast Alpinism

作　　者	約翰・波特（John Porter）
譯　　者	李　忞
審　　訂	張元植
選書策畫	詹偉雄
特約編輯	郭淳與
行銷企畫	陳彩玉、林詩玟
封面設計	王志弘、徐鈺雯
編輯總監	劉麗真
事業群總經理	謝至平
發 行 人	何飛鵬
出　　版	臉譜出版 城邦文化事業股份有限公司 台北市南港區昆陽街16號4樓 電話：886-2-2500-0888　傳真：886-2-2500-1951
發　　行	英屬蓋曼群島商家庭傳媒股份有限公司城邦分公司 台北市南港區昆陽街16號8樓 客服專線：02-25007718；25007719 24小時傳真專線：02-25001990；25001991 服務時間：週一至週五上午09:30-12:00；下午13:30-17:00 劃撥帳號：19863813　戶名：書虫股份有限公司 讀者服務信箱：service@readingclub.com.tw 城邦網址：http://www.cite.com.tw
香港發行所	城邦（香港）出版集團有限公司 香港九龍土瓜灣土瓜灣道86號順聯工業大廈6樓A室 電話：852-25086231　傳真：852-25789337 電子信箱：hkcite@biznetvigator.com
新馬發行所	城邦（馬新）出版集團 Cite (M) Sdn Bhd. 41-3, Jalan Radin Anum, Bandar Baru Sri Petaling, 57000 Kuala Lumpur, Malaysia. 電話：603-90563833　傳真：603-90576622 電子信箱：services@cite.my
一版一刷	2024年4月

ISBN 978-626-315-462-9（紙本書）
ISBN 978-626-315-460-5（EPUB）

售價　NT$ 630（本書如有缺頁、破損、倒裝，請寄回更換）

國家圖書館出版品預行編目（CIP）資料

寧為一日猛虎：艾利克斯・麥金泰爾與他的生命之山／
約翰・波特（John Porter）著；李忞譯.
－－一版.－臺北市：臉譜出版，城邦文化事業股份有限公司出版：
英屬蓋曼群島商家庭傳媒股份有限公司城邦分公司發行，2024.04
面；　公分.－（Meters；FM1010）
譯自：One day as a tiger : Alex MacIntyre and
the birth of light and fast alpinism.
ISBN 978-626-315-462-9（平裝）
1.CST: 麥金泰爾 (MacIntyre, Alex) 2.CST: 登山
3.CST: 傳記 4.CST: 英國
784.18 112007714